Werner Gephart/Karl-Heinz Saurwein (Hrsg.)
Gebrochene Identitäten

Werner Gephart
Karl-Heinz Saurwein (Hrsg.)

Gebrochene Identitäten

Zur Kontroverse um kollektive Identitäten
in Deutschland, Israel, Südafrika, Europa
und im Identitätskampf der Kulturen

Leske + Budrich, Opladen 1999

Umschlag: Werner Gephart, Gebrochene Identitäten,
Collage (1999)

Die Deutsche Bibliothek – CIP-Einheitsaufnahme

Gebrochene Identitäten : zur Kontroverse um kollektive Identitäten in
Deutschland, Israel, Südafrika, Europa und im Identitätskampf der
Kulturen / Werner Gephart ; Karl-Heinz-Sauerwein (Hrsg.). – Opladen :
Leske + Budrich, 1999

ISBN 3-8100-2058-3

© 1999 Leske + Budrich, Opladen

Das Werk einschließlich aller seiner Teile ist urheberrechtlich geschützt. Jede Verwertung
außerhalb der engen Grenzen des Urheberrechtsgesetzes ist ohne Zustimmung des Verlages
unzulässig und strafbar. Das gilt insbesondere für Vervielfältigungen, Übersetzungen, Mikroverfilmungen und die Einspeicherung und Verarbeitung in elektronischen Systemen.

Satz: Leske + Budrich, Opladen
Druck: DruckPartner Rübelmann, Hemsbach
Printed in Germany

Inhalt

Vorbemerkung 7

Karl-Heinz Saurwein
Einleitung: Die Konstruktion kollektiver Identitäten und
die Realität der Konstruktion 9

Werner Gephart
Das Gedächtnis und das Heilige. Zur identitätsstiftenden Bedeutung
der Erinnerung an den Holocaust für die Gesellschaft
der Bundesrepublik 29

Moshe Zuckermann
Die Parzellierung der Shoah-Erinnerung im heutigen Israel.
Vom historischen Ereignis zum Gegenstand ideologischer Projektion 47

Karl-Heinz Saurwein
Antisemitismus als nationales Identitätsprojekt?
Der soziologische Gehalt der Goldhagen-These 61

Tilman Hanckel
Das neue Südafrika – »Regenbogen« oder Apartheid-Nostalgie?
Untheoretische Anmerkungen zur politischen Entwicklung unter
pluraler Differenzierung 97

Benedikt Giesing
Kulturelle Identitäten als strategischer Kompaß? Soziologische
Anmerkungen zu Samuel P. Huntingtons »clash of civilizations« 117

Werner Gephart
Zur sozialen Konstruktion europäischer Identität.
Symbolische Defizite und europäische Realitäten 143

Zu den Autoren 169

Vorbemerkung

Es zeugt vermutlich von einer enormen Unsicherheit unseres Lebensgefühls am Ende des zweiten Jahrtausends, daß in so unterschiedlichen Disziplinen und Diskursen die Befassung mit dem Problem der »Identität« in den Vordergrund gerückt ist.

In den hier versammelten Beiträgen geschieht das auf unterschiedliche Weise: Wenn die Auseinandersetzung mit der Shoah auf die ambivalente Frage ihrer Bedeutung für die Identität der Bundesrepublik bezogen wird, ist das hier zugrundegelegte Identitätsverständnis signalisiert: Es kann gar nicht um eine Art windschnittiger oder gefälliger Identitätskonstruktion gehen. Soziale Identitäten sind gerade nicht durch Eineindeutigkeit gekennzeichnet, sondern gebrochen, gefährdet, gerade, wenn sie durch Identitätspolitiken beschworen werden. Diese gehörten ja eher einem Identitätsverständnis an, daß sich durch symbolische Ausgrenzungen bis hin zur physischen Vernichtung des scheinbar Fremden Identität erzwingen will. Die Auseinandersetzung um den Kern des Nationalsozialismus – wie er in der Goldhagen-Kontroverse sichtbar geworden ist – betrifft daher gerade das Problem, inwieweit man die Judenvernichtung in Deutschland als ein kulturell verankertes, nationales Projekt pathologischer Identitätsstiftung begreifen kann. Die Problemlage wird nicht einfacher dadurch, daß historisch – neben der Tradition der zionistischen Bewegungen – der kollektive Bezug auf die Shoah seinerseits für die Genese der Identität des Staates Israel konstitutiv ist. Und soweit sich diese tragische Identitätsbildung auf sehr vielschichtige Weise religiös motiviert, berührt sich die Identitätslage Israels mit dem weltweiten Phänomen eines Wiederauflebens religiöser Muster kollektiver Identitätsstiftung, die Samuel P. Huntington zur These eines universellen Kampfes der religiös geprägten Kulturen als Handlungs- und Deutungsmuster der Weltpolitik fomuliert hat. Gleichwohl aber insistieren europäisch gesinnte Bürger und Politiker darauf, daß es eine die Differenz von Religionen und anderer primordialer Zugehörigkeiten überschreitenden Einheit Europas bedürfe und dieses auch durchaus soziale Realität besitze.

Diese komplexe Thematik war Gegenstand eines Bonner Oberseminars, das von Kollegen, Freunden und Mitarbeitern getragen wurde. Die gemeinsame thematische Klammer der »Gebrochenen Identitäten« veranlaßt uns nun, über diesen Kreis hinaus, interessierte Forscher und Beobachter der sozialwissenschaftlichen Forschungslandschaft anzusprechen. Denn es war zunächst gar nicht eindeutig, wie eng scheinbar disparate Gegenwartsdiskurse über die Erinnerung an den Holocaust in der Bundesrepublik mit den von Daniel Goldhagen aufgeworfenen Fragen, der 100jährigen zionistischen Bewegung und der Staats- und Identitätsbildung in Israel, dem Ende der Apartheid in Südafrika, dem »Identitätskampf der Kulturen« und der europäischen Identitätsfrage überhaupt zusammenhängen könnten. Diese gemeinsame Klammer ist in der Einleitung ausformuliert.

Daniel Braunschweig, Siegfried Hermes, Chih-Cheng Jeng und Jonas Grutzpalk haben mit ihren kritischen Beiträgen und ihrem technischen Wissen als Setzer und Korrekturleser bei der Erstellung des Bandes entscheidend mitgewirkt.

W. G. u. K.-H. S.

Karl-Heinz Saurwein

Einleitung:
Die Konstruktion kollektiver Identitäten
und die Realität der Konstruktion

Die Beiträge zu diesem Band beschäftigen sich bei aller Unterschiedlichkeit ihrer historischen Bezüge, ihres thematischen und analytischen Zugriffs mit Problemlagen, die die Herausbildung oder die Folgen von kollektiven Identitäten betreffen. Unter dem Titel »Gebrochene Identitäten« wird über Diskurse und Diskussionen reflektiert, die implizit voraussetzen oder es auch explizit zum Thema machen, daß die Entwicklung und Veränderung gesellschaftlicher Systeme und Handlungszusammenhänge als Ergebnis kollektiver Lern- und Selbstdefinitionsprozesse verstanden werden können.

Die analytische Eigenständigkeit des Bezugs auf kollektive Identitäten ergibt sich daraus, daß die Grenzen zwischen und innerhalb sozialer Kollektive nicht durch überzeitliche Konstanten markiert sind, sondern symbolische Konstrukte darstellen, die einer ständigen Redefinition in gesellschaftlichen Kommunikationsprozessen unterliegen. Kollektive Identitäten können nur kommunikativ erzeugt oder bestritten werden. Identitätsfragen betreffen, in soziologischer Terminologie formuliert, die Frage nach der sozial geltenden »Definition der Situation«. Ihre Relevanz für die Analyse von sozialen Interdependenzen von Interessen, Handlungsrechten und knappen Ressourcen liegt darin, daß sie spezifische Sinnschemata bereitstellen, durch die Interessen und Ressourcen kollektiv mobilisiert werden. Nur vor diesem Hintergrund lassen sich aktuelle Problemlagen auf vermeintliche Identitätsdefizite beziehen, historische Entwicklungen unter dem Aspekt von Kontinuität und Diskontinuität kollektiver Erfahrungen diskutieren oder die Eigendynamik von sozialen Konflikten verstehen, in denen es nicht mehr »nur« um Verteilungskämpfe geht, sondern um die Behauptung von konstitutiven Werten oder Lebensweisen eines Kollektivs.

Der Begriff der kollektiven Identität bezieht sich auf *Vorstellungen* vom Gelten oder Geltensollen eines unterscheidbaren Kommunikations- und Handlungszusammenhangs, der ihre Teilnehmer durch spezifische Solidaritätserwartungen verbindet.[1] Damit wird die Frage, ob es überzeitliche, »objekti-

---

1 Zu den Diskussionslinien über den Identitätsbegriff in den Sozialwissenschaften: Peter Wagner, Fest-Stellungen, Beobachtungen zur sozialwissenschaftlichen Diskus-

ve« Kriterien der Zurechnung und Konstitution von Gemeinschaftlichkeit gibt, durch die Frage nach den Modi der sozialen Konstruktion und den Geltungsbedingungen eines spezifischen Gemeinsamkeitsglaubens ersetzt.[2] So betont Max Weber mit Bezug auf den Begriff der Nation:

»*Nation* ist ein Begriff, der, wenn überhaupt eindeutig, dann jedenfalls nicht nach empirischen gemeinsamen Qualitäten der ihr Zugerechneten definiert werden kann. Er besagt, im Sinn derer, die ihn jeweilig brauchen, zunächst unzweifelhaft: daß gewissen Menschengruppen ein spezifisches Solidaritätsempfinden anderen gegenüber zuzumuten sei, gehört also der Wertsphäre an. Weder darüber aber, wie jene Gruppen abzugrenzen seien, noch darüber, welches Gemeinschaftshandeln aus jener Solidarität zu resultieren habe, herrscht Übereinstimmung.«[3]

Es ist müßig, folgt man Weber, eine soziologische Analyse kollektiver Identitäten auf vermeintlich überhistorische Kriterien nationaler Identitätszurechnung wie Abstammung, eines ethnischen Gemeinsamkeitsgefühls oder Sprache abstellen zu wollen. Diese liefern keine Begründung der soziologischen Analyse, sondern bieten allenfalls den Anlaß für die Definition erklärungsbedürftiger Gegenstände.

Gerade der Wertbezug kollektiver Identitätsbilder, ihr Bezug auf Weltbilder und Interessenlagen unterschiedlicher intellektueller und sozialer Trägerschichten und die Bedingungen ihres Einflusses auf die Wahrnehmung, Definition und Bewertung kollektiver Problemlagen lassen die Frage nach den *Prozessen* der Konstruktion und Zurechnung selbst in den Vordergrund treten.

»Konstruieren« soll dabei weder unterstellen, es handle sich um die Ausführung eines Konstruktionsplans noch ist damit eine bloße Erfindung i.w.S. des Vortäuschens falscher Tatsachen gemeint. Beide Verständnisse greifen zu kurz: Kollektive Identitäten sind nicht einfach machbar oder planbar, sondern sie entstehen und verändern sich auf der Basis der Wahrnehmung aktueller Problemlagen, der Vergegenwärtigung einer Kollektivgeschichte[4] und der zukunftsorientierten Projektionen kollektiver Ideale. Eben-

---

sion über Identität, in: Aleida Assmann und Heidrun Friese (Hrsg.), Identitäten. Erinnerung, Geschichte, Identität 3, Frankfurt 1998, S. 44-72.
2 Vgl. dazu Werner Gepharts Beitrag in diesem Band. W. Gephart, Das Gedächtnis und das Heilige, a.a.O. insb. S. 29ff.
3 Vgl. M. Weber, Wirtschaft und Gesellschaft, Tübingen 1972, S. 528.
4 Die »wirkliche« oder »echte« Identität erscheint dann als eine Art »Kollektivpersönlichkeit«. Diese Begriffsverwendung ist, wie Reinhard Kreckel treffend bemerkt, selbst »ideologisierend«, da sie mit empirisch fragwürdigen Typisierungen und Verallgemeinerungen arbeiten muß und allzu leicht instrumentalisiert werden kann. Vgl. dazu: Reinhard Kreckel, Soziale Integration und nationale Identität, in: Berliner Journal für Soziologie 4, 1994, S. 13-20. Will man den reifizierenden Gebrauch des Begriffs »kollektive Identität« vermeiden, muß man sich von Subjektvorstellungen lösen und auf den Umstand der sozialen Konstruiertheit und der intersubjektiven Geltung dieser Konstrukte abstellen. Dazu braucht man keine Kollektivpsychologie,

Die Konstruktion kollektiver Identitäten

so müßig ist es, darüber befinden zu wollen, ob es sich um eine ideologische Erfindung handele oder um eine durch nachweisbare historische Tatsachen gedeckte »wirkliche« Identität.[5] Dieses Mißverständnis schleicht sich vor allem bei Analysen nationaler Ideologien ein. So wird häufig darauf hingewiesen, daß Nationalisten eine Homogenität und Einheit beschwören, die den geschichtlichen Tatsachen zuwiderlaufen. Die selektive Aneignung geschichtlicher Tatsachen und ihre politische Instrumentalisierung kann nicht bestritten werden. Die Entzauberung nationaler Mythen und Einheitssemantiken bietet einen legitimen Ansatzpunkt einer ideologiekritischen Analyse; aber diese verfehlt ihr Ziel, wenn gleichzeitig unterstellt wird, daß sich »wahre« Gemeinschaften den bloß behaupteten gegenüberstellen lassen. Auch die häufig zu findende Unterscheidung zwischen einem »gesunden« Nationalstolz (Patriotismus) und einem eher »pathologischen« Nationalismus verspricht wenig Erkenntnisgewinn; dies hat allenfalls Kontrastfunktion zu dem, was man auf einem fiktiven Kontinuum von Vernünftigkeit auszeichnen will. Soziale Konstruiertheit von kollektiven Identitäten verweist auf reale Definitionsprozesse und sozial geteilte Vorstellungen über einheitsverbürgende Merkmale und Eigenwerte.[6]

Darin liegt keineswegs eine Voreingenommenheit für Konsens als Bedingung der Möglichkeit kollektiver Identitäten, sondern es wird vielmehr eine weitere Ebene gesellschaftlicher Auseinandersetzungen umrissen: Da es um die Behauptung von Eigenwerten geht, nehmen die Abgrenzung zum »Anderen« und »Fremden« und die nach innen gerichteten Solidaritätszumutungen einen breiten Raum ein. Damit sind Fragen von Achtung und Mißachtung, von Beitragsgerechtigkeit und den Grenzen der individuellen Hand-

---

sondern eine Analyse von Kommunikations- und Institutionalisierungsprozessen. Eine instruktive Analyse des Unterschieds zwischen personaler und kollektiver Identität bietet: Jürgen Straub, Personale und kollektive Identität. Zur Analyse eines theoretischen Begriffs, in: A. Assmann und H. Friese (Hrsg.), Identitäten, a.a.O., S. 73-104.

5   Vgl. dazu Ernest Gellner, Nationalismus und Moderne, Hamburg 1993; T. Blank, P. Schmidt, Verletzte oder verletzende Nation? Empirische Befunde zum Stolz auf Deutschland, in: Journal für Sozialforschung, 33, 1993, S. 391-415; Peter Mohler, H. Götze, Worauf sind die Deutschen stolz. Eine vergleichende Analyse zur gefühlsmäßigen Bindung an das politische System der Bundesrepublik, in: Peter Mohler u.a. (Hrsg.), Blickpunkt Gesellschaft 2, Opladen 1992, S. 45-63.

6   Die Realismusannahme bedeutet keinesfalls, daß kollektive Identitäten als ontologische Größen betrachtet werden müssen und dann als Fiktion eines methodologischen Kollektivismus ad acta gelegt werden können. Gleichwohl ist die »Naturalisierung« von kollektiven Identitäten ein empirisch-historischer Prozeß, der das Welt- und Selbstverständnis von (kollektiven) Akteuren kennzeichnet. Die Wirklichkeit kollektiver Identitäten liegt nicht in dem Nachweis, daß die Selbstbeschreibungen nach den Kriterien eines wissenschaftlichen Beobachters wahrheitsfähig sind, sondern darin, daß Menschen diese Realität unterstellen oder sich an deren sozialer Geltung orientieren. Vgl. Benedict Anderson, Die Erfindung der Nation. Zur Karriere eines erfolgreichen Konzepts, Frankfurt 1996.

lungsrechte tangiert. Die Zuweisung oder Verweigerung von Anerkennung und gesellschaftlicher Achtung ist ein höchst konfliktträchtiges Unterfangen, das mit der Elle von Auseinandersetzungen um ökonomische oder politische Güter allein nicht zu messen ist. Materielle Konfliktlagen sind durch die Verfügung und den Zugang zu Ressourcen und durch die Opportunität und die Rationalität von Eigeninteressen prinzipiell begrenzbar; für Fragen von Achtung und Mißachtung kollektiver Identitäten gibt es keinen Stoppmechanismus, der sich aus Nützlichkeitserwägungen mit Blick auf die Kosten und Nutzen von Konflikten oder Konsens ableiten ließe. Werden Konflikte unter dem Aspekt kollektiver Anerkennung und Selbstachtung thematisiert und behandelt, laufen konventionelle Strategien des Interessenausgleichs und der Konfliktregulierung meist ins Leere.

Bei aller terminologischen Unschärfe, die dem Begriff der kollektiven Identität anhaftet, lassen sich die Problembezüge dieses Konstrukts schwerlich bestreiten: Die Rede von kollektiven Identitäten betrifft, nach innen gewendet, die Frage, ob und wie Kollektive glaubwürdige Selbstbeschreibungen hervorbringen, die als eigenständiger Bezugspunkt gemeinsamen Erinnerns, gemeinsam geteilter Werte, sozialer Zugehörigkeit und darauf bezogener Solidaritätserwartungen ihrer Mitglieder fungieren. Der Außenaspekt des Identitätsproblems läßt sich in folgende Frage kleiden: Wie kann es im Verhältnis zu potentiell konkurrierenden Kollektiven gelingen, für eigene Identitätsdarstellungen Bestätigung bzw. öffentliche Anerkennung zu erhalten bzw. zu schaffen.[7]

Die imaginierte Gemeinsamkeit, die gemeinhin auch als »Wir-Gefühl« bezeichnet wird, läßt sich als soziales Kapital eines Kollektivs auffassen, das auf der generalisierten Erwartung einer Bindewirkung von kollektiven Obligationen beruht. Soziales Kapital entsteht, wenn Akteure im Vertrauen auf die Aktivierung von Wertcommitments anderer selbst zu risikoreichen Vorleistungen oder Beiträgen bereit sind. Kollektive Identitäten können daher Bezugspunkt eines generalisierten Vertrauens in Aktivierbarkeit von sozialer Kooperation und solidarischem Handeln auf der Basis gemeinsamer Zugehörigkeit und Verpflichtung zu kollektivspezifischen Werten, Normen oder Zielen aufgefaßt werden.[8]

---

7   Der Verweis auf den »inneren« und »äußeren« Bezug von kollektiven Identitäten soll darauf aufmerksam machen, daß die symbolischen Grenzziehungen auch von denen anerkannt werden müssen, die als Nichtmitglieder gelten. Insoweit sind Identitätsdarstellungen immer auf Öffentlichkeiten bezogen, die nicht durch das Referenzsystem bestimmt sind. Differenzen zwischen Selbst- und Fremdbild sind damit vorprogrammiert und werden dann im Referenzsystem als Imageproblem gehandelt.

8   Bei James Coleman bezeichnet der Begriff »soziales Kapital« die Bereitschaft zur sozialen Kooperation in Gruppen oder Organisationen, um bestimmte, als wünschenswert erachtete Kollektivgüter zu erlangen. Vgl. James S. Coleman, Foundations of Social Theory, Cambridge 1990, insb. S. 300-321. Zum Zusammenhang zwischen den Konzepten »Sozialkapital« und Vertrauen vgl. die systematische Darstel-

Fragt man nach der sozialen Konstruktion der Realität, wie sie in der Einheitssemantik kollektiver Selbstbeschreibungen zum Ausdruck kommt, so wird man gerade die Selektivität des kollektiven Gedächtnisses[9] und der Selbstbeschreibung in Rechnung stellen müssen und fragen, welche Grenzen gezogen und für welche Art von Problemen und Konfliktlagen Solidaritätserwartungen in Umlauf gebracht werden. Kollektive Identitäten sind keine Erfindungen, die nur deshalb existieren, weil sie »gedachte« Gemeinsamkeiten darstellen, sondern sie bilden gerade in ihrer imaginierten Form eine Realität, die die Agenda und Prozesse öffentlicher wie privater Kommunikation beeinflussen.

Wie beweist das Kollektiv, so könnte man fragen, daß es existiert oder wie gelingt es, kollektive Selbstbeschreibungen als soziale Tatbestände zu »objektivieren« bzw. als natürliche Bedingung sozialer Existenz erscheinen zu lassen. Kollektive Identitätsvorstellungen vereinfachen die Wahrnehmung und Beurteilung kollektiver Problemlagen und Situationsdefinitionen auf zentrale Leitwerte, für die Loyalitäten im Krisenfall eingeklagt und mobilisiert werden können. Differenzierte Gesellschaften bringen eine Vielfalt konkurrierender Identitätsbilder und Solidaritätserwartungen hervor, die sich nicht mehr im Schutz geheiligter Traditionen, Dogmen und unbezweifelbarer Autoritäten der Reflexion und dem Wettbewerb um Glaubwürdigkeit entziehen können.

An dieser Entzauberung haben Wissenschaftler, Intellektuelle oder Eliten ihren Anteil, die auf logische und empirische Widersprüche und Ambivalenzen und negative Folgen von Identitätsvorstellungen in ideologiekritischer Sicht hinweisen oder ihre Kritik in der Absicht in die Diskussion zurückspielen, daß sich daraus bessere Begründungen und Projektionen ergeben.[10]

---

lung der Diskussion bei: Tanja Ripperger, Ökonomik des Vertrauens, Tübingen 1998, insb. S. 165ff.

9   Ernest Renan hat dazu ebenso treffend wie sarkastisch zu nationalen Vorstellungen bemerkt: »Es macht jedoch das Wesen einer Nation aus, daß alle Individuen vieles miteinander gemein haben; aber auch, daß alle manche Dinge vergessen haben.« Ernest Renan, Was ist eine Nation? Rede am 11. März 1882 an der Sorbonne, Hamburg 1996, S. 15.

10 Gerade die Diskussion um sinnstiftende, strategische und handlungswirksame Funktionalität von »starken« Organisationskulturen macht deutlich, daß auch durchrationalisierte Systeme eine Vielzahl von Mythen, Legenden und Ideologien hervorbringen, deren Funktionalität in der Reduktion von Ungewißheit und der Erzeugung eines positiven Handlungsklimas gesehen wird. Dieses »Managementwissen« funktioniert vermutlich nur so lange wie der Glaube an die Steuerbarkeit der Kommunikation selbst entzogen wird: Rationale Managementtheorien haben keine Antwort auf die Frage, was passiert, wenn bekannt wird, daß Manager es für rational halten, Wir-gefühle und Glaubensbereitschaften zu erzeugen. Ein Überblick über die betriebswirtschaftliche Diskussion bietet: Klaus Macharzina, Unternehmensführung, Wiesbaden 1995, insb. S. 209-217; Edgar H. Schein, Unternehmenskultur. Ein Handbuch für Führungskräfte, Frankfurt 1995. Die reflexiven Aspekte organisatorischen Wis-

Dies läßt die Paradoxie der Rationalisierung von Identitätsbildern deutlich werden: Je mehr Akteure an dem Diskurs teilnehmen und je offener und reflektierter dieser Diskurs wird, um so knapper wird die Aufmerksamkeit für bestimmte Identitätsangebote und um so schwieriger wird es, dauerhafte Identifikationen hervorzubringen. Dies führt in der Regel zu einer Ausdifferenzierung und verschärften Konkurrenz von Leitbildern, da Kollektive nur dann mit einer Chance auf Beachtung und Anerkennung rechnen können, wenn sie öffentlich präsent sind.

Je mehr die Akteure mit Wissen um ihre öffentliche Beobachtbarkeit und mit Rücksicht auf die öffentliche Resonanz bekundeter Präferenzen und Selbstdarstellungen agieren, um so geringer wird die Chance, daß sie sich allein von systemspezifischen Leitwerten und Erfolgserwartungen leiten lassen können.[11] Dies kann im Extremfall bedeuten, daß sie Gefangene eigener Identitätsprojektionen und Selbstverpflichtungen werden, die auf der zwanghaften Vermeidung von Mehrdeutigkeit, Konflikt und Ungewißheit beruhen und dadurch eine rationale Anpassung an die Situation erschweren.[12]

Die Dekodierung der Symbole, Inhalte und Formen kollektiver Selbstvergewisserung ist ohne Zweifel ein legitimer Gegenstand kulturwissenschaftlicher oder sozialwissenschaftlicher Forschung; man wird jedoch auch die Frage verfolgen müssen, warum kollektive Identitäten jenseits aller intellektuellen Reflexionsbedürfnisse ins Gerede gekommen sind bzw. zum Dauerthema werden.

---

sens und Gestaltens betont: Karl E. Weick, Der Prozeß des Organisierens, Frankfurt 1995.
11 Das hat recht handfeste theoretische und empirische Konsequenzen. Theoretisch markiert dies eine Grenze von Analysestrategien, die gesellschaftliche Probleme primär als Folge des Auseinanderdriftens von systemischen Eigenlogiken verstehen. Die Koppelung von Funktionssystemen wird nicht nur über spezifische Kommunikationsmedien wie Geld oder Macht, sondern auch über Öffentlichkeiten hergestellt. Öffentliche Präsenz und Darstellung unterliegt zwar eigenen Regeln, stellt aber für sich kein geschlossenes System dar, sondern ein Netzwerk für mögliche Kommunikation. Empirisch gewendet heißt das: Wer auf ein gutes Image Wert legt und Öffentlichkeitsarbeit als gut fürs Geschäft oder die Politik einschätzt, muß sich den Bedingungen und Zuweisungsregeln von Aufmerksamkeit und Achtung bzw. Mißachtung unterwerfen, unabhängig davon, ob intrinsische Erfolgserwartungen enttäuscht oder bestätigt werden. Die Existenzgrundlage professioneller Öffentlichkeitsarbeit ist die Ungewißheit ihrer Wirksamkeit, aber die gewisse Erwartung, daß es ohne sie auch nicht geht.
12 Die empirische Plausibilität dieser These ist im Kontext der Diskussion um Vor- und Nachteile starker Unternehmenskulturen und der Lernfähigkeit von Organisationen geläufig. Dieser Gedanke läßt sich durchaus auf politische Systeme oder Gesellschaften als ganzes beziehen. Vgl. dazu vor allem den Beitrag in diesem Band von: Moshe Zuckermann, Die Parzellierung der Shoah-Erinnerung im heutigen Israel, S. 47ff.

Werner Gephart[13] verweist zu Recht auf die Unsicherheit des Lebensgefühls am Ende dieses Jahrtausends und diese Unsicherheit hat nicht zuletzt mit historischen Erfahrungen und aktuellen Entwicklungen zu tun, durch die die Fraglosigkeit kollektiver Identitätsbilder und Grenzziehungen nachhaltig in Frage gestellt wird. Die Quelle der Besorgnis liegt nicht nur in einer ohnehin ungewissen Zukunft, sondern in der Ungewißheit der Vergangenheit.

Man kann dies aus lebensweltlicher Sicht als Entfremdung und Orientierungsverlust bezeichnen, der aus Modernisierungs- und Globalisierungsprozessen resultiert. Der hiermit verbundene ökonomische, politische, soziale und kulturelle Anpassungsdruck übersteigt die Reproduktionsfähigkeit des sozialen und kulturellen Vertrauenskapitals. Dies wird augenfällig an der Diskussion um die vermeintliche »Entsolidarisierung« in modernen Gesellschaften, die auch als Erosion des sozialen Kapitals betrachtet werden kann. Man ist allerdings gut beraten, Entsolidarisierung nicht nur als Folge von Werteschwund, ungeregelter wirtschaftlicher Konkurrenz und Kommerzialisierung von Lebenswelten zu sehen, sondern auch als Folge des Wachstums von Verteilungskoalitionen und Verteilungsinstitutionen, die distributive Konflikte innerhalb und zwischen Kollektiven tendenziell verschärfen und die Diskrepanz zwischen Regulierungsansprüchen und politischer Steuerungsfähigkeit ständig vergrößern.[14] Das strukturelle Krisenszenario der Moderne entlang ökologischer, ökonomischer, politischer und kultureller Problemlagen im lokalen wie globalen Maßstab ist hinlänglich bekannt und gehört mittlerweile zum Common Sense des aufgeklärten Bürgers.

Wo aber die Fraglosigkeit von kollektiven Identitäten aufgebrochen und Identitätsbilder selbst zum Thema werden, nimmt die Bedeutung medial darstellbarer Identitäten zu. Dies bedeutet, daß sich die Anbieter von kollektiven Identitäten (z.B. Experten, Intellektuelle, Politiker, Manager und soziale Bewegungen) die Bedingungen und Eigenarten öffentlicher Kommunikation ins Kalkül ziehen müssen. »Identitätsarbeit« nimmt unter diesen Bedingungen die Form von interner und externer Öffentlichkeitsarbeit an, die nur Aussicht auf Erfolg hat, wenn Aufmerksamkeit für und Bindung eines Publikums an Themen, Personen und Überzeugungen fortlaufend erzeugt und regeneriert werden können. Diese Medialisierung von Identitätsdarstellungen trifft selbst auf Bereiche bzw. Organisationen zu, die sich zugute halten, auf zweckgerichtete und problemlösende Kommunikation spezialisiert zu sein. So sehen sich kommerzielle oder politische Organisationen nicht nur genötigt, die symbolische Differenzierbarkeit ihrer Produkte und Leistungen zu erhöhen, sondern sie treiben einen erheblichen kommunikativen Aufwand, um ein ko-

---

13 Vgl. dazu in diesem Band: Werner Gephart, Vorbemerkung S. 7f.
14 Vgl. dazu z.B.: Francis Fukuyama, Konfuzius und Marktwirtschaft. Der Konflikt der Kulturen, München 1995; ders., Trust: Social Virtues and the Creation of Prosperity, New York 1996. Zu den Chancen und Risiken einer »europäische[n] Sozialpolitik«: Norbert Bertholt, Sozialpolitik, in: Paul Klemmer (Hrsg.), Handbuch Europäische Wirtschaftspolitik, München 1998, S. 947-999.

härentes und reputationsfähiges Bild ihrer selbst nach innen und außen zu erzeugen. So berichtete die Wochenzeitschrift »Die Zeit« von dem Entwurf eines Deutschland-Images, mit dem die englische Imageagentur Wolff-Ohlins der »Deutschland AG« zu einer besseren »Markenidentität« verhelfen wollte.[15] Das Schwarz der Nationalflagge wich einem gefälligen, europäischen Blau mit dem Zeichen »DE« für Deutschland – Europa; der Artenschutz für den Bundesadler wurde ignoriert und dieser durch Ring- und Kreissymbole ersetzt, um Flexibilität, Offenheit und starke Emotionalität zu symbolisieren. Man mag über derartige Versuche schmunzeln, die Naivität der Experten bewundern oder diesen Versuch selbst schon als kommerziellen Anschlag auf »heilige« Identitätssymbole deuten – aber die Frage bleibt, warum Kollektivbilder als »Standortproblem« thematisiert und aus dem Bereich »geheiligter Symbole« in den »profanen« Bereich strategischer Symbolpolitik transferiert werden können.

Geplante Identitätsdarstellungen geraten leicht unter den Verdacht, im Dienste höchst partikularer Interessen Gemeinsamkeiten vorzutäuschen oder bestenfalls einer Art von Machbarkeitsillusion zu unterliegen, die die eigenen Fähigkeiten und Möglichkeiten überschätzen.[16] Die Erwartung jedenfalls, daß kollektive Identitäten nicht nur Ausdruck eines wie immer bestimmbaren Gemeinschaftsglaubens sind, sondern darüber hinaus sinnstiftende und handlungsorientierende Funktion haben, muß als empirische Variable betrachtet werden.

Identitätsdarstellungen sind potentiell ablösbar von den normativen, strategischen und operativen Handlungen, die sie veranlassen sollen. Dies bedeutet zum einen, daß jede Identitätspolitik zwar kollektive Präferenzen als gültig und plausibel unterstellen muß, aber der Versuch, politische oder wirtschaftliche Ziele an Identitätsbildern auszurichten, stets in Widerspruch zu den konkreten, an Opportunitäten orientierten Interessen gerät. Wie sich z.B. eine komplexe Wirtschaft an nationalen Zielen oder gar kulturellen Eigenarten praktisch ausrichten lassen könnte, bleibt wohl ein Geheimnis derer, die

---

15 Vgl. »Die Zeit«, Nr. 2 vom 7. Januar 1999 S. 49. Der Fernsehjournalist Wolfgang Herles konnte die englischen Imageexperten zu diesem Entwurf überreden. Die Ergebnisse präsentierte er dann im Rahmen seines dreiteiligen Fernsehbeitrags »Total Global«. Wolff-Ohlins Konzept wurde am 10. Januar 1999 im ZDF vorgestellt.

16 In der politischen Soziologie beschäftigt man sich seit langem mit den Folgen und Funktion symbolischer Politik. Vgl. dazu die klassische Arbeit von Murray Edelman, Politik als Ritual. Die symbolische Funktion staatlicher Institutionen und politischen Handelns, Frankfurt 1976. In den Wirtschaftswissenschaften wird seit langem über den Wandel von dem Produktwettbewerb zum Kommunikationswettbewerb nachgedacht, in dessen Folge nicht nur Werbung, sondern auch Öffentlichkeitsarbeit und die symbolische Arbeit an einer »Corporate Identity« zu einer eigenständigen und strategisch wichtigen Managementaufgabe werden. Vgl. dazu: James E. Grunig (Hrsg.), Excellence in Public Relations and Communication Management, London 1992; Horst Avenarius, Public Relations. Die Grundformen der gesellschaftlichen Kommunikation, Darmstadt 1995.

Die Konstruktion kollektiver Identitäten

beim Begriff »Volks-«wirtschaft von einer Inselökonomie träumen, die sich vom Rest der Welt nach Belieben abkoppeln kann.

Zum anderen setzt jede kollektive Rhetorik eine schwer kalkulierbare Eigendynamik frei. Richard Münch spricht in diesem Zusammenhang von inflationären Krisen, bei denen zwar Bekenntnisse oder Solidaritätsansprüche in Umlauf gebracht werden, denen aber keine »realen« Akzeptanz- oder Verständigungswerte gegenüberstehen, die Individuen oder Kollektive veranlassen, kooperativ zu handeln.[17] Dieses Konzept enthält das klassische Kollektivgutproblem, weist aber gleichzeitig darüber hinaus. Beim Kollektivgutproblem stellt sich die Frage, wie Akteure veranlaßt werden können, ihre wahren Präferenzen zu offenbaren und Beiträge zu einem kollektiven Ziel auch dann zu leisten, wenn sie keinen oder nur geringen direkten Nutzen haben. Dies setzt voraus, daß ein Kollektiv bereits besteht und Kommunikation zwischen Mitgliedern stattfinden kann.

Identitätskommunikation zielt dagegen auf das Problem des Vertrauens in die Glaubwürdigkeit von nachgefragten oder angebotenen Wertbindungen für zukünftiges Handeln. Die starke Emotionalisierung von Identitätsansprüchen, ergibt sich nicht zuletzt aus den Risiken der Selbstverpflichtung und einer Identifikation, die eingegangen werden muß, bevor man wissen kann, ob das bekundete Engagement der anderen echt ist oder das Resultat des kollektiven Handelns feststeht. Es handelt sich um Vertrauensgüter, deren Eigenart gerade darin besteht, daß ein möglicher Nutzen erst in Zukunft entsteht oder die Qualität der Leistung überhaupt nicht beurteilt werden kann. Erinnerte Geschichte wird ja meistens in Form von Ursprungsmythen, Heldentaten oder signifikanten Umbrüchen bemüht, um die Vorzugswürdigkeit und Vorbildlichkeit von Einigkeit und Geschlossenheit in Situationen zu demonstrieren, in denen Ausbeutung, Vermeidung und Flucht individuell rationale Alternativen darstellen.

Unter dem Zeitaspekt läßt sich folgendes Leitproblem kollektiver Identitätsbildung nennen: Welche Form der Erinnerung erscheint mit Blick auf Gegenwart oder Zukunft des Gemeinwesens notwendig, erhaltenswert oder revisionsbedürftig?

Die Gegenwärtigkeit kollektiver Erinnerungen

Die Beiträge dieses Bandes beziehen sich vorwiegend auf Probleme, Widersprüche und Paradoxien »nationaler« Identitäten. Damit ist eine spezifisch moderne Form kollektiver Identitätsbildung gemeint, die die Gemeinsamkeit geschichtlicher Erinnerung, Abstammung und Kultur mit der Vorstellung ei-

---

17 Zum Begriff der Identitätsinflation: Vgl. Richard Münch, Globale Dynamik, lokale Lebenswelten. Der schwierige Weg in die Weltgesellschaft, Frankfurt 1998, S. 319ff.

ner Solidargemeinschaft verbindet, die den Mitgliedschaftsstatus an für alle geltende Handlungsrechte und Pflichten innerhalb eines Territoriums bindet.[18]

Die Beiträge thematisieren die Voraussetzungen, Selektionsmodi und Folgen von sozialen Kommunikationsprozessen, durch die Vergangenheit gegenwärtig, kollektive Eigenwerte behauptet und Gestaltungsmodelle für Gegenwart und Zukunft entworfen werden.

Die Kenntnisnahme von und Erinnerung an eine gemeinsame Geschichte selbst erscheint als höchst selektiver und ambivalenter Prozeß: Einerseits wird erwartet, daß die Erinnerung an eine gemeinsame Geschichte die Entstehung einer aktuellen Identität stärkt, indem sie Loyalitätserwartungen fokussiert und auf vermeintlich erhaltenswerte Traditionen und ausbaufähige Eigenwerte verweist.[19] Andererseits engt der Erfolg solcher Bemühungen den Spielraum für Thematisierungsmöglichkeiten und Handlungsoptionen ein. Sie macht eine Anpassung von Kognitionen und normativen Projektionen an aktuelle Problemlagen schwierig und erhöht den Schwellenwert für das Ingangsetzen neuer Entwicklungsprozesse.

In dieses Dilemma verstricken sich auch wissenschaftliche Beobachter, von denen erwartet wird oder die sich selbst zumuten, *ihren* Beitrag zur kollektiven Sinnstiftung und Erinnerung zu leisten. So sieht sich die Geschichtswissenschaft häufig mit Erwartungen konfrontiert, Geschichte in pädagogischer Absicht zu betreiben. Die Suche nach einer kognitiven Landkarte, auf der man sich im Chaos historischer Ereignisse und Entwicklungen zurechtfinden kann, verbindet sich allzu leicht mit dem Wunsch, kollektive Erinnerung mit konsensfähigen Deutungen auszustatten.

Betrachtet man z.B. die Heftigkeit der Debatte zum Buch von Goldhagen, so werden Diskussionsbeiträge häufig nach dem vermeintlich richtigen

---

18 Das Konzept einer nationalen Identität ist von einem Staatsbegriff zu unterscheiden. Letzterer meint die effektive Ausübung von legaler, administrativer und im Zweifel gewaltsamer Kontrolle von Aktivitäten und Ressourcen innerhalb eines Territoriums. Nationale Identitäten sind stets multidimensional angelegt. Smith nennt fünf Kriterien nationaler Identität, die empirisch in unterschiedlicher Kombination und Ausprägung miteinander verknüpft werden: (1) ein historisch gewachsenes Territorium, (2) gemeinsame Mythen und geschichtliche Erinnerungen, (3) eine gemeinsame öffentliche Kultur, (4) Definition von Handlungsrechten und Pflichten für alle Mitglieder und (5) eine gemeinsame Wirtschaft mit einer territorialen Mobilität für die Mitglieder. Vgl. Anthony D. Smith, National Identity, London 1993, S. 14.

19 Dies gilt nicht nur für die positive Erinnerung an große Gestalten, gelungene Revolutionen und militärische Erfolge, die Anlaß für Feste, Gedenktage und nationale Mythen bilden, sondern für Ereignisse kollektiver Schmach, die sich als Mahnung und Vermeidungsgrund in das kollektive Gedächtnis eingraben sollen. Dabei geht es nicht einfach nur um ein Abspeichern von Wissen, sondern um normativ erwartetes Erinnern, Wiedererkennen und Vergessen.

Die Konstruktion kollektiver Identitäten

öffentlichen Gebrauch der Historie prämiert.[20] Der fachwissenschaftliche Gehalt der Thesen Goldhagens mag mit einigem Recht bestritten werden können. Nicht nur unter dem geschichtswissenschaftlichen Aspekt, sondern auch unter einer gesellschaftstheoretischen Perspektive bleibt Goldhagen hinter dem Erkenntnis- und Reflexionsstand der Fachwissenschaften zurück. Hält man an der Vorstellung fest, daß Wissenschaften auch einen Beitrag zur kollektiven Selbstaufklärung leisten können oder sollten, wird man Goldhagen nicht für gute Absichten oder vermeintlich richtige Wirkungen von Aussagen loben können, die man sachlich nicht für gerechtfertigt hält. Dies ist keine Frage von Bekenntnissen oder des »angemessenen« Gebrauchs der Geschichte im politischen Raum, sondern schlicht eine Frage des erreichbaren Differenzierungsvermögens.[21]

Aber es wäre voreilig, die Resonanz lediglich als Indikator dafür aufzufassen, daß unter den Bedingungen einer Mediengesellschaft eingängige Diagnosen und eine geschickt inszenierte Präsentation alleine ausreichen, um Aufmerksamkeit und Anerkennung zu gewinnen. Goldhagens Thesen treffen einen Nerv, der durch akribische Faktenforschung und komplexe Erklärungsmodelle nicht ansprechbar ist. Goldhagens Interpretation enthält ein vordergründig einleuchtendes kognitives Modell und er bietet gleichzeitig eine Antwort auf die Frage nach Verantwortung und Schuld, die dem Leiden der Opfer und dem Ausmaß der zivilisatorischen Katastrophe gerecht zu werden scheint. Er liefert eine Perspektive, die die kognitive und motivationale Disposition der Täter vor dem Hintergrund völkischer, rassistischer und antisemitischer Ideologien aufspannt und den Kontrast zum Selbstbild liberaler und demokratischer Gesellschaften um so augenfälliger macht. Goldhagen kommt dem Bedürfnis nach benennbaren Gefahren entgegen, auch wenn dies die Paradoxie einschließt, den Dämon in einer latenten kollektiven Disponiertheit der Deutschen zu verorten und den Deutschen zugleich einen kollektiven Identitätswandel zu bescheinigen.

Die Ambivalenz und Konflikträchtigkeit der Vergegenwärtigung kollektiver Erinnerungen wird gerade im Beitrag von Moshe Zuckermann deutlich. Er verweist auf die zentrale Bedeutung der Erinnerung an den Holocaust für den Geltungsanspruch des zionistischen Staatsverständnisses und macht

---

20 So würdigt Jürgen Habermas gerade die »Impulse zum Nachdenken über den richtigen öffentlichen Gebrauch der Historie«, die Daniel Goldhagen mit seinem Buch zum Holocaust gegeben habe. Damit haften Historiker nicht nur für den Wahrheitsgehalt ihrer Aussagen, sondern auch für die Qualität der kollektiven Lernprozesse, die aus belastenden Erinnerungen für das kollektive Selbstverständnis der Nachkommen ergeben können. Vgl. Jürgen Habermas, Die Geschichte ist ein Teil von uns. Über den öffentlichen Gebrauch der Historie. Die Laudatio für Goldhagen wurde abgedruckt in der Wochenzeitschrift »Die Zeit«, Nr. 12, vom 14.3.97.
21 Zu den soziologischen Implikationen der Goldhagen-These vgl. den Beitrag in diesem Band: Karl-Heinz Saurwein, Antisemitismus als nationales Identitätsprojekt, S. 61-96

auf deren paradoxe Folgen aufmerksam: Diese besteht in einer Fixierung der Politik auf das nationale Sicherheitsproblem. Der Friedensprozeß im Nahen Osten wirkt als Bedrohung, weil dieser die Überzeugungskraft der Sicherheitsdoktrin schwächt. Zugleich suggeriert diese Doktrin eine innere Homogenität, die den tatsächlichen Wandel der ökonomischen, sozialen und kulturellen Struktur weitgehend ignoriert und darum aktuelle Probleme und Konfliktpotentiale um so bedrohlicher für den gesellschaftlichen Zusammenhalt erscheinen lassen. Der Beitrag Zuckermanns thematisiert beispielhaft die Kontingenz und Ungleichzeitigkeit zwischen der Entwicklung kollektiver Identitätsbilder und den strukturellen Veränderungen in der Gesellschaft.[22] Das Beispiel Israel macht deutlich, daß das dominante Staatsverständnis immer weniger in der Lage ist, auf die Veränderungen in der Sozialstruktur und der Kultur einzugehen und angesichts der weitgehenden Fraktionierung des politischen und sozialen Lebens eine glaubwürdige Antwort auf die Frage zu geben, was das spezifisch »Jüdische« an einem jüdischen Staat ist oder sein soll. Die Parzellierung der Erinnerung an den Holocaust stellt sich nicht so sehr als Problem einer verblassenden Wirkung des Schreckens dar, sondern muß vor dem Hintergrund vertiefter ökonomischer, politischer und kultureller Konflikte in der Gesellschaft Israels gesehen werden. Mit der Fraktionierung des sozialen Lebens wird auch die Homogenität des Andenkens nachdrücklich erschüttert.

Die Erinnerung an den Holocaust hat für die nationale Identität Deutschlands wie Israels eine konstitutive Bedeutung – aber diese Erinnerung bleibt in bezug auf die Gestaltung von Gegenwart und Zukunft in beiden Ländern höchst umstritten und ambivalent. Gerade auf den prekären Umgang mit der Shoah in Deutschland macht der Beitrag von Werner Gephart aufmerksam. Er stellt sich die Frage, ob und wie die historische Erfahrung von Auschwitz Bestandteil einer Identitätsstiftung werden kann, die über rituelle Bekenntnisse hinausweist und dem Erinnern eine gestaltende Bedeutung für Gegenwart und Zukunft des Gemeinwesens verleiht.[23]

Erinnern und Vergessen

Dies macht auf einen generellen Aspekt bei der Analyse kollektiver Identitäten aufmerksam: Welche kognitiven, moralischen oder expressiven Symbole sich auch immer zu einem Identitätsglauben verdichten, so verweisen diese

---

22 Vgl. in diesem Band: Moshe Zuckermann, Die Parzellierung der Shoah-Erinnerung im heutigen Israel, S. 47-60
23 Vgl. in diesem Band: Werner Gephart, Das Gedächtnis und das Heilige. Zur identitätsstiftenden Bedeutung der Erinnerung an den Holocaust für die Gesellschaft der Bundesrepublik, S. 29-46.

nicht nur auf sich selbst. Sie beziehen ihre Bedeutung und ihren Anspruch auf Aufmerksamkeit und Commitment nicht aus einem vermeintlichen Eigensinn, sondern aus ihrem kommunikativen Gebrauch. Welche Deutungsangebote aufgegriffen werden oder sich in öffentlichen Meinungsbildern Aufmerksamkeit verschaffen, hängt auch von den aktuellen Problemlagen, Interessenskonstellationen und den sozialen und kulturellen Konfliktlinien in einer Gesellschaft ab. Von hier aus erhält die Vergegenwärtigung der kollektiven Geschichte ihre Bedeutung im Hinblick auf das, was sich als erinnerswert, wiederholbar oder vermeidenswert auszeichnen läßt. Ohne kollektives Gedächtnis würde sich gesellschaftliche Kommunikation einer nicht bewältigbaren Komplexität von Situationsdefinitionen und Thematisierungszwängen aussetzen. Wo alles gleich wichtig und als kommunizierbar gilt, hat niemand Veranlassung mehr, Aufmerksamkeit zu investieren oder Engagement für Themen deutlich werden zu lassen.

Zur Paradoxie des kollektiven Erinnerns gehört, daß es zugleich Vergessen mitbefördert. Das Bild der Vergangenheit erlangt durch das kommunikative Wachhalten einen Grad an Vertrautheit und Bekanntheit, die allenfalls noch rituelle Bekenntnisse und Gesinnungsdarstellungen hervorrufen. Mit Blick auf die Diskussion in Deutschland gerieten Beiträge schnell in den Sog einer Debatte um kollektive Schuld, Verdrängung und Relativierung, so als ob man Verdrängen oder Erinnern durch die Errichtung ethischer Sperren vermeiden oder beschleunigen könnte. Es gibt auf der Ebene gesellschaftlicher Kommunikation kein Pendant zum innerpsychischen Prozeß der Verleugnung.[24] Auf einer kollektiven Ebene geht es nicht um Bewußtsein, sondern um Formen und Inhalte von Kommunikation. Selbst eine erzwungene Tabuisierung einer bedrohlichen Vergangenheit kann abweichendes Wissen nur ins Private abdrängen und damit für die öffentliche Kommunikation latent halten. Eine Leugnung von historischen Tatsachen müßte ja gerade gegen das erinnerte Bild der Vergangenheit behauptet, durch Gegenbilder präsent gemacht oder als Identitätskonflikt inszeniert werden. Eine *kollektive* Leugnung ist nur unter der Bedingung öffentlich tabuisierter und durch Zwang gesteuerter Kommunikation denkbar. So gesehen, verdient der Umgang mit der Naziherrschaft in der ehemaligen DDR weit eher das Prädikat der »Verdrängung«, weil der offizielle Antifaschismus und die Umdeutung des nationalsozialistischen Rassismus und Antisemitismus als Epiphänomen des Klassenkampfes eine Gegentradition suggerierte, die eine konfliktträchtige Auseinandersetzung mit dem Nationalsozialismus überflüssig erscheinen ließ. Vielleicht eröffnet die Paradoxie von Erinnern und Vergessen die Einsicht, den Streit um die Erinnerung als notwendigen aber keineswegs hinreichenden Bestandteil der Aneignung einer Kollektivgeschichte aufzufassen.

---

24 Bei der Verleugnung geht es bekanntlich darum, daß eine *Person* eine bedrohliche Situationen und die Erinnerung an damit verbundene Ereignisse und Verantwortlichkeiten auslöscht.

Wie aber sollen kollektive Identitäten entstehen, wenn es keine gemeinsam geteilte, sondern allenfalls segmentierte Erinnerungsgemeinschaften gibt. Das sogenannte »Wunder am Kap« beschreibt eine Situation, in der ein Gemeinsamkeitsglaube eher auf einer diffusen Heilserwartung beruht. Diese besteht, folgt man dem Beitrag von Tilman Hanckel, zunächst in einer durch keine historische Erfahrung belegte Erwartungshaltung auf eine friedliche Entwicklung zum Nulltarif.[25] Die Konstruktion einer nationalen Einheit sieht sich gerade genötigt, den geschichtlichen Hypotheken von Ausbeutung, Rassismus und Repression, wenn überhaupt, nur in wohl dosierter Form politische Präsenz zu verschaffen. Von einer identitätsstärkenden gemeinsamen Geschichte kann nicht die Rede sein, nicht einmal von einer, deren kollektive Erinnerung in einem »Nie Wieder« zusammenfindet. Im Bewußtsein vieler Weißer war die Apartheid vielleicht ein Fehler, den man beheben sollte, da sich die ökonomischen und politischen Kosten für die Aufrechterhaltung dieser Form weißer Vorherrschaft selbst für ihre Nutznießer nicht mehr rechneten.[26] Für die ANC-Bewegung wird der Bruch mit der Apartheid und die politische Einigungsarithmetik aus Vereinbarung, Besitzstandsgarantien und Vetopositionen eher zum Problem, weil sich jede Mehrheitsregierung Erwartungen ausgesetzt sieht, für deren Einlösung die politischen und ökonomischen Mittel fehlen. Hier zeigen sich deutlich die Dilemmata und Grenzen einer symbolischen Identitätspolitik, die Enttäuschungen in dem Maße vorprogrammiert, wie sie einerseits die Perspektive einer multikulturellen Gesellschaft entwirft, die Rassenschranken beseitigt und materielle Besserstellung für die schwarze Bevölkerungsmehrheit in Aussicht stellt und andererseits bemüht ist, bestehende kulturelle Spaltungen und sich verstärkende ökonomische Disparitäten weichzuzeichnen. Dieses Dilemma wird verstärkt durch die Heilserwartungen einer Weltöffentlichkeit, die allzu gern an Wunder glauben möchte, nicht zuletzt deshalb, um nicht in eine lästige Diskussion über die unvermeidlichen Kosten der Unterstützung dieses Prozesses involviert zu werden.

Der Konfliktcharakter kollektiver Identitäten

Die soziale Konstruktion kollektiver Identitäten umfaßt zwei Prozesse: Zum einen geht es um die Entstehung eines *Gemeinsamkeitsglaubens*, der beste-

---

25 Vgl. in diesem Band: Tilman Hanckel, Das neue Südafrika – »Regenbogen« oder Apartheid-Nostalgie?, S. 97-116.
26 Es sollte in diesem Zusammenhang daran erinnert werden, daß das Apartheitssystem weniger den Bedürfnissen kapitalistischer Unternehmen entsprach als vielmehr dem Bündnis aus Gewerkschaften und Grundbesitzern. Der Schutz »weißer Arbeit« vor dem Wettbewerb, die Absicherung von Privilegien und die Aneignung von Land und Eigentumsrechten standen hier im Vordergrund.

hende Differenzen, Konflikte und konkurrierende Loyalitäten zu sekundären Unterschieden umdeutet und eine generalisierte und übergeordnete Solidarität einfordert. Zum anderen geht es um die Abgrenzung des »Fremden« oder der »Anderen«, deren Unterschiedlichkeit die Einheit des Eigenen erst erfahrbar macht und zugleich zum Bezugspunkt von positiven und negativen Projektionen wird. Das darin liegende Konfliktpotential ist nicht zu übersehen: Interne Konsensdefizite lassen sich durch die Konstruktion »innerer« und »äußerer« Feinde kompensieren; die konsensstiftende Wirkung eines starken Gemeinsamkeitsglaubens wird allzu leicht zu einer Quelle missionarischen Eifers und der höchst partikularen Vereinnahmung vermeintlich universeller Werte.

Die Kontroverse um Huntingtons Theorie über einen bevorstehenden »Konflikt der Kulturen« dreht sich vornehmlich um die Frage, ob und wie sich globale Spannungen und Konflikte zu einem Kampf um die Erhaltung oder die Vorherrschaft von Kulturen entwickeln. In diese Diskussion ist jedoch ein weiterer Aspekt eingeflochten: Welche impliziten Identitätsbilder und Handlungsaufforderungen enthält Huntingtons Konfliktszenario? So läßt sich die These, daß die zukünftigen Konfliktlinien in der globalen Politik entlang kultureller Gemeinsamkeiten und Unterschiede verlaufen, als Aufforderung zu einer kollektiven Anstrengung lesen, das Prognostizierte zu vermeiden oder als eine Kampfformel, die dem Westen zu einer neuen kollektiven Selbstgewißheit verhelfen soll. Der Erfolg des Buches hängt vermutlich auch damit zusammen, daß Huntington selbst mit beiden Gedanken spielt. Einerseits betont er die Notwendigkeit zu verstärkter Kooperation über die kulturellen Konfliktlinien hinweg und wendet sich gegen eine Universalisierung des westlichen Modells; andererseits betont er die Notwendigkeit, daß der Westen sich auf seine gemeinsamen Werte zurückbesinnt und ökonomische, politische und militärische Ressourcen einsetzt, um die Kultur des Westens zu bewahren.[27]

Huntington sieht diese Entwicklung kultureller Konfliktlinien als eine direkte Folge des Modernisierungsschubs an, der einerseits zu einer Vermehrung von ökonomischer und politischer Macht führe, andererseits aber auch Entfremdungserscheinungen und Identitätskrisen verschärfe. Gerade der Westen, so Huntington, sei vornehmlich mit sich selbst, d.h. mit internen ökonomischen Problemen und den damit verbundenen sozialen Desintegrationserscheinungen beschäftigt.[28] Verschärfter globaler Wettbewerb und damit verbundene Ungleichheiten führen, so die These von Huntington, zu einer multipolaren und multikulturellen Welt, deren politische Grenzen durch kulturelle, ethnische, religiöse und zivilisationsbedingte Zugehörigkeiten neu

---

27 Vgl. Samuel P. Huntington, Der Kampf der Kulturen, München 1996, S. 513f; S. 524f.
28 Vgl. S. P. Huntington, Der Kampf der Kulturen, a.a.O., S. 118ff.

gezogen werden.²⁹ Mit der zunehmenden Verflechtung von wirtschaftlichen und politischen Aktivitäten, dem erhöhten Konkurrenzdruck und der damit verbundenen Verdichtung von Kommunikation, nimmt zugleich die Wahrnehmung von Unterschieden in den Lebensstilen, Mentalitäten und Praktiken zu und rückt damit gleichzeitig die eigene zivilisatorische Identität in den Mittelpunkt. Diese kulturellen Gemeinsamkeiten lassen andere und potentiell konkurrierende Identitätszurechnungen wie Verwandtschaft, Klasse, Beruf, regionale und nationalstaatliche Zugehörigkeiten und sozioökonomischen Ideologien in den Hintergrund treten. Konflikte, die als Manifestationen kultureller Unterschiede behandelt werden, lassen sich nach Huntington nicht durch Verhandlungskompromisse, Tauschgeschäfte, Mehrheitsbeschlüsse oder rechtliche Verfahren beilegen oder kanalisieren. Werden Streitfragen im Lichte von kulturellen Identitäten betrachtet, so werden sie zu Null-Summen-Spielen.

Was sich bei Huntington wie eine unzweifelhafte Tatsachenbeschreibung liest, ist allenfalls als eine Orientierungshypothese zu betrachten, die voraussetzt, daß höchst kontingente Zusammenhänge kurzgeschlossen werden. Ob wirtschaftliche oder politische Konfliktlagen als antagonistische Kulturkonflikte umdefiniert werden, hängt nicht von dem Inhalt religiöser Ideen oder den vermeintlichen Eigenwerten der Kultur ab, sondern von einer erfolgreichen Politisierung durch herrschende Eliten oder aktivistische Bewegungen, denen es gelingen muß, heterogene Interessen zu bündeln, politische und wirtschaftliche Ressourcen zu mobilisieren und die Agenda öffentlicher Kommunikation dauerhaft zu beeinflussen. Selbst wenn man in Rechnung stellt, daß sich im Windschatten kultureller Konfliktsemantiken unterschiedliche Interessen verbinden können, ist es bis zu einer operativen Kooperation noch weit. Kulturelle Einheitssemantiken müßten ihre praktische Glaubwürdigkeit durch eine relative Abwertung nationaler und regionaler Kompetenzen und Eliten beweisen und gleichzeitig versuchen, Erfolgserwartungen durch soziale, ökonomische und politische Protektionismen der übergeordneten handlungsfähigen Einheit zu stützen. Globalisierung kennzeichnet jedoch vor allem eine Entwicklung, bei der sich Kultur, Gemeinschaft und Austauschbeziehungen aus dem Rahmen nationaler und staatlicher Akteure hinausbewegen.³⁰ Eine auf der Vorstellung einer gemeinsamen Zivilisation beruhende kulturelle Identitätsbildung ist nicht nur eine äußerst fragile Konsensbasis, für die sich angesichts der Unterschiedlichkeit von Ausgangslagen, Ressourcen und Interessen wenig Begeisterung und Opferbereitschaft wird mobilisieren lassen. Mit dem Zusammenbruch der ehemaligen Sowjetunion

---

29 Vgl. S. P. Huntington, Der Kampf der Kulturen, a.a.O., S. 193ff.
30 Vgl. dazu die wohltuend nüchterne Analyse von Erich Weede, der die Diskussion um den Kampf der Kulturen vor dem Hintergrund der Globalisierungsdiskussion beleuchtet. Erich Weede, Machtverschiebungen, Kampf der Kulturen und Globalisierung, in: Internationale Politik, 12, 1997, S. 10-20.

scheint die atomare Bedrohung durch die Konkurrenz der Weltmächte vorerst gebannt. Dies bezieht sich aber keinesfalls auf die Führbarkeit lokaler Kriege bzw. das Drohpotential von Herrschaftscliquen vermeintlich schwacher Staaten, die im Besitz von atomaren oder biochemischen Waffenarsenalen sind oder bereit sind, weltweite Terroraktionen zu initiieren. Deren Machtpotential liegt nicht in der Aufrechterhaltung einer globalen Bedrohung, sondern eher in der Inszenierung lokaler Konflikte bzw. in einer Politik, die die Reichen der Gefahr der massenhaften Armutswanderung, globaler ökologischer Krisen und der destabilisierenden Wirkung von regionalen Konflikten aussetzt, die diese weder ignorieren noch mit Aussicht auf Erfolg steuern können.

So sinnvoll es ist, auf die Herausbildung kultureller Identitäten und deren Interdependenz zu globalen ökonomischen, sozialen und politischen Entwicklungen hinzuweisen, so augenfällig ist auch die Einseitigkeit, mit der Huntington diese Konflikte als Ausdruck eines Kampfes um kulturelle Identitäten deutet. Huntington, so kritisiert Giesing[31], interessiert sich für kulturelle Identität im globalen Maßstab nur als Medium der Ausgrenzung und des Konflikts. Dies läßt die Chancen auf interkulturell konsensfähige Werte oder Fairnessregeln ebenso außer acht wie die Frage, ob der von Huntington diagnostizierte »Aufstand gegen den Westen« wenig mit dem Ruf nach einer vermeintlich kulturellen Identität aber viel mit dem Bedürfnis nach Fairneß und Gerechtigkeit zu tun haben könnte. Giesing sieht in der Arbeit Huntingtons denn auch weniger eine realitätsgerechte Deutung von Konfliktlagen zwischen den Kulturen als vielmehr Ausdruck einer spezifisch amerikanischen Angst vor Überfremdung und Machtverlust.

Huntingtons Analyse macht gleichwohl auf grundlegende Paradoxien von kollektiven Identitätskonstruktionen aufmerksam: Sie grenzen aus, indem sie einschließen. Aber jede Inklusion und vorgestellte innere Homogenisierung setzt die Überwindung oder symbolische Relativierung tradierter Differenzen oder Loyalitäten voraus. Ein Gemeinsamkeitsglaube kann indes nicht nur von symbolischen Handlungen und Bekenntnissen leben, Solidaritätsansprüche und Erwartungen müssen für Mitglieder an Regeln, Institutionen oder Prozeduren kollektiver Willensbildung erfahrbar sein und sich situativ in Gebrauch nehmen lassen. Beide Momente sind weder in der Zeit- noch in der Sachdimension kongruent, wie man z.B. an den Ungleichzeitigkeiten und Ungleichgewichten des europäischen Identitätsprojektes unschwer erkennen kann.

---

31 Vgl. den Beitrag in diesem Band: Benedikt Giesing, Kulturelle Identitäten als strategischer Kompaß? Soziologische Anmerkungen zu S.P. Huntingtons »Clash of Civilizations, S. 117-141.

Die Konstruierbarkeit von kollektiven Identitäten

Die Problematik ob und wie sich eine kollektive Identität überhaupt herbeiführen läßt, wird an dem Beitrag von Werner Gephart an dem Diskurs über eine »europäische Identität« deutlich.[32] Seine Bestandsaufnahme ist ernüchternd: Von einer operativ wirksamen Wertegemeinschaft kann kaum die Rede sein. Das Vorherrschen national gefärbter Geschichtsbilder bietet ein brüchiges Band, das allenfalls in Situationen globaler Bedrohung Wirkung zu zeigen verspricht. Eine europäische Kommunikationsgemeinschaft, die sich gemeinsamer Sprachen und Symbole bedient, ist erst in Ansätzen erkennbar. Die Schaffung eines europäischen Binnenmarktes zielt primär auf eine Marktgemeinschaft, die sich gegenüber außereuropäischer Konkurrenz abschottet und diesen Protektionismus als europäische Sozialpolitik darstellt.[33] Die Erwartung, daß die Schaffung eines europäischen Binnenmarktes über eine allgemeine Verbesserung und Angleichung der materiellen Lebensverhältnisse eine Akzeptanz für weitere politische, soziale und kulturelle Integrationsmaßnahmen schaffe, verkennt die Ungleichzeitigkeit und Eigendynamik dieser Prozesse. Enttäuschungen und Widersprüche sind vorprogrammiert. Die wirtschaftliche Integration, die von der Entwicklung der Informationstechnologie und des Welthandels getrieben wird, begrenzen die Handlungsmöglichkeiten politischer Gemeinschaften; die Größe des politischen Gemeinwesens bringt heute keine Vorteile mehr.[34] Dessen ungeachtet wird auch innerhalb des europäischen Binnenmarktes vornehmlich in nationalen Kategorien gedacht und agiert, wie man in Streitfragen zur Agrarordnung, am Beispiel des Entsendegesetzes für die Bauindustrie und die Diskussion um die Osterweiterung der Europäischen Gemeinschaft unschwer erkennen kann. Man mag dies bedauern und auf die ökonomische Ineffizienz dieser Maßnahmen hinweisen; die Frage nach der Balance zwischen einer offenen Marktgesellschaft und einer stets partikular operierenden Sozial- und Wohlfahrtspolitik, die Anpassungszwänge für bestimmte Regionen, Sektoren oder Gruppen mildern, Kompromisse erleichtern und politische Krisen verhindern will, bleibt.

---

32 Vgl. den Beitrag in diesem Band: Werner Gephart, Zur sozialen Konstruktion europäischer Identität. Symbolische Defizite und europäische Realitäten, S. 143-168.

33 Dies wird am Beispiel des vielkritisierten Protektionismus und der damit verbundenen Bürokratisierung deutlich. Es gibt kaum jemanden (einschließlich der Begünstigten), der nicht darüber klagt – aber es gibt ebensowenig Ansätze dazu, diesen nachhaltig abzubauen und damit die Bildung von Verteilungskoalitionen zu erschweren. Dies liegt nicht zuletzt daran, daß sich die Opposition gegenüber Maßnahmen zum Subventionsabbau leichter organisieren läßt und Politiker der einzelnen Mitgliedsländer Anreize haben, für unpopuläre Maßnahmen die Schuldigen in Brüssel zu suchen.

34 Vgl. Daniel Cohen, Fehldiagnose Globalisierung, Frankfurt 1998, S. 117f.

Kollektive Identitätsbildung umfaßt nicht einfach nur ein Netzwerk von Kommunikationen, in denen Führungsgruppen oder Aktivisten in Diskurse über das »richtige« Geschichtsbewußtsein eintreten, Solidaritäten beschwören oder alternative Zukunftsmodelle entwerfen. Diskurse sind immer rückgebunden an die kollektive Definition der Situation und das Austarieren von Interessen- und Machtkonstellationen. Selbstbeschreibungen kollektiver Identitäten sind daher als Deutungs- und Identifikationsangebote zu betrachten, über deren Begründung und Glaubwürdigkeit reflektiert und gestritten werden kann. Der Ausgang dieses Kommunikationsprozesses ist schon deshalb offen, weil die Sinndeuter, Macher und Aktivisten fortwährend mit den meist ungewollten Folgen ihrer Interventionen konfrontiert werden. Möglicherweise verstellt die Suche nach den gemeinsamen Ursprüngen, den bruchlosen Kontinuitätslinien und die Suche nach den Besonderheiten, die noch gegen und mit Blick auf Andere und Anderes behauptet werden kann, eine Sicht von Identitätsproblemen ganz anderer Art: Was versetzt Kollektive in die Lage und was veranlaßt sie in Kenntnis ihrer Vergangenheit und ihrer Eigenarten über ihren eigenen Umbau nachzudenken? Es sind gerade die Diskontinuitäten, die Kenntnisnahme von Vielfalt und die Relativität, die jeder Behauptung von Besonderheit anhaftet, die Nachdenken stimulieren und missionarische Ambitionen im Zaum halten können. Dieser Band will zu diesem Nachdenken anregen.

Werner Gephart

Das Gedächtnis und das Heilige
Zur identitätsstiftenden Bedeutung der Erinnerung an den Holocaust für die Gesellschaft der Bundesrepublik[1]

Es sind erst einige Jahre her, daß ich – nach Krakau zu einer Tagung über Universalismus und Partikularismus gereist – die Chance, Auschwitz und Birkenau aufzusuchen, nicht wahrzunehmen vermochte.

So unangenehm es auch sein mag, dies zuzugeben: mir war es schlichtweg unmöglich, den Ort des Schreckens zu besichtigen, allein, ohne jede Kommunikation im Strom der Auschwitz-Touristen. Auch der in dieser Zeit in Krakau produzierte Film *Schindlers Liste* schien mir später »unsehbar«, ganz zu schweigen von den Fernsehserien, die einmal eine Fernsehnation erschüttert hatten. Furcht vor einer Mythifizierung, ja: *Sakralisierung*, aber auch Angst davor, den Ort des Grauens nicht aushalten zu können, mögen Beweggründe gewesen sein.

Als Deutscher mit unterschiedlichsten Familienbanden, d.h. zu Tätern und Widerständigen oder jenen nicht ohne weiteres glaubwürdigen Figuren »innerer« Emigration, muß ich die Frage nach dem Verhältnis zur Erinnerung anders stellen, als es den Opfern und ihren Familien zusteht.

Auch wenn es nicht reicht zu »moralisieren« und – um Hannah Arendt zu zitieren – »dwell on the horrors of Auschwitz«[2] – wäre es zu simpel, die Ambiguitäten des kollektiven Gedächtnisses und der entsprechenden Erinnerungsrituale auszublenden.

So ist die Denkfigur des kollektiven Gedächtnisses und die Art der Erinnerungsrituale nicht jenseits der Kritik. Die These der »Musealisierung« der Gesellschaft – so eine konservative Stimme[3] – oder von Studien zum kollektiven »Gedächtnis« als modischem Phänomen[4] sind nicht so ohne weiteres zu

---

1 Eine erste Fassung des Textes konnte ich auf dem Internationalen Kolloqium ›Portrayals of Auschwitz‹ (Universität Bonn 1996) erstmals vorstellen und diskutieren.
2 Hannah Arendt, The Origins of Totalitarianism. New York 1973, S. 411.
3 Vgl. insbesondere die Arbeiten von Herrman Lübbe, z. B. Der Fortschritt und das Museum. Über den Grund unseres Vergnügens an historischen Gegenständen, London 1982.
4 So ausdrücklich die Formulierung von Arno Mayer, Memory and History. On the Poverty and Remembering and Forgetting the Judeocide, in: Rolf Steininger (ed.), Der

bestreiten. Eine genauere, soziologisch-systematische Analyse der Erinnerungsstätten für die Opfer des Nationalsozialismus würde bestätigen können, wie sich Erinnerung in Wellen bewegt oder in Schüben entwickelt.[5]

Dies läßt sich exemplarisch für die ehemalige Bundeshauptstadt Bonn belegen. So sind erst in den achtziger Jahren verschiedene Hinweise auf die nationalsozialistische Vergangenheit sichtbar geworden:

Das »Männerhaus« der ehemaligen »Provinzial-, Heil- und Pflegeanstalt« in der Kölnstraße 218, das Kloster »Zur ewigen Anbetung« in Bonn-Endenich, Kapellenstraße 44-48, wurden erst 1981 mit einer Gedenkplakette versehen. Sie dienten als Sammellager für Juden aus Bonn, bevor über Köln die Deportation in die osteuropäischen Lager erfolgte.

Bild (1): Mahnmal an der Bonner Rheinpromenade

Die Bonner Universität erinnerte sich erst 1980 mit einer Gedenktafel ihres Mathematikers Felix Hausdorff, der 1942 in den Tod getrieben wurde. Er nahm sich das Leben in der Erwartung, in das Endenicher Sammellager verschleppt zu werden.

Umgang mit dem Holocaust. Europa, USA, Israel, Wien/Köln/Weimar 1994, S. 444-456, S. 446. Hier ist selbstverständlich ein weiter Modebegriff impliziert.

5 Eine ausgezeichnete Materialbasis liegt vor in der von Ulrike Puvogel u.a. herausgebenen Dokumentation, Gedenkstätten für die Opfer des Nationalsozialismus, 2. Aufl., Bonn 1995.

In den späten achtziger Jahren entstand schließlich ein bemerkenswertes Mahnmal an der Bonner Rheinpromenade. Es stellt einen zerbrochenen David-Stern dar, der aus Ziegeln der Grundmauern einer zerstörten Synagoge in Bonn-Beuel errichtet wurde.

Neben dem Aspekt der *Musealisierung* und der nicht rein zufälligen Verdichtung von Denkmaleinrichtungen zu bestimmten Zeiträumen klingt in dem hier gewählten Titel »Das Gedächtnis und das Heilige« eine weitere Dimension der Holocaust-Erinnerung an: die »Sakralisierung«. Arno Mayer merkt zu dieser Deutung kritisch an: »I cannot reason with dogmatists who seek to reify and sacralize the Holocaust for being absolutely inprecedented and totally mysterious.«[6]

Diese Sicht ließe sich durch Bemerkungen Siegfried Kohlhammers ergänzen, der Howard Jacobsons Formulierung von einer »perversen Sakralisierung des Holocaust« aufnimmt.[7] Und Jack Kugelmass[8] redet in seiner faszinierenden Studie über »Holocaust-Tourismus« von der Geburt einer kosmogenischen Zeit oder gar einer »Holocaust-Religion«, um die kritische Formulierung von Adi Ophir[9] aufzugreifen.

Ich möchte nun entgegen jenen kritischen, gegen dogmatische Deutungen gerichteten, Stimmen durchaus auf einer *religiösen Dimension* der Erinnerungsrituale bestehen, die sich auf das unmögliche Erinnern der Shoah beziehen. Aus soziologischer Sicht besteht meine These in folgendem: Weder eine *Musealisierung* noch eine periodische Erinnerung als befürchtete *Sakralisierung* stellen eine Gefahr für das notwendige Erinnern dar. Vielmehr ist eine »religiöse«, transzendente Dimension im Umgang mit dem Unerdenklichen und Nichtdarstellbaren geradezu erforderlich.

Im Einklang mit einem soziologischen Blick auf die Rituale der Erinnerung – wie er von Emile Durkheim entwickelt wurde – möchte ich im Folgenden einige Ambivalenzen dieser Sakralisierung aufhellen, um das Problem der sozialen Funktion gemeinsamer Erinnerung zu analysieren, d.h. vor allem die identitätsstiftende Funktion herauszuarbeiten. Diese scheint für die Opfer, die Überlebenden und deren Nachkommen eindeutig zu sein; wie aber soll für die Nachfahren von Tätern, schlichten Mitläufern oder auch den Mitgliedern von Widerstandsgruppen aus der Erinnerung Identität geschöpft werden? Denn es ist unklar, auf welche identitätsstiftende »Referenz-Gemeinschaft« sich die Erinnerung beziehen soll.

---

6   Arno Mayer, Memory and History. On the Poverty and Remembering and Forgetting the Judeocide, a.a.O., S. 445.

7   Siegfried Kohlhammer, Anathema. Der Holocaust und das Bilderverbot, in: Merkur 48, 1994, S. 501-509, S. 505.

8   Jack Kugelmass, Weshalb wir nach Polen reisen. Holocaust-Tourismus als säkulares Ritual, in: James E. Young (Hrsg.), Mahnmale des Holocaust. Motive, Rituale und Stätten des Gedenkens, München 1995, S.153-161.

9   Vgl. Adi Ophir, On Sanctifying the Holocaust: An Anti-Theological Treatise, in: Tikkun 2, 1987.

Die Fragestellung ist schließlich: In welchem Sinne und aus welchen soziologischen Notwendigkeiten heraus läßt sich die Erinnerung an die Shoah in Deutschland als Teil des öffentlichen Bewußtseins, einer »civil religion« oder eines »Verfassungspatriotismus« verstehen? Eine wohlmeinende Lektüre mag darin den Kern der umstrittenen Rede Martin Walsers[10] sehen. In einer hochgradig emotional geführten Debatte neigt man als Wissenschaftler dazu, das Rationalitätspotential der eigenen Wissenschaft mobilisieren zu wollen.

Emile Durkheim hat hierzu einen bislang unausgeschöpften Beitrag vorgezeichnet. Dieser ist auch aufgrund seines lebensgeschichtlichen Hintergrundes für die Thematik besonders aufschlußreich. Emile Durkheim verweist – als zentrale Figur der Dreyfus-Anhänger – auf die Fundierung seiner religionssoziologischen Studien in der eigenen Lebenswelt eines nicht bekennenden Juden in Frankreich: »Avant tout je suis fils de rabbin.« Seine Einsichten in Form und Bedeutung der »rites commémoratives«, wie sie in seinem religionssoziologischen Hauptwerk »Les formes élémentaires de la vie religieuse« entwickelt sind, erscheinen im Vergleich mit mancher aktuellen Diskussion als so klar, daß sich ein Rückgriff auf diesen insoweit unbekannten Klassiker[11] des »kollektiven Gedächtnisses« als fruchtbar erweist.

I. Kollektives Gedächtnis aus der Sicht des Durkheimschen Paradigmas des sozialen Lebens

»Le rite ne sert donc et ne peut servir qu'à entretenir la rivalité de ces croyances, à empêcher qu'elles ne s'effacent des mémoires, c'est-à-dire, en somme, à reviviefier les éléments les plus essentiels de la conscience collective. Par lui, le groupe ranime périodiquement le sentiment qu'il a de lui-même et de son unité; en même temps, les individus sont réaffirmés dans leur nature d'être sociaux.«[12]

(Emile Durkheim)

Zwar gehört das »kollektive Gedächtnis« nicht zu den wohldefinierten Kategorien, mit denen sich Durkheim näher befaßt hat. Aber es scheint sehr nahe an

---

10 Martin Walser, Erfahrungen beim Verfassen einer Sonntagsrede. Friedenspreis des deutschen Buchhandels 1998, Frankfurt am Main 1998.

11 Als eine ausführlichere Rekonstruktion vgl. Werner Gephart, Memory and the Sacred. The Cult of Anniversaries and Commemorative Rituals in the Light of The Elementary Forms, in: N.J. Allen, W.S.F. Pickering und W.Watts Miller (Hrsg.), On Durkheim's Elementary Forms of Religious Life, London und New York 1998, S. 127-135.

12 »Der Ritus dient also dazu, und kann nur dazu dienen, die Lebendigkeit dieser Überzeugungen zu erhalten; zu verhindern, daß sie aus dem Gedächtnis schwinden, d.h. im ganzen genommen, die wesentlichsten Elemente des kollektiven Bewußtseins wiederzubeleben. Durch ihn erneuert die Gruppe periodisch das Gefühl, das sie von sich und ihrer Einheit hat. Zur gleichen Zeit werden die Individuen in ihrer Natur als soziale Wesen bestätigt.«

dem Phänomen zu liegen, das Durkheim in der »Division du travail social« als »conscience collective« bezeichnet hat, was für unsere Lektüre wegen der moralischen Konnotation im Französischen als »Gewissen« und »Bewußtsein« besonders aufschlußreich ist. Es wird in der Arbeitsteilungsstudie definiert als: »L'ensemble des croyances et des sentiments communs à la moyenne des membres d'une même société forme un système déterminé qui a sa vie propre.«[13]

In den »Elementarformen des religiösen Lebens« auf der anderen Seite befaßt sich Durkheim mit Ritualformen, die er als »kommemorative« bezeichnet. Aus diesen beiden Quellen, der »conscience collective« und der »rites commémoratifs«, wollen wir einige Aspekte des kollektiven Gedächtnisses herausarbeiten, die über den einschlägig bekannten Beitrag des Durkheimschülers Maurice Halbwachs, nämlich der »Cadres sociaux de la mémoire«[14] sogar hinausgehen.[15]

Es gibt nach Durkheim nämlich eine innere Verbindung zwischen Geschichte, Gedächtnis und der Konstruktion von Sozialität in primordialen Gesellschaften, die sich über einen gemeinsamen Ursprung oder zumindest einen entsprechenden »Glauben«[16] daran erhellt. Der Ursprungsmythos ist dabei eine der machtvollsten Kräfte zur Erzeugung sozialer Einheit. Auf einer sehr elementaren Ebene finden wir daher eine enge Verknüpfung zwischen jenen Kräften, welche die Erinnerung an diesen Ursprung wachhalten, dem kollektiven Gedächtnis, und den identitätsverbürgenden Institutionen der Gegenwartsgesellschaft.

»Gedächtnis« als ein Aspekt der diffusen »conscience collective« läßt sich nach den folgenden Dimensionen des sozialen Lebens aufschlüsseln:[17]

1. Auf der *symbolischen* Ebene gilt es festzuhalten, wie »Erinnerungssymbole« funktionieren: Helden, heilige Ereignisse und materielle Zeichen evozieren die Vergangenheit und stehen für die Bindung der Gruppe an ihre eigene Geschichte, eine Zerstörung dieser Symbole gerät in die Nähe einer Zerstörung der Gruppe selbst. Die Geschichte fortzunehmen bedeutet, das soziale Leben von seinen Wurzeln abzuschneiden. Was wir

---

13 Emile Durkheim, De la division du travail social, Paris 1973 (1893), S. 46.
14 Maurice Halbwachs, Les cadres sociaux de la mémoire, Paris 1925, mit einem Vorwort von Gérard Namer, Paris 1994.
15 Auch der im übrigen äußerst instruktive Band ›Identitäten. Erinnerung, Geschichte, Identität 3‹, hrsg. von Aleida Assmann und Heidrun Friese, Frankfurt am Main 1998, greift diesen Theoriebezug nicht auf.
16 Zu Max Webers Kategorie des Gemeinsamkeitsglaubens vgl. die Deutung bei Werner Gephart, Zwischen »Gemeinsamkeitsglaube« und »solidarité sociale«. Partikulare Identitäten und die Grenzen der Gemeinschaftsbildung, in: Zeitschrift für Rechtssoziologie 14, Heft 2, 1993, S. 190-203.
17 Diese Dimensionierung des »sozialen Lebens« bei Emile Durkheim hat sich in verschiedenen Studien als fruchtbar erwiesen. Vgl. Werner Gephart, Strafe und Verbrechen. Die Theorie Emile Durkheims, Opladen 1990, S. 54-59.

auf der anderen Seite als eine Wiedergeburt des Nationalismus beobachten können, geschieht ja im Kampf um diejenigen, Vergangenheit repräsentierenden Symbole einer Gemeinschaft, die auf diesem Wege ihre spezifische soziale »Identität« reklamiert.

2. In einer *normativen* Dimension ist es außerordentlich bezeichnend, daß diese Glaubenssätze und Überzeugungen, die »Gedächtnis« konstituieren, mehr oder weniger *obligatorischen* Charakters sind, also normativ überformt werden, womit sie zugleich die Merkmale eines »fait social« begründen.[18] Es obliegt nicht einfach dem Einzelnen, wie er seine kollektive Vergangenheit rekonstruiert, sondern dies ist in das komplexe normative System der Identitätsbildung einer Gemeinschaft verflochten. Für religiös gegründete Gemeinschaften ist dies evident, wo der Ursprungsmythos ein zentrales Element der religiösen Repräsentationen ist. So kann die Schoah und ihre Erinnerung auch für die Begründung kollektiver Identitäten Bedeutung gewinnen. Und daher ist die Leugnung des Holocaust – wie wir sehen werden – sozusagen als »Identitätsdelikt« im Strafgesetzbuch (StGB) aufgenommen.

3. Der *organisationsförmige* Aspekt hilft zu verstehen, warum das kollektive Gedächtnis nicht einfach selbständig »agiert«, sondern von unterschiedlichen Werten und Interessen bestimmt ist, die sich in unterschiedlichen Organisationsformen des Gedächtnisses transformieren. »Gedächtnisagenturen« wie die Schule, religiöse Gemeinschaften und ethnische Gruppierungen organisieren auf mehr oder minder systematische Weise die Übersetzung ihrer Vergangenheit(en) von einer zur anderen Generation mit Hilfe des »kollektiven Gedächtnisses«. Jene, auf die Erhaltung der Vergangenheit spezialisierten Institutionen werden in der französischen Tradition als vielfältige »Orte der Erinnerung« (»lieux de mémoire«) bezeichnet – wie Pierre Nora sie getauft hat[19]. Die unter seiner Regie entstandenen Arbeiten handeln z. B. von Kriegerdenkmalen des Ersten Weltkrieges, der Nationalflagge, von Schule und Militär, dem Collège de France und der Académie Française. Diese »Orte der Erinnerung« liegen – in der Wirklichkeit wie in der Imagination – dort, wo das kollektive Gedächtnis organisiert und in spezifischen *Erinnerungsritualen* verdichtet ist.

4. In seiner Lektüre von Spencer und Gillen[20] gibt Durkheim eine wichtige Beobachtung wieder, daß nämlich nahezu ein jedes Ritual Elemente kollektiver Erinnerung enthielte: In der zentralen Passage heißt es: »Alles, was in diesen Darstellungen geschieht, hat nur den Zweck, den Anwesenden die mythische Vergangenheit des Klans ins Gedächtnis zu rufen. Aber die Mythologie einer Gruppe ist eben die Gesamtheit der ge-

---

18 Vgl. Emile Durkheim, Les règles de la méthode sociologique, Paris 1895.
19 Vgl. Pierre Nora (Hrsg.), Les lieux de mémoire, Paris 1984-1986.
20 Vgl. Baldwin Spencer und F.J. Gillen, The Native Tribes of Central Australia. London 1899; the Northern Tribes of Central Australia, London 1904.

meinsamen Glaubensüberzeugungen dieser Gruppe. Die Tradition, deren Erinnerung sie verewigt, besteht aus der Art und Weise, wie sich eine Gesellschaft den Menschen und die Welt vorstellt. Sie ist Moral und Kosmologie und zugleich Geschichte. Der Ritus dient also dazu, und kann nur dazu dienen, die Lebendigkeit dieser Überzeugungen zu erhalten; zu verhindern, daß sie aus dem Gedächtnis schwinden, d.h. im ganzen genommen, die wesentlichsten Elemente des kollektiven Bewußtseins wiederzubeleben. Durch ihn erneuert die Gruppe periodisch das Gefühl, das sie von sich und ihrer Einheit hat. Zur gleichen Zeit werden die Individuen in ihrer Natur als soziale Wesen bestätigt. Die ruhmreichen Erinnerungen, die man unter ihren Augen wiederbelebt und denen sie sich verbunden fühlen, geben ihnen ein Gefühl der Kraft und der Zuversicht: Man wird in seinem Glauben sicherer, wenn man sieht, wie weit er zurückreicht und welche großen Dinge er veranlaßt hat.«[21]

Diese Passage enthält die wichtigsten Elemente unserer Analyse: die Vermischung von *Geschichte, Identitätsbildung* und *Gedächtnis* als eines Kernbereichs der »conscience collective«, die periodisch durch Rituale bekräftigt wird, mit denen die Identität der Gemeinschaft repräsentiert und erzeugt wird, indem jene Wirkungen der »effervescence collective« beschworen werden, aus denen eine siegreiche Vergangenheit neue Ideale und Projekte für die Zukunft hervorbringt.

Kommemorative Symbole, Normen, eine entsprechende Organisation und mehr oder minder spezifische Rituale der Erinnerung stellen die soziale Basis kollektiver Erinnerung dar. Ihre Beziehung zum »Heiligen« ist offenkundig. Ob man von der normativen Definition der Religion ausgeht[22] oder ob wir in der *Differenz* des Heiligen und des Profanen den Indikator für die religiöse Sphäre sehen[23]: das kollektive Gedächtnis steht jenseits der Alltags-

---

21 Emile Durkheim, Die elementaren Formen des religiösen Lebens, Frankfurt am Main 1981, S. 504f. (Les formes élémentaires de la vie religieuse, op. cit., p. 536: »Tout se passe en représentations qui ne peuvent être destinées à rendre présent aux esprits le passé mythique du clan. Mais la mythologie d'un groupe, c'est l'ensemble des croyances communes à ce groupe. Ce qu'expriment les traditions dont elle perpétue le souvenir, c'est la manière dont la société se représente l'homme et le monde; c'est une morale et une cosmologie en même temps qu'une histoire. Le rite ne sert donc et ne peut servir qu'à entretenir la rivalité de ces croyances, à empêcher qu'elles ne s'effacent des *mémoires,* c'est-à-dire, en somme, à reviviefier les éléments les *plus essentiels* de la conscience collectives. Par lui, le groupe ranime périodiquement le sentiment qu'il a de lui-même et de son *unité;* en même temps, les individus sont réaffirmés dans leur nature d'être sociaux. Les glorieux souvenirs qu'on fait revivre sous leurs yeux et dont ils se sentent solidaires leur donnent une impression de force et de confiance: on est plus assuré dans sa foi quand on voit à quel passé lointain elle remonte et les grandes choses qu'elle a inspirées.«)
22 Emile Durkheim, De la définition des phénomènes religieux, in: L'Année sociologique 2, 1899, S. 1-28.
23 Vgl. Emile Durkheim, Les formes élémentaires de la vie religieuse, a.a.O., S. 50.

diskussion, seine Wahrheit unterliegt keinerlei Zweifel, sein Wirklichkeitsgehalt darf nicht bestritten werden und ist insofern: ein Tabu. Auch wenn die Verwendung materieller Zeichen als »heiliger Dinge« prinzipiell arbiträren Charakters ist – so die semiologische Überzeugung Durkheims – wird die kollektive Imagination von Vergangenheit im Zentrum des »Heiligen« einer Gemeinschaft verortet. Dies gilt um so mehr, wenn die »Religion« – wie in der Durkheimschen Religionsauffassung – als Symbolisierung einer das Individuum transzendierenden Kraft, nämlich der Gemeinschaft und der aus ihr geborenen Kräfte sui generis begriffen wird, die ihrerseits von den die Gemeinschaft vitalisierenden Kräften des kollektiven Gedächtnisses abhängen.[24]

II. Ambivalente Formen der Erinnerung an den Holocaust

»C'est le signe alors qui prend sa place; c'est sur lui qu'on reporte les émotions qu'elle suscite.«[25]

(Emile Durkheim)

Falls die Beobachtung einer paradoxen und zutiefst tragischen Wirkungsweise von Auschwitz in der Gründung des Staates Israel zutrifft – so wie es Shmuel N. Eisenstadt und insbesondere Moshe Zuckermann in diesem Band wiederholt versicherten – dann bleibt es doch ganz unklar, wie jene in paradoxer Weise »gemeinschaftsbildenden« Kräfte der Vernichtung für die deutsche nicht-jüdische Gemeinschaft operieren sollten.

1. Auf der *symbolischen* Ebene ist diese Komplikation der gemeinschaftsbildenden Zurechnung besonders sichtbar. Wie ist ein »Fritz Baur Institut« zu bewerten, das gerade in einem Gebäudekomplex des einschlägig belasteten »IG-Farbenhauses« in Frankfurt untergebracht ist? Sollte der Name des Hauses wegen der negativen Assoziationen geändert werden oder würde seine Beibehaltung gerade eine flexible, sensible und reflexive Erinnerung zum Ausdruck bringen, in der es auch Raum für Paradoxien gibt?

Der Streit um das zentrale Holocaust-Mahnmal ist zu einem ungelösten Dauerdiskurs der Republik geworden.[26] Weder Monumentalisierung um ihrer selbst willen noch ein kompensatorischer Monumentalismus für das Gigantische von Schrecken und Verbrechen scheinen angebracht. Überzeugender

---

24 Daß auch Tönnies in seiner Theorie der Gemeinschaft von »Gedächtnis« redet, ist nicht verwunderlich. Eine Ausarbeitung der Lehren Tönnies würde an dieser Stelle zu weit abführen.
25 »Das Zeichen nimmt dann seinen Platz ein. Man überträgt auf es die Gefühle, die das ursprüngliche Objekt erregt hat.«
26 Vgl. auch Wolfgang Benz, Braucht Deutschland ein Holocaust Museum? in: Dachauer Hefte 11, 1995, S. 3-10.

Die Konstruktion kollektiver Identitäten

stellen sich jene anti-monumentalistischen Versuche dar, die gar nicht den Anspruch erheben, Ereignisse oder Personen zu repräsentieren, sondern den Akt der Erinnerung bzw. des Vergessens reflektieren. Ich denke an reflexive und in diesem Sinne »postmoderne« Mahnmale, in denen das allmähliche Verschwinden des kollektiven Gedächtnisses repräsentiert wird oder gar der Streit um das Erinnern mitreflektiert wird. So votiert Eisenman gegen eine Nivellierung des Streites um die richtige Form und wohl auch: den Inhalt des Erinnerns: »Es gibt diese Gräben in Deutschland, laßt doch das Mahnmal diese Gräben ruhig aufzeigen« sagt der Künstler-Architekt am Ende seines Interviews mit der »ZEIT«.[27] Nur wie sollte ein Denkmal aussehen, das auch noch seine eigene Diskussion mitreflektiert. Besteht nicht die Gefahr, daß im Zuge dieser »reflexiven Modernisierung« des Denkmals der Streit gegenüber dem eigentlichen Sujet ein unerträgliches Übergewicht erhält?

Bild (2): Ein Mahnmal versinkt. Ein Fußgänger ritzt seinen Namen in den Bleimantel der Säule ein.[28]

Die denkmalerische Inszenierung in Hamburg-Harburg, von Esther und Jochen Gerz[29] realisiert, gibt hierfür ein eindrucksvolles Beispiel[30]: Eine Säule von 12

---

27 Die »Zeit« vom 10. 12. 1998.
28 James E. Young (Hrsg.), Mahnmale des Holocaust. Motive, Rituale und Stätten des Gedenkens, München 1995, S. 47.
29 Diese Idee wurde in dem plakativen Entwurf für das Berliner Mahnmal leider nicht mehr aufgegriffen! Im Juli 1998 zieht Jochen Gerz seinen Mahnmal-Entwurf zurück. Es

Metern Höhe ist mit einem Bleimantel umgeben, in den vorübergehende Besucher und Passanten ihren Namen, mit Kommentaren versehen, einritzen können.

Im Zuge einer Aktion des *erinnernden Vergessens* verschwindet die Säule zunehmend im Boden.

Bild (3): Ein Mahnmal versinkt. Die Säule im Jahre 1992[31]

---

gebe – nach der »traumatischen« Diskussion für die Realisierung keinen öffentlichen Auftrag mehr. (Vgl. die Jüdische Allgemeine Wochenzeitung vom 6. August 1998)

30 Vgl. hierzu Stephan Schmidt-Wulffen, Ein Mahnmal versinkt. Ein Gespräch mit Esther und Jochen Gerz, in: James E. Young (Hrsg.), Mahnmale des Holocaust, a.a.O., S. 43-49.

31 James E. Young (Hrsg.), Mahnmale des Holocaust. Motive, Rituale und Stätten des Gedenkens, München 1995, S. 45.

Die Konstruktion kollektiver Identitäten 39

Irritierend bleiben antifaschistische Mahnmale der Nachkriegszeit, die noch ganz dem Formenrepertoire des Faschismus verhaftet sind. Und so stellt sich auf vielfältige Weise die Frage nach der *Repräsentierbarkeit* des Schreckens ein.[32] Ohne irgendeine symbolische Formgebung freilich wird die eigentliche soziale Kraft sozialer Symbole verspielt, nämlich *kollektive Emotionen* kognitiv zu verdichten und in soziale Bindungskräfte umzusetzen.[33]

Der ästhetische Formanspruch aber stößt sich mit der moralischen Eigengesetzlichkeit des Darzustellenden,[34] dem eine jegliche Abbildung schon als Sakrileg erscheinen muß. Dies ist ja gerade die Tragik der Moderne, daß ästhetische, moralische, politische und kulturelle Diskurse auseinanderlaufen und nur noch in seltenen Momenten der Geschichte miteinander verknüpft sind.[35]

2. Die *juristisch-nomative* Ebene ist nicht minder komplex. Das Leugnen des Holocaust als eines intendierten und nahezu vollständig realisierten Genozids ist unter Strafe gestellt. Freilich war es aus inner-juristischen Gründen erforderlich, eine neue Bestimmung einzuführen. § 130 Abs. 3 StGB lautet: »Wer in einer Weise, die geeignet ist, den öffentlichen Frieden zu zerstören, die Menschenwürde anderer dadurch angreift, daß er sie beschimpft, böswillig verächtlich macht oder verleumdet, wird mit Freiheitsstrafe von drei Monaten bis zu fünf Jahren bestraft.«

Die juristisch-dogmatische Konstruktion war nicht selbstverständlich. Denn für eine Anwendung der Ehrendelikte ließ sich argumentieren, daß trotz einer Tangierung des Identitätsbildes durch die Bestreitung einer Opferrolle, ihre vollständige Leugnung nicht mehr unter die Ehrenschutzdelikte fiel.

---

32 Vgl. u. a. die Beiträge in: Gedächtnisbilder. Vergessen und Erinnern in der Gegenwartskunst, hrsg. von Kai-Uwe Hemken, Leipzig 1996.
33 Auch hier ist Durkheims Einsicht hilfreich – vgl. die oben zitierte Formulierung: »Das Zeichen nimmt dann seinen Platz ein. Man überträgt auf es die Gefühle, die das ursprüngliche Objekt erregt hat.« (Die elementaren Formen des religiösen Lebens, Frankfurt am Main 1981; Les formes élémentaires de la vie religieuse, a.a.O., S. 315: »C'est le signe alors qui prend sa place; c'est sur lui qu'on reporte les émotions qu'elle suscite.«) Die Intention von Peter Eisenman andererseits, das Mahnmal von symbolischen Überfrachtungen freizuhalten, ist nachvollziehbar. Im positiven Bezug auf C. G. Jung freilich zeigt Eisenman, wie unausweichlich die symbolische Komponente im Prozeß des kollektiven, an den Strom des kollektiven Unterbewußten, angeschlossenen Erinnerns, sich wohl vollzieht. (Interview in der »Zeit« vom 10. 12. 1998)
34 Da hilft es wenig, das ästhetisch »gültige« Mahnmal einzufordern – wie es Werner Schmalenbach postuliert (der nun wirklich etwas davon versteht) – denn die Zeiten, in denen Moral, Ästhetik und Pädagogik zusammenfallen, sind unwiederbringlich verloren.
35 Dies ist am Beispiel von Bildern zum Ersten Weltkrieg dargelegt bei Werner Gephart, Bilder der Moderne. Studien zu einer Soziologie der Kunst- und Kulturinhalte, Sphären der Moderne Bd. 1, Opladen 1998, S. 91-145.

Denn Leuchter z. B. leugnete nicht einfach die Ehre jüdischer Opfer und ihrer Nachfahren, sondern er leugnete die Ehrlosigkeit der Täter; er beschädigte nicht die Erinnerung von Nachfahren sondern er beschönigt die Reputation von Kriminellen.[36] Der Identititätsschutz einer sozialen Gruppe gerinnt insofern zum Bestandteil kollektiver Identität der Gesellschaft, die einen solchen strafrechtlichen Schutz des Gedächtnisses gewährt oder verweigert.

3. Kollektives Gedächtnis vermag schließlich keine Gestalt auszunehmen »without organization and orchestration,« wie Arno Mayer betont.[37] Dabei ist das organisatorische Dilemma offenkundig: Ohne die Festlegung eines spezifischen Gedenktages – wie der Bundespräsident den Vorschlag von Ignatz Bubis aufgegriffen hat, den 27. Januar zum Gedenktag zu erklären – würde es an einem koordinierten Gedenken vollständig mangeln. Andererseits ist der mögliche *künftige* Effekt einer leeren Ritualisierung des Gedenkens durchaus in Erwägung zu ziehen. Eine Tradition des Gedenkens zu behaupten die, so Walser, schon jetzt die Gefahr der Ritualisierung enthalte, ist allerdings unsinnig, weil es diese Tradition bis jetzt ja noch gar nicht gibt. Eine entsprechende *Kultur der Erinnerung* an den Holocaust gilt es erst noch auszubilden.

Dabei zeigt die Debatte um das zentrale Holocaust-Mahnmal, wie sehr die identitätsstiftende Leistung an Verfahren der Legitimation von Erinnerung gekoppelt ist, gerade wenn sie mit »nationalen« Fragen verknüpft sind. So geht der Weg von einer Bürgerinitiative über das Bundeskanzleramt nunmehr an den Bundestag, in dem die Entscheidung der Abgeordneten im übrigen vom Franktionszwang freigestellt sein soll, also das pure »Gewissen« über die Art und Form des Mahnmals entscheiden soll.[38]

Aber warum sind die organisatorischen Formen für einen öffentlichen Gedächtniskult bislang noch nicht entstanden?

Dies ließe sich durch eine Art Berührungsangst mit den Kräften des Bösen und auch durch befürchtete Masseneffekte emotionaler »effervescence« erklären, die gerade im Nationalsozialismus außer Kontrolle gerieten.[39] Nur was für eine Art kollektiver Gefühle sollten an einem solchen Gedenktag geweckt werden? Scham, Bedauern oder ritualisierte Selbstanklage, wie sie von den »Entsorgern der Vergangenheit« im Historikerstreit befürwortet wurden und nunmehr auch von Walser beschworen werden?[40] Und welche

---

36 Als eine luzide Darstellung vgl. Günther Jakobs, in: StV 10, 1994, S. 541 und Urteilsanmerkung zu BGHSt v. 15. 3. 1994.
37 Vgl. Arno Mayer, Memory and History. On the Poverty of Remembering and Forgetting the Judeocide, a.a.O., S. 450.
38 Vgl. zum Diskussionsstand den Bericht in der FAZ vom 28. Nov. 1998.
39 Der Einwand Helmut Schmidts, daß »Beschmierungen, Verstecke für Penner und neonazistische Frechheiten« drohten (Die Welt vom 7. Dez. 1998), gilt für jedes Denkmal und sollte keinen grundsätzlichen, systematisch triftigen Einwand darstellen.
40 So heißt es in der umstrittenen Rede: » ... wenn mir aber jeden Tag in den Medien (dies trifft freilich gar nicht zu! W.G.) diese Vergangenheit vorgehalten wird, merke ich, daß sich in mir etwas gegen diese Dauerrepräsentation unserer Schande wehrt.

Art von *Identifikationsleistung* würde eigentlich erwartet, wenn man hierin schon die Bedeutung der »gemeinschaftlichen Erinnerung«[41] erblickt?

Bevor wir uns diesem höchst irritierenden Problem zuwenden, sind einige Bemerkungen zur kommunikativen Seite des kollektiven Gedächtnisses vonnöten.

4. Als rein instrumenteller Akt gedacht muß eine Verordnung des Gedenkens scheitern, solange nicht die Alltagswirklichkeit unterschiedlichster Lebens- und Systemwelten der Gesellschaft in Deutschland von diesem Motiv durchdrungen ist. Freilich sind weder permanente Talkshows noch endlose Diskurse, sondern eher institutionalisiertes Erinnern in den diversen Feldern der Gesellschaft: Schule, Familie, Beruf und Politik, unterschiedlichen Lebenskreisen also, erforderlich. Dieses Projekt einer nicht oktroyierten, sondern kommunikativ erlebten *kommemorativen Durchdringung* der Gesellschaft erscheint angesichts der allerjüngsten Erfahrung, in der Herr Walser auf den Applaus zu seiner Strategie des erlaubten Wegschauens zählen konnte, nahezu utopisch. Aber wo es überhaupt noch lebensweltliche oder institutionelle Bezüge zum Geschehen selbst gibt: müßten diese nicht erst einmal ausgeschöpft werden? – Hat es z.B. im Zuge der Re-education in Deutschland Anweisungen für den Schulunterricht gegeben, das Thema der Judenvernichtung auszusparen, wie mir von einem Zeitzeugen glaubhaft berichtet wird?

Denk- oder Mahnmale jedenfalls ohne einen entsprechenden »Kult« gestalten zu wollen,[42] würde den Effekt des Erinnerns nicht auf die Ebene des kollektiven Gedächtnisses heben, sondern im Bereich einer nahezu beliebigen Privatreligion belassen. Daß sich »Kulte« nicht beliebig erfinden lassen, ist ebenso evident.

All diese Überlegungen setzen nicht nur im praktischen Handeln, sondern auch im Horizont der Identitätstheorien eine Auseinandersetzung mit der Frage voraus, wohin die Dialektik einer negativen Identität eigentlich führen soll, die aus der Aufdeckung einer latenten *Vergessensgemeinschaft* in bezug auf einen hochgradig negativen historischen Komplex *Identitätsstiftung* leisten soll, die über ritualisierte Selbstanklagen hinausweist.

Anstatt dankbar zu sein für die unaufhörliche Repräsentation unserer Schande, fange ich an, wegzuschauen.« (Martin Walser, Erfahrungen beim Verfassen einer Sonntagsrede, a.a.O., S. 18.)

41 So in bezug auf die Denkmale zum ersten Weltkrieg Reinhard Kosellek, Kriegerdenkmale als Identitätsstiftungen der Überlebenden, in: O. Marquard und K. Stierle (Hrsg.), Identität, München 1979.

42 Der Altmeister der Denkmaltheorie in Deutschland, Reinhart Koselleck, hat dies in seinem wichtigen Spiegelinterview (Der Spiegel 6/ 1997) klar formuliert: »Daß sie (die Denkmale, W.G.) wirken, setzt im Grunde einen Kult voraus.«

III. Identitätsstiftung ohne Subjekt?
Die Überwindung einer Vergessensgemeinschaft und das Problem der Konstitution einer Erinnerungsgemeinschaft in Deutschland

Nun will Berlin der Welt ein neues Denkmal präsentieren
Ein größenwahnsinnsgroßes Monument, man streitet rum
Was Wunder, im Kibbuz bei Euch wird's keinen interessieren
der Führer aber hätte Freude dran; gigantisch dumm
sieh selbst: Wir Deutschen sind in Ost und West Denkmal genug
Als ob man je mit Kleingeist und viel Geld 'ne Schande sühnt

(Wolf Biermann)[43]

Der Historikerstreit hatte – neben durchsichtigen politischen Interessen – ein Theorieproblem mit enorm praktischen Konsequenzen zum Gegenstand, nämlich wie »Identität« einer Gesellschaft unter historischem Bezug auf eine unvorstellbare Katastrophe entstehen sollte,[44] in der die für das Unrecht Verantwortlichen nicht vollständig ausgeschlossen, sondern irgendwie sozial »integriert« wurden.

Ich möchte nicht die Argumente des Historikerstreits wiederholen, der tatsächlich ein »historischer« Streit geworden ist. Aber wir sollten etwas genauer angeben, was wir mit Identitätsstiftung bezeichnen wollen. Habermas war seinerzeit ungnädig mit denen, die ein »Verstehen« der Tätermotive aus methodologischen Gründen historischer Erklärung postulierten, weil dies zu einer moralisch unhaltbaren Übernahme der Perspektive von Kriminellen führen müsse. Goldhagen ist freilich geradezu darauf erpicht, in die »Lebenswelt der willfährigen Vollstrecker« einzutauchen, um die Systemwelt als Erklärungsstrategie – wie viele Kritiker und Karl-Heinz Saurwein in diesem Band anmerken – zu vernachlässigen. Um auf das von Jürgen Habermas artikulierte Problem zurückzukommen: Es sollte danach keinerlei Identifikation gedacht werden, auch virtuelle Rückversetzungen in das Milieu und die Handlungsorientierungen erschienen außerordentlich suspekt.

Dieses Postulat ist freilich nicht haltbar. So fragwürdig auch eine Identitätskonstruktion der Deutschen unter Ausblendung des Nationalsozialismus erscheint – und hiergegen polemisierte Habermas ja zurecht – so verkürzt wäre das Problem der Identifikation gesehen, wenn wir uns – aus der bequemen historischen Distanz – völlig ungefährdet mit den Widerständigen identifizieren sollten, um dabei die Potentialität täterschaftlicher Verantwortung leichtfertig auszuschließen. Die moralisch sehr viel anstrengendere Aufgabe

---

43 Zitiert nach der Wiedergabe in: Der Tagesspiegel, Berlin vom 7. Juli 1998.
44 Das Identitätsproblem ist in meiner Besprechung zum Historikerstreit (Soziologische Revue 12, 1989, S. 314-318) in den Vordergrund gestellt. Vgl. auch Werner Gephart, Mythen, Klischees und differenzierte Wirklichkeiten der Gesellschaft im Nationalsozialismus, in: Soziologische Revue 1990, S. 279-287.

würde darin bestehen, eigene Täterrollen zu imaginieren, um sich mit einer virtuellen Verantwortung auseinanderzusetzen, in der Hoffnung, daß diese biographische Zumutung am Ende scheitert. Mir scheint: Nur wenn es uns gelänge, aus unserem jeweiligen Lebenskreis zu imaginieren, wie nah wir als Hochschullehrer oder Offizier an Schandtaten gestanden hätten, die in ihrer Konsequenz zu Auschwitz geführt hätten, könnten wir eine Lektion gelernt haben über die kontinuierliche symbolische Degradierung und die Exklusion anderer, die sukzessive Entrechtlichung der Verfolgten und den systematischen Abbau persönlicher Verantwortungsstrukturen.

Diese Forderung nach einer virtuellen Identifikation mit den Tätern ist auch unter jüdischen Freunden auf Unverständnis und Kritik gestoßen. Daher sei der Kerngedanke nochmals benannt: weder Entlastung noch obligate Selbstbeschuldigung, sondern imaginative Nähe zum Geschehen, sollte zu der schlichten Einsicht führen, wie nah wir möglicherweise an der Gemeinschaft der Täter gestanden hätten und wo wir andererseits diese negative Zurechnung zu überwinden fähig sind.[45] Es geht also nicht darum, sich einer Schuld zu bemächtigen, die Nachgeborene im strafrechtlichen Sinne gar nicht tragen können.[46] Und es geht auch nicht darum, sich gar eine Opferrolle anzumaßen. Sondern, wenn der soziologische Sinn des Denkmals, nämlich eine Art von Identitätsstiftung für die nach dem symbolischen Ereignis Lebenden überhaupt zu leisten, dann muß sich eine Gesellschaft Klarheit über ihre Referenzgemeinschaft verschaffen.

Ob nun aus einer solchen komplexen, quasi-therapeutischen Identifikation ein gemeinschaftsbildender Effekt – wenn wir diese Überlegungen weiter soziologisch wenden – hervorgeht, ist sicher offen. Die Funktion derartiger Trauerriten wäre jedenfalls vielfältig: Beklagung der Opfer und der Schmerzen der Überlebenden, Trauer und Anklage in einer virtuellen Identifikation mit den Tätern und Erinnerung an ein historisches Ereignis im nichtdarstellbaren Dunkel, das ästhetischer Erfahrung prinzipiell fremd gegenübersteht und gleichzeitig den Anspruch kognitiver Aufklärung erhebt. Es ist daher nicht verwunderlich, daß im Zuge funktionaler Differenzierung sozialer Institutionen diese *multifunktionalen Erwartungen* an das Mahnmal in strukturelle Differenzierungen münden. So jedenfalls läßt sich der gegenwärtige

---

45 Auch Moshe Zuckermann plädiert in diesem Sinne für eine »Universalisierung«: »Jeder könnte in ähnlichen Situationen sowohl auf der Täter- oder Opferseite stehen.« (Jüdische Allgemeine Wochenzeitung vom 6. August 1998)

46 Insofern ist die Kritik einer »schwer erträglichen Pose politisch-moralischer Selbstgerechtigkeit und Selbsterhebung« des Politikwissenschaftlers Peter Reichel (FAZ vom 19. November 1998) zuzustimmen. In ihrer Auseinandersetzung mit den Thesen Golghagens, weisen Rolf Vogt und Barbara Vogt auf die Dynamik der »Entlehnten Schuldgefühle der deutschen Nachkriegsgeneration« hin; vgl. ihren Beitrag: Goldhagen und die Deutschen. Psychoanalytische Reflexionen über die Resonanz auf ein Buch und seinen Autor in der deutschen Öffentlichkeit, in: Psyche. Zeitschrift für Psychoanalyse und ihre Anwendungen 51, 1997, S. 494-569.

Versuch deuten, entsprachlichte Monumentalsymbolik, kognitive Erinnerungsarbeit und Realsymbolik einer Topographie des Schreckens in dem kollektiven Erinnerungsprojekt, in verschiedene Funktionsbereiche von Bibliothek, audiovisueller Erinnerungsdokumentation der Shoah-Stiftung und symbolischer Erinnerungsgeste wieder auseinanderzuziehen.

Vor diesem Hintergrund wäre eine immer wieder befürchtete *Profanisierung* als Ausflugsort, Graffitti-Plattform oder Ort sentimentaler Erbauung eindeutig als *Sakrileg* zu deuten. Und daher muß auch die Erinnerung an Auschwitz jeglicher revisionistischer Diskussion entzogen und im strikten Sinne Tabu bleiben. Die eingangs zitierte »Sakralisierung« ist daher nicht als solche zu vermeiden, sondern – wenn man sie soziologisch mit Durkheim als Wertebasis auch einer säkularen Gesellschaft versteht – ganz unabdingbar, wenn dem Erinnern ein fester Ort in der »Zivilreligion« der deutschen Gesellschaft zukäme. Die Zustimmung zur Rede Martin Walsers, die anläßlich der Verleihung eines Friedenspreises erfolgt ist, läßt hieran allerdings Zweifel aufkommen, wenn einem Opfer vorgehalten wird, daß es sich – im Unterschied zum Preisträger – erst sehr viel später an das Geschäft des Erinnerns gemacht habe![47]

Es bleibt eine Paradoxie oder tragische Konsequenz – sicher nicht irgendeine unauffindbare quasitheologische Sinnstiftung-, daß Auschwitz nicht nur als mythische Geburtsstunde des Staates Israel angesehen wird[48] und auch nicht nur als ein zentraler Bezugspunkt der jüdischen Gemeinschaft in den USA, wo die Suche nach den jeweiligen Wurzeln einer multikulturellen Gesellschaft verbreitet ist. Vielmehr geht es um den absoluten Einbruch in die Geschichte der Deutschen, aus dem die historische Pflicht erwächst, eine demokratische, kulturell und ethnisch inklusive Gesellschaft zu entwickeln. Dieses kann freilich nicht bedeuten, die Erinnerung an die Judenvernichtung etwa als »Identitätsbrücke« zwischen West und Ost zu mißbrauchen, ein Motiv, das sich in die Mahnmalsdebatte eingeschlichen hat.[49]

---

47 So ist in der Wiedergabe der Aussprache Martin Walsers mit Ignatz Bubis zu lesen: »Und Herr Bubis, da muß ich Ihnen sagen, ich war in diesem Feld beschäftigt, da waren Sie noch mit ganz anderen Dingen beschäftigt (sic!). Sie haben sich diesen Problemen später zugewendet; Sie haben sich diesem Problem später zugewendet als ich.« (FAZ vom 14. Dezember 1998)
48 Vgl. insbesondere die Arbeiten von Saul Friedländer, z.B. Saul Friedländer und Adam Seligman, Das Gedenken an die Schoa in Israel. Symbole, Rituale und ideologische Polarisierung, in: James E. Young (Hrsg.), Mahnmale des Holocaust. Motive, Rituale und Stätten des Gedenkens, a.a.O., S. 125-135. Nunmehr die glänzenden Studien von Moshe Zuckermann, Zweierlei Holocaust. Der Holocaust in den politischen Kulturen Israels und Deutschlands, Göttingen 1998, sowie den Beitrag Zuckermanns in diesem Band!
49 Zur sachlichen Problematik der geteilten Erinnerungen vgl. Norbert Haase und Bert Pampel (Hrsg.), Doppelte Last – doppelte Herausforderung. Gedenkstättenarbeit und Diktaturenvergleich an Orten mit doppelter Vergangenheit, Frankfurt a.M. u.a. 1998.

Die Konstruktion kollektiver Identitäten

Ich hatte meine Überlegungen mit einer persönlichen Bemerkung eingeleitet über die Unfähigkeit, die Gedenkstätte Auschwitz-Birkenau bei Krakau aufzusuchen. Als mein Sohn von einer Klassenfahrt nach Prag zurückkam und er von seinem Besuch in Theresienstadt berichtete, wiederholte sich seine emotionale Bewegtheit. Kann man hieraus nicht ein wenig Mut für die Zukunft des Erinnerns schöpfen, die keine Anleitung zum Wegschauen sein darf, sondern eine heikle Identitätsbalance von kollektiver Erinnerungsgemeinschaft und personaler Einfühlung erfordert, wie sie vielleicht am Ende doch mit den Mitteln der Ästhetik, etwa des wunderbaren Films von Benigni »Das Leben ist schön« möglich ist oder auf ganz andere Weise in dem großen Comic »Maus« von Art Spiegelman[50] anvisiert ist.

Bild (4): **Anja and I didn't have where to go (Art Spiegelman)**[51]

Jüdische Familiengeschichte im Comic: Art Spiegelmans Kreuzweg Abb. Zeitschrift

---

50 Hier gibt es die Auseinandersetzung zwischen den Generationen, den Überlebenden des Konzentrationslagers und der kritschen Generation der Söhne und Töchter. Kann man sich einen »Comic« zwischen Tätergeneration und Kindergeneration zum Thema der Verdrängung und der erinnernden Auseinandersetzung vorstellen?
51 Abbildung aus FAZ vom 26. 8. 1998.

Es gibt keine Wunderheilungen, weder von den kleinen noch von den großen Übeln dieser Welt; auch ein »befreiendes« Lachen, das einem im Halse stekken bleibt, kann dies nicht leisten. Nur: schwingt man gleich »Moral- oder Erinnerungskeulen« – wie sie Walser genannt hat – wenn eine Auseinandersetzung mit Erinnern und Vergessen der Schandtaten der Vätergeneration gefordert wird? Die soziologische Sortierung von Argumenten eines politisch-moralischen Diskurses um das Erinnern an die Judenvernichtung in Deutschland kann die staatsbürgerliche Kleinarbeit nicht ersetzen. Eine Brücke von der theoretischen Soziologie zum Alltag des Erinnerns zu schlagen, liegt nicht fern von dem Soziologieverständnis desjenigen Autors, der die Dynamik von kollektiver Identitätsstiftung und kommemorativer Ritualisierung weitsichtig vorausgedacht hat, nämlich Emile Durkheim. Seinen Beitrag in Erinnerung zu rufen heißt auch, an den Begründer des Konzepts der »mémoire collective«, Maurice Halbwachs, zu gemahnen, der in seiner Studie der »Cadres sociaux de la mémoire« aus dem Jahre 1925 das Erbe Emile Durkheims fortführte und am 16. März 1945 in Buchenwald ermordet wurde.

Moshe Zuckermann

Die Parzellierung der Shoah-Erinnerung im heutigen Israel

Vom historischen Ereignis zum Gegenstand ideologischer Projektion

Man kann davon ausgehen, daß nahezu jeder jüdische Mensch der heutigen Zeit, nach der Konsequenz bzw. »Lehre« gefragt, die das jüdische Volk aus dem Holocaust der europäischen Juden gezogen habe, die Errichtung des Staates Israel mit in seine Antwort einbeziehen würde. Die Assoziation von Israel und dem Holocaust gilt als so selbstverständlich, daß man nicht selten der Ansicht begegnen kann, die historische Staatsgründung *verdanke* sich geradewegs der monströsen Katastrophe. Es kam, so gesehen, nicht von ungefähr, daß Deutschland das Wiedergutmachungsabkommen von 1952 gerade mit Israel, einem zum Zeitpunkt der realen Massenvernichtung der Juden noch gar nicht existierenden Staat, unterzeichnete; nicht von ungefähr nahm man es auch weltweit hin, daß Eichmann 1960 vom israelischen Geheimdienst ergriffen, 1961 vor ein israelisches Gericht gestellt und von diesem auch zum Tode verurteilt wurde; es war auch kein Zufall, daß gerade Israel in den fünfziger Jahren einen staatsoffiziellen »Gedenktag zum Andenken der Shoah und des Heldenmuts« ausrief und das Holocaust-Gedenkmuseum Yad-Vashem errichtete. Israel verstand sich von Anfang an als eine nach dem Holocaust notwendig gewordene »Versicherungspolice« des jüdischen Volkes; es läßt sich mithin behaupten, daß seine gesamte politische Kultur von Anbeginn weitgehend auf dem Andenken des Holocaust basierte und sich im Schatten der allgegenwärtigen Katastrophe entfaltete, wobei es zunächst unerheblich erscheinen mag, inwieweit besagtes Andenken instrumentalisiert, zuweilen gar ideologisch fetischisiert wurde.[1] Unzweifelhaft ist der Holocaust im Kollektivbewußtsein der israelischen Bevölkerung dominant verankert; unweigerlich drängt sich also der von den meisten Israelis subjektiv empfundene Nexus von Israel und dem Holocaust auch *objektiv* auf: Was

---

1 Vgl. hierzu: Moshe Zuckermann, Shoah im abgedichteten Zimmer, Tel-Aviv 1993 (hebräisch). Siehe im übrigen nunmehr: Moshe Zuckermann, Zweierlei Holocaust. Der Holocaust in den politischen Kulturen Israels und Deutschlands. Göttingen 1998.

zum Selbstbild eines Kollektivs gehört, kann ihm schwerlich objektiv abgesprochen werden.

Nun ist freilich die Rede vom Kollektiv gerade im Fall Israels eine recht heikle Angelegenheit. Denn nicht nur ist Israel ein erklärtes Einwanderungsland, dem die fortwährende kollektive Metamorphose gleichsam strukturell eingeschrieben ist, sondern es stellt auch eine eigentümliche Nationalstaatsgründung dar, bei der die territoriale Bestimmung dessen, was als Nation begriffen wurde, dem eigentlichen Bestand des in diesem bestimmten Territorium lebenden Kollektivs vorausging: Als der Staat der Juden im Jahre 1948 errichtet wurde, stand die Masseneinwanderung der Juden in ihr neues Land noch erst bevor; innerhalb eines Jahrzehnts verdreifachte sich die Anzahl der kurz vor Staatsgründung in Palästina lebenden Juden. D.h. also, daß die Herausbildung eines nationalbewußten Kollektivs – so unterschiedlich sich solche Herausbildung in verschiedenen westlichen Ländern im 18. und 19. Jahrhundert abgespielt haben mag – im Fall Israels kein Resultat langwieriger sozialer, politischer und kultureller Prozesse gemeinsamen Lebens war, sondern sich eher bewußter Initiative und bestimmter Planung verdankte. Dies hatte natürlich seine spezifischen historischen Gründe: Die jüdische Geschichte war ja zweitausend Jahre lang eine *Diaspora*-Geschichte. Insofern also von den Juden im Exil als einer *Nation* gesprochen werden kann, war es eine *versprengte* Nation – ohne gemeinsames Territorium, ohne konkreten sozialen und wirtschaftlichen Zusammenhalt, ohne gemeinsame Sprache (denn das Hebräische war ja die heilige Sprache der Bibel, kein Mittel alltäglicher Kommunikation). Was die (im Grunde einzige) *positive* – d.h. selbstbestimmte – Zusammengehörigkeit der Juden ausmachte, war letztlich ihre Religion. Und es war denn in der Tat der rituell gepflegte religiöse Glaube/Kult, der die Sehnsucht nach Zion als Ort bestimmter jüdischer Ausrichtung über Jahrtausende am Leben erhielt – freilich eher im Sinne einer regulativen Idee utopischer Veränderung des Daseins, also als Topos der fortwährenden Hoffnung auf messianische Erlösung, denn als konkrete politische Tathandlung. Die Vorstellung vom »heiligen Land« als dem realen Territorium des neu zu errichtenden Staates der Juden ist ein ausgesprochenes Resultat der modernen zionistischen Ideologie, d.h. Produkt der in der Folge europäischen nationalstaatlichen Denkens entstandenen säkularen, politischen Bewegung der jüdischen nationalen Emanzipation.

Wenn sich also die Gründung des israelischen Staates (samt der damit einhergehenden territorialen Bestimmung) gleichsam »verspätete«, so kann seine Besiedlung durch Juden *soziologisch* als ein Prozeß »künstlicher« Zusammenfügung unterschiedlichster, (kulturell) extrem divergierender Gruppen aus aller Herren Länder angesehen werden. Die selbstgewollte Einwanderung der Immigranten ins Land (*Alijah* genannt) bzw. der vom Staat forcierte »Import« der Juden aus dem Exil hatten im Zionismus ihre entsprechende Ideologie, nämlich das rigorose Postulat der konsequenten »Diaspora-Negation« samt der diesem Postulat verschwisterten – nicht minder rigorosen – Forderung, einen »Neuen Juden« zu schaffen, eine Forderung, die ihrerseits durch Schlagworte wie »Zusammenführung der Exilgemeinschaften« (*Kibbuz* bzw. *Misug galujoth*) und »Schmelztiegel« (*Kur hituch*) gespeist und verfestigt wurde. Was sich also als die nicht-religiöse, praktisch vorangetriebene, dabei aber von abstrakten Vorstellungen ausgehende Konsolidierung des jüdischen Volkes verstand, war von Anfang an so strukturiert, daß die eigentümlichen (ethnischen) Partikularitäten nicht nur unter einem abstrakten Ganzen (»Juden« bzw. »Israelis«) subsumiert wurden, sondern die partikularen Eigentümlichkeiten darüber hinaus auch »negiert« werden sollten: Nicht nur sollte der polnische, deutsche, jemenitische oder marokkanische Jude zum Israeli im neuen staatsbürgerlichen Sinne werden, sondern es wurde ihm auch jeweils »auferlegt«, die in seinem Ursprungsland entfaltete Identität samt den mit dieser einhergehenden sprachlichen, habituellen und normativen Gepflogenheiten »abzulegen«. Daß die Verwirklichung dieses Anspruchs nicht wirklich machbar war, ändert nichts an der Tatsache, daß die tragende Staatsideologie (einschließlich des ihr einwohnenden Postulats der *neuen* Identitätsbildung) einen solchen Anspruch institutionell aufrechterhielt und eine gewisse strukturelle Divergenz zwischen der staatlich dominierten öffentlichen Sphäre und der Sphäre der privaten Lebenswelten entstehen ließ. Es ist, so gesehen, unerheblich, ob die meisten Neueinwanderer sich solch »objektiver« Forderung freiwillig unterwarfen oder nicht: Man konnte sich ja sowohl ideologisch als Zionist definieren und fühlen, als auch ein dem stereotypen Bild vom »Neuen Juden« nicht gerade entsprechendes privates Leben führen. Bedeutsam ist, daß die *objektiv* bestehende Divergenz von den vereinheitlichenden Wertvorstellungen der staatlich-offiziellen Institutionen gleichsam wegideologisiert wurde, ein Umstand, der spätestens dann das jahrelang (ideologisch) Verdeckte zu Tage förderte, als die Kittfunktion der staatstragenden Ideologie sich allmählich abzuschwächen begann. Bevor man jedoch diese Spätfolge des strukturell angelegten Widerspruchs anvisiert, muß man sich darüber klar werden, welche Rolle der Holocaust bei der Verfestigung besagter Staatsideologie und der von ihr abgeleiteten »Identität« spielte.

Grob gesehen, läßt sich in diesem Zusammenhang eine Doppelfunktion des Holocaust ausmachen: Zum einen bewirkte er real die Beschleunigung der Errichtung eines von »der Welt« akzeptierten jüdischen Staates. Es ist im nachhinein müßig zu mutmaßen, ob, wie schnell und unter welchen historischen Vorzeichen der Staat Israel *ohne* Holocaust errichtet worden wäre; gewiß ist, daß seine Gründung angesichts der Monstrosität der an den europäischen Juden begangenen Verbrechen »moralisch« sozusagen nicht mehr in Frage gestellt werden konnte: Da »die Welt« paradigmatisch als das kollektive Subjekt der Indifferenz gegenüber dem industriell veranstalteten Völkermord angesehen – ihr »Gewissen« gewissermaßen angerührt – werden konnte, wurde Israel (in seiner Bedeutung als Staat des Volkes der Opfer) gleichsam zum Paradigma einer Art »Schadensabwicklung«.[2] Der Nexus von 1945 und 1948 – mithin die Auffassung der Gründung Israels als *notwendiger Folge* des Holocaust – entfaltete sich im Bewußtsein aller Protagonisten des Nachkriegsgeschehens zur rationalisierend konstruierten, *nachmaligen* Abgeltung der unterlassenen Rettung der Juden. Zum anderen wirkte sich besagter Nexus aber auch konkret ideologisch aus: Der Zionismus konnte ihn als gleichsam *endgültigen* Beweis für die Berechtigung der Forderung, die Diaspora zu negieren, anführen: Wenn sich, wie bereits erwähnt, der moderne politische Zionismus weitgehend negativ bestimmte, die Emanzipation der Juden sich also als *notwendige* Konsequenz der ihnen feindlich gesonnenen nichtjüdischen Welt verstand, hatte der Holocaust gewissermaßen das »unweigerliche« Ausmaß solch antijüdischer Gesinnung im modernen Zeitalter in einer Art und Weise manifestiert, die keinerlei – schon gar keine nicht- bzw. antizionistische – Gegenargumentation zu dulden schien. Nicht von ungefähr fungierte in der Diskussion um das zionistische Postulat, daß freies jüdisches Leben einzig in Israel möglich sei, die Behauptung, daß *es* »den Juden wieder passieren« könnte – also die Gleichsetzung jeglichen jüdischen Diaspora-Lebens mit einem weiteren potentiellen Holocaust der Juden –, über viele Jahre als ein gängiges geflügeltes Wort ideologischer Alltagsrhetorik vieler Israelis. Hierin lag auch die Begründung für die bis zum heutigen Tag stets gerechtfertigte Instrumentalisierung des Holocaust für israelische bzw. zionistische Belange.

Diese Doppelfunktion darf nicht unterschätzt werden. Denn nicht nur amplifizierte sie die Teleologisierung der gesamten diasporalen Leidensgeschichte der Juden auf die in der zionistischen Staatsbildung kulminierende »Auferstehung« des jüdischen Volkes hin (und legitimierte somit die durch den Zionismus propagierte Geschichtsnarration); nicht nur diente die durch den Nexus von 1945 und 1948 zwangsläufig entstandene, freilich fast schon monopolistisch beanspruchte Aneignung des Holocaust-Andenkens durch das staatsoffizielle Israel der Instrumentalisierung des katastrophischen Geschichtsereignisses für partikulare, ihrem Wesen nach heteronome (wirtschaftliche, politische und militärische) Zwecke – sondern im kollektiven Bewußtsein der jüdisch-israelischen Bevölkerung selbst nahm die Shoah einen zunehmend konstitutiven, aber auch die schlichte Alltagsrhetorik durchdringenden Stellenwert ein. Gemeint ist dabei nicht die selbstverständliche, weil eben begründete, reale Existenzangst, bei der sich das eigentliche Holocaust-Trauma und die fortwährende, konkrete Bedrohung durch das sogenannte *Sicherheitsproblem* Israels zu einem kaum durchdringbaren Komplex mit großen sozial-psychologischen Auswirkungen verflechten und immer wieder wechselseitig nähren konnte, sondern die ideologisierende Fetischisierung des Holocaust, also die bewußte oder auch nicht ganz bewußte,

---

2   Moshe Zuckermann, Fluch des Vergessens. Zum innerisraelischen Diskurs um den Holocaust, in: Babylon. Beiträge zur jüdischen Gegenwart, Heft 4, 1988, S. 71.

gleichwohl objektiv nachweisbare Konstruktion seines partikularen – d.h. *nationalen* bzw. *israelischen* – Stellenwerts für die Legitimation des auch im innerjüdischen Diskurs immer noch als partikular (bzw. als nicht für *alle* Juden gültig) zu erachtenden zionistischen Narrativs. Daß dabei die ideologische (also im Hinblick auf die israelische Wirklichkeit »falsches Bewußtsein« fördernde) Funktion des Holocaust-Andenkens und das authentische Gefühl der Angst (bzw. die mit der Überwindung nämlicher Angst einhergehenden Selbstgerechtigkeit, »Patriotismus« und Trotzhaltung gegenüber der »Welt«) stets ineinander übergehen, sollte nicht darüber hinwegtäuschen, daß das Ideologische (also die bewußte Funktionalisierung des Andenkens) im Laufe der Jahre zum bestimmenden Faktor der »Erinnerung« geworden ist, das Authentische mithin eine spezifisch ideologische Färbung aufweist. Das gilt wohl gemeinhin für *alle* historische Erinnerung: Das geschichtliche Ereignis – so sehr es sich mit zunehmendem zeitlichen Abstand historiographisch detailgetreu rekonstruieren lassen mag – verwandelt sich im Laufe der Zeit immer mehr zur Projektionsfläche des aktuellen kollektiven Bewußtseins; das Ideologische erweist sich dabei als eine psychisch-kognitive Entfremdung von der (wie immer gedachten) Wesensbestimmung des eigentlichen historischen Ereignisses.[3] Eine ganz besondere Position nimmt hierbei freilich das Geschichtsereignis Holocaust ein, und zwar gerade deshalb, weil es von Anbeginn das allgemeine (Welt-)Bewußtsein nach 1945 als ein Mehrfaches prägte: als »Zivilisationsbruch«[4], als katastrophaler Kulminationspunkt einer latenten Gesamttendenz der Moderne, als Mahnmal für den nunmehr permanent lauernden »Rückfall in die Barbarei«[5], aber vor allem auch als weltgeschichtliche Begründung der *notwendig* gewordenen Errichtung eines Judenstaates samt der mit diesem politischen Akt einhergehenden Sicherheitsgarantie und der aus dem Postulat nämlicher Garantie resultierenden ideologischen Vereinnahmung des eben doch vor allem Juden als Opfer betreffenden Ereignisses für partikulare Legitimationsinteressen und Apologien bestimmter israelischer Praktiken und Diskursabläufe. Wurde also der Holocaust einerseits *universell* als ein »den Menschen im Stande ihrer Unfreiheit

---

3 Die Behauptung, es gäbe kein Wesen des historischen Ereignisses, sondern eben nur stets wandelbare Formen seiner Erinnerung, darf dabei im Extremfall selbst als Ideologie gewertet werden. Der radikale Relativismus, so schwer er auch insgesamt zu widerlegen ist, bezeichnet ja vor allem die Ohnmacht bzw. das Unvermögen, der vorwaltenden Pluralität einen objektiven Sinn abzugewinnen; deshalb ist man ja sozusagen gezwungen, das Vergangene immer wieder aufs neue zu rekonstruieren. Schließt man aber daraus, daß das Vergangene selbst fungibel sei, verfährt man dabei ideologisch, denn man rationalisiert ja nur subjektives Unvermögen mit dem Stand des Objektiven. Vgl. hierzu auch: Theodor W. Adorno, Negative Dialektik, Frankfurt/M. 1982, S. 360.
4 Vgl. Dan Diner (Hrsg.), Zivilisationsbruch. Denken nach Auschwitz, Frankfurt/M. 1988.
5 Theodor W. Adorno, Erziehung nach Auschwitz, in: ders., Erziehung zur Mündigkeit, Frankfurt/M. 1971, S. 88.

einen neuen kategorischen Imperativ« aufzwingendes Geschichtsereignis begriffen, nämlich »ihr Denken und Handeln so einzurichten, daß Auschwitz sich nicht wiederhole, nichts ähnliches geschehe«[6], wurde er andererseits *partikular* so rezipiert, daß er zuweilen ganz und gar seiner welthistorisch übergreifenden Bedeutung enthoben wurde bzw. seine vermeintlich »universelle« Auslegung in eine fetischistisch zelebrierte, letztlich ahistorische Singularitäts-Ideologie mündete.

Nun muß freilich eingeräumt werden, daß die hier angeführten Strukturen der israelischen Holocaust-Rezeption von einem weitgehend monolithischen Begriff Israels ausgehen – eben von Israel als »dem Staat der Juden« bzw. von der jüdisch-israelischen Gesellschaft als einem nach (und in der Auswirkung von) dem Holocaust konsolidierten »kollektiven Subjekt«. Dem, so ließe sich entnehmen, ist auch ein mehr oder weniger monolithischer Holocaust-Begriff verschwistert. Auf der sich *nach außen* hin gebenden, staatsoffiziellen Ebene der Ideologie ist dem in der Tat so: Im Verhältnis zur »Welt« wird noch immer eine weitgehend einheitliche Holocaust-Position des israelischen (politischen) Establishments gewahrt. Ein wenig anders sieht es da im *innerisraelischen* Diskurs besagten Establishments aus[7], obgleich auch in seinem Rahmen die monolithische Einheit des Holocaust-Diskurses bis vor wenigen Jahren so gut wie ganz tabuisiert war (und das Tabu letztlich bis zum heutigen Tag nicht wirklich durchbrochen worden ist). Der eigentliche ersichtliche Wandel im gängigen Modus der israelischen Holocaust-Rezeption hat sich in den letzten Jahren in der Sphäre der partikularen Lebenswelten vollzogen; jedoch mußten auch hier einige unantastbar scheinende Gebote des vorherrschenden »legitimen« Diskurses erst übertreten werden, bevor seine unterschwellige Parzellierung allmählich zu Tage treten konnte.

***

Es läßt sich nicht mit Sicherheit festlegen, wann genau besagter Wandel (bzw. die Legitimierung des möglichen Tabubruchs) einsetzte. Stellvertretend kann jedoch ein im März 1988 erschienener Zeitungsartikel[8] aus der Feder des israelischen Gelehrten Yehuda Elkana angeführt werden. Die Beziehung der israelischen Gesellschaft zu den Palästinensern idealtypisch charakterisierend, behauptete er, diese sei von »einer tiefverwurzelten existentiellen Angst« geprägt, die von einer ganz bestimmten Auslegung der Holo-

---

6 Theodor W. Adorno, Negative Dialektik, a.a.O., S. 358.
7 So hinterfragte z.B. im Jahre 1992 die ehemalige Erziehungsministerin Shulamit Aloni den Zweck der staatlich organisierten Fahrten von israelischen Schülern zu den Vernichtungslagern in Polen. Sie hatte Zweifel, ob die Schüler nicht gerade im Rahmen dieser Unternehmungen chauvinistisch und fremdenfeindlich indoktriniert würden. Vgl. Zuckermann, (wie Anm. 1), S. 58.
8 Yehuda Elkana, Ein Plädoyer für das Vergessen, in: Ha'aretz, 2. 3. 1988, S. 13 (hebräisch).

caust-Lehren sowie von der Bereitschaft zu glauben, »die ganze Welt sei gegen uns und wir seien das ewige Opfer«, zehre. Hierin fußend postulierte er: »Symbolisch ausgedrückt, sind aus Auschwitz zwei Völker hervorgegangen: Eine Minderheit, die behauptet: ›Es soll nie wieder passieren‹, und eine verschreckte, furchterfaßte Mehrheit, die behauptet: ›Es soll nie wieder *uns* passieren‹«. Elkana zielte mit dieser Typologie auf die »normative Behauptung, daß jede Lebenslehre oder -anschauung, die ihre Gültigkeit aus dem Holocaust bezieht, ein Unglück sei«, und er fügte dem hinzu: »Die dem Kollektivgedächtnis zukommende historische Bedeutung wohl bedacht: Eine Atmosphäre, in der ein ganzes Volk aufgrund seines dominierenden Bezugs zu den Lehren der Vergangenheit sein Verhältnis zur Gegenwart bestimmt und seine Zukunft gestaltet, ist ein Unglück für eine Gesellschaft, die wie alle Völker in relativem Frieden und relativer Sicherheit leben will«. Zwar akzeptierte Elkana, daß Geschichte und Kollektivgedächtnis integrale Bestandteile der Kultur eines jeden Volkes seien, bestand aber ausdrücklich darauf, daß »die Vergangenheit auf keinen Fall die Bestimmung der Zukunft einer Gesellschaft und des Schicksals eines Volkes dominieren« dürfe; die Entfaltung der Demokratie gerate mithin in Gefahr, »sobald das Andenken der Opfer der Vergangenheit als aktiver Faktor am demokratischen Prozeß partizipiert«. So gelangte er denn zu der die (damalige) aktuelle (Intifada-)Gegenwart mit der Vergangenheit in Verbindung bringenden Einschätzung, daß »ohne das so tiefe Eindringen des Holocaust in das nationale Bewußtsein auch der Konflikt zwischen Juden und Palästinensern nicht so viele Menschen zu ›abnormen‹ Taten verleitet hätte, und der politische Prozeß womöglich nicht in die Sackgasse geraten wäre«. Es gäbe für ihn »keine größere Gefahr für die Zukunft Israels als den Umstand, daß der Holocaust mit systematischer Gewalt in das Bewußtsein der gesamten israelischen Bevölkerung infiltriert wurde, auch in das Bewußtsein jenes großen Teils, der den Holocaust nicht erlebt hat, sowie in das der jungen, hier geborenen und aufgewachsenen Generation«. Er erhob daher die rigorose Forderung: »Mag es auch von Bedeutung sein, daß die Welt weiterhin erinnere. [...] Wir, demgegenüber, müssen vergessen«.

Abgesehen von der Besonderheit eines solchen gerade im Rahmen einer politischen Kultur steter (instrumentalisierter) Erinnerung erhobenen Postulats des Vergessens, zeichnet sich Elkanas Aufsatz durch die für den hier erörterten Zusammenhang bedeutende Unterscheidung zwischen *universeller* und *partikularer* Holocaust-Rezeption. Es muß freilich wieder hervorgehoben werden, daß diese von Elkana vorgenommene Kategorisierung einen eher idealtypischen Charakter trägt. Denn es handelt sich letztlich um eine verschwindend geringe Minderheit in Israel, die einem konsequent durchdachten *universellen* Verständnis des Holocaust das Wort redet. Wendet man jedoch die Kategorien *universell/partikular* auf Diskurspraktiken gängiger politischer Instrumentalisierung des Holocaust an, so läßt sich (grob) behaupten, daß die israelische politische Linke den eher *universellen* Standpunkt (»Es soll nie wieder passieren«) einnimmt, während die politische Rechte eine prägnante *partikulare* Position (»Es soll nie wieder *uns* passieren«) vertritt. Dies wirkt sich nicht nur auf die politische Rhetorik der Beziehung zu den Palästinensern aus, sondern verbindet sich auch in gewisser Hinsicht mit der (*nicht*akademischen[9]) Debatte um die mit großem Eifer verteidigte Singularität des Holocaust: Die Vorstellung, daß das, was »uns« – und zwar »uns« als Juden allein – passiert ist, Israel zu besonders vorsichtiger (und d.h. allemal unnachgiebiger) Haltung gegenüber den Arabern bzw. den (gerade durch Israel zu Opfern gewordenen) Palästinensern anhalten müsse, ist ein ausgesprochenes Erbteil der politischen Rechten Israels. Die »logischen« Blüten solchen Denkens lassen sich mit folgendem Zitat deutlich exemplifizieren: »Um die nächste Shoah zu verhindern, müssen die Israelis die Erinnerung an die vorherige fungieren lassen. Statt in ihr zwecklose Heldentaten zu suchen, müssen sie in ihr den Höhepunkt jüdischen Leidens sehen, der sie zur Aufopferung und einer Lebensweise stimuliert, die diesem Leiden ein Ende zu setzen vermögen. Dies bedeutet nichts anderes, als die spontane Schaffung und Akkumulierung von Macht. Das ist die Hauptlehre aus dem Holocaust, und wenn wir sie nicht verinnerlicht haben, dann haben die Deutschen Tonnen von Zyklon B umsonst an uns verschwendet«.[10]

Wird die Instrumentalisierung des Holocaust in der ideologischen Auseinandersetzung zwischen Linken und Rechten deutlich politisch aufgeladen, so weist sie im Konflikt zwischen religiösen und säkularen Israelis eine eher identitätsdiskursive Färbung auf. Gemeint sind in diesem Zusammenhang vor allem orthodoxe bzw. ultraorthodoxe, nicht also *national*religiöse Gruppen aus Israels gottesgläubigem Lager; denn während sich die letzten von Anbeginn dem zionistischen Projekt praktisch verpflichtet wußten – ihre Gruppenidentität also unter anderem *auch* über die moderne nationalstaatliche Souveränität gewannen –, hielten sich erstere aus diesem Projekt entschieden heraus bzw. sahen in ihm eine besonders schlimme Form kollektiver jüdischer Häresie: Die vom weltlichen Zionismus angestrebte Gründung eines jüdischen Staates wurde als ein eigenmächtiger Ein- bzw. Vorgriff in die gottgewollte *messianische* Erlösung des jüdischen Volkes, welche die Neuerrichtung des altjüdischen Königreiches und die Neuerbauung des zerstörten Gottestempels erst eigentlich ermöglichen soll, aufgefaßt. Nicht von ungefähr also legen bis heute die religiösen Ultras des Judentums – neben dem allge-

---

9 Die gehobene israelische Publizistik ist voll von akademischen wie nichtakademischen Debatten um die »Einzigartigkeit des Holocaust«. Vgl. z.B. Yehuda Bauer, Warum mordete man die Juden und nicht die Radfahrer, in: Ha'aretz, 2.5.97, S. D1f. (hebräisch); Mori Rader, Man hätte auch die Radfahrer ermordet, in: Ha'aretz, 16.5.97, S. D3 (hebräisch); Yehuda Bauer, Der Holocaust war in der Tat einzigartig, in: Ha'aretz, 30.5.97, S. D2 (hebräisch). Demgegenüber eher polemisch-flach: Dan Margalit, Die Einzigartigkeit des Holocaust, in: Ha'aretz, 5. 5. 97, S. B1 (hebräisch).
10 Mordechai Horowitz, Die Holocaust-Erinnerung fungiert nicht, Tel-Aviv 1980, S. 16 (hebräisch).

Die Parzellierung der Shoah-Erinnerung 55

meinen, durch Aufklärung (*Haskala*) und Assimilation forcierten Abfall vom orthodoxen Glauben – vor allem die Hybris des politischen Zionismus als Ursache für die göttliche Bestrafung des jüdischen Volkes durch den Holocaust aus. Auf einer anderen Ebene werden dabei die Zionisten selbst zuweilen bezichtigt, den Holocaust als »notwendig« für eine Gründung des Staates Israel erachtet zu haben, am Holocaust gar »in gewissem Maße« *interessiert gewesen zu sein*.[11] Andererseits werden exponierte Vertreter der historischen orthodox-rabbinischen Führung noch heute von Zionisten beschuldigt, eine mögliche Masseneinwanderung von Juden nach Palästina in den 30er Jahren mit dem Schiedsspruch, »die Mauer *nicht* zu besteigen« (also *nicht* nach Zion auszuwandern), unterbunden zu haben, womit sie das Schicksal ihrer Gemeinden besiegelt hätten.[12] Einen prägnanten Höhepunkt erreichte die unter solchen Vorzeichen geführte Debatte, als vor einigen Jahren eine führende politische Persönlichkeit aus der Jerusalemer Religionsorthodoxie mit der Forderung hervortrat, die Bilder nackter, in den Tod getriebener jüdischer Frauen von den Wänden Yad-Vashems abzuhängen, weil sie »unzüchtig« seien. Höchst bezeichnend war dabei, daß er die entrüsteten Reaktionen nichtreligiöser Bürger mit dem Hinweis parierte, die orthodoxen Juden hätten »eine andere Narration« des Holocaust als die Zionisten, und es wäre überhaupt an der Zeit, daß sie ihr eigenes Yad-Vashem bekämen.

Ein anderer, jedoch gleichfalls vor allem *identitäts*orientierter Diskurs läßt sich in den letzten Jahren an diversen Stimmen israelischer Juden orientalischer Herkunft, die den Holocaust anders als aschkenasische Juden diskutieren *und* instrumentalisieren, ausmachen. Zwar kann man in diesem Zusammenhang keineswegs von einer fest umrissenen (freilich oft geschichtsklitternden) Weltanschauung wie die der Orthodoxen sprechen, und dennoch sind die neuen Regungen unverkennbar. Denn insofern der Holocaust des europäischen Judentums bis vor wenigen Jahren als ein gleichsam allgemeines zionistisch-nationales Heiligtum gehütet, dabei aber unausgesprochen als Erinnerung, Psyche, Erlebnis und Erfahrung prägender »Besitz« *aschkenasischer* Juden tabuisiert wurde, so ist der diesbezügliche stumme Konsens im Zuge der von einer jüdisch-orientalischen Intelligenz der zweiten Generation (nach Staatsgründung) resolut betriebenen Hinterfragung von Struktur und Ideologie der israelischen Gesellschaft in letzter Zeit weitgehend erschüttert worden. Dabei kommt es freilich zu recht unterschiedlichen Formen der Auseinandersetzung. Zum einen wird der Universalisierung des Holocaust das Wort geredet; Unterschiedliches kommt hierbei zusammen: die unter humanistischem Vorzeichen angetriebene Unterminierung des national-

---

11   So geschehen vor etwa einem Jahr bei einer Sendung der staatlichen Fernsehanstalten. Vgl.: Ehud Asheri, Verzeihung, der Moderator ist verschwunden, in: Ha'aretz, 2. 5. 97, S. A2 (hebräisch).
12   Vgl. hierzu: Seev Fabian, Wenn wir leben wollen, in: Ha'aretz, 7. 9. 97, S. B2 (hebräisch).

chauvinistischen Ethos der Holocaust-Singularität, dessen sich Israel bei der Verfolgung politischer Ziele bedient, zugleich aber auch die partikularistisch motivierte Hervorhebung einer eigenen, eben *nicht*-aschkenasischen Identität.[13] Zum anderen wird einem unübersehbaren Ressentiment gegenüber dem pauschal als »aschkenasisch« etikettierten israelischen Establishment Luft gemacht; die Jahrzehnte währende, von orientalischen Juden als das Ergebnis gezielter »aschkenasischer« Diskriminierungspolitik angesehene, sozioökonomische Kluft, die in Israel in der Tat eine Deckung von ethnischen mit klassenmäßigen Faktoren aufweist, aber auch das Gefühl, durch die in Israel vorherrschende *westliche* Hegemonialkultur der eigenen kulturellen Identität beraubt worden zu sein, zeitigen Haltungen und rhetorische Blüten, die ihrerseits bedenklich stimmen mögen: Wenn auf Tel-Aviver Hausfassaden Mitte der 80er Jahre das Graffitti »Aschkenazim« – eine Zusammenfügung von *Aschkenasim* (aschkenasische Juden) und *Nazim* (Nazis) – erscheinen konnte; wenn ein Mitglied eines lokalen Jugendtheaters im Fernsehen unlängst die selbstbewußte Behauptung, die ethnische Diskriminierung in Israel sei »eine Art Shoah«, äußern durfte, andere gar unverhohlen räsonieren zu müssen meinten, aschkenasische Juden täten den orientalischen Juden an, was ihnen von den Nazis angetan worden sei; wenn darüber hinaus das Ergebnis neuer historischer Forschung, im Holocaust seien auch 800 nordafrikanische Juden von den Nazis umgebracht worden, zum feierlichen Anlaß wird, die Ermittlungsergebnisse dem israelischen Staatspräsidenten zu überbringen[14], dann wird der historische Holocaust offensichtlich zur aktuell instrumentalisierten Projektionsfläche banalisiert, die mit dem eigentlichen geschichtlichen Ereignis nur noch wenig, wenn überhaupt etwas, zu tun hat. Nicht von ungefähr löste die vom Vorsitzenden der Arbeitspartei, Ehud Barak, im September 1997 an alle israelischen Volksgruppen orientalischer Herkunft öffentlich gerichtete Bitte um Verzeihung für die bei ihrer Aufnahme im Land in den 50er Jahren von der damals herrschenden Arbeitspartei begangenen Fehler eine Welle heftiger Kritik aus.[15] Ein prominenter Jurist aus Haifa gab seiner Entrüstung durch eine große private Zeitungsanzeige mit folgendem Wortlaut Ausdruck: »Auch ich bitte um Verzeihung. Im Namen meiner ›aschkenazischen‹ Eltern, Überlebende der Lager von Auschwitz und Treblinka, die ihre Familien und Seelenfrieden verloren haben, die im Land, in welchem sie als ›Schlachtvieh‹ beschimpft und erniedrigt wurden, etwas aufgebaut und gekämpft haben, und deren Wiedergutmachungsgelder großenteils genommen wurden, um die Infrastruktur für Millionen von Flüchtlingen zu erbauen,

---

13   Gulie Ne'eman Arad, The Holocaust as an Israeli Experience, in: The Pennsylvania Gazette, June 1997, S. 31.
14   Ein neues Forschungsprojekt zeigt: Im Holocaust kamen auch 800 Juden aus Nordafrika um, in: Ha'aretz, 22. 9. 97, S. A12 (hebräisch).
15   Vgl. z. B.: Uzi Benziman, Entschuldigung für die schrecklichen Tage, in: Ha'aretz, 28. 9. 97, S. B1 (hebräisch); Eli Barnavi, Wofür entschuldigt er sich, in: Ha'aretz, 30. 9. 97, S. B2 (hebräisch).

Die Parzellierung der Shoah-Erinnerung 57

bitte ich um Verzeihung und Vergebung von allen orientalischen Volksgruppen (einschließlich von meiner Frau). Ich, der von seinem eigenen Land Exilierte, Sohn der zweiten Generation von Holocaust-Überlebenden. Itzhak Rubin«.[16]

Der bekannte israelische Schriftsteller und Publizist Itzhak Laor hat im Dezember 1996 folgende Behauptung aufgestellt: »Es gibt einen Ort, an welchem sich die Vergangenheit in keinerlei Form durch westlich-liberale Begriffe formulieren läßt – Israel. Keine noch so engen Beziehungen zwischen dem großzügigen Deutschland und dem politischen Körper bzw. der akademischen Zunft Israels vermögen den harten Kern einer anderen, fremden, irreduziblen, traumatischen Wahrheit anzurühren. Jedes Opfer des Stalinismus in Deutschland (ob deutsche Flüchtlinge aus Osteuropa oder Verfolgte in der DDR) kann ehrlich und wahrhaftig behaupten wollen: Es gibt keinen Unterschied zwischen Hitler und Stalin; aber ich glaube, daß kein jüdischer Israeli, selbst wenn er Opfer stalinistischer Schrecken während des Krieges oder nach ihm gewesen sein sollte, eine solche Gleichung als Teil der historischen Narration ernsthaft akzeptieren kann, ohne Stalins Sieg, seine Macht, seine Existenz, also die Macht der Sowjetunion zu begrüßen. Ich weiß nicht, in wievielen Ländern oder Staaten des Westens es einen zu Ehren der Roten Armee gepflanzten Wald noch immer unter diesem Namen gibt. In Israel gibt es einen solchen Wald. Ich bin überzeugt davon, daß sein Name, im Gegensatz zu dem, was sich andernorts im Westen abspielt, nicht gewechselt werden wird«.[17]

Laor hat natürlich recht, wenn er vermeintlich *absolute* historische Wahrheiten perspektiviert. Gleichzeitig scheint er in die Falle des von ihm Angeprangerten selbst zu tappen, indem er den idealtypisch konstruierten »jüdischen Israeli« verabsolutiert: Schon heute mag es mehr als fraglich sein, was jüdisch-israelische Jugendliche der dritten Generation mit der »Roten Armee« verbinden; ob es sich bei ihren mit diesem Begriff assoziierten Vorstellungen nicht eher um einen dumpfen Abklatsch des über Jahrzehnte in der Reaktion auf den sowjetischen Antizionismus in Israel propagierten Antikommunismus handelt, bzw. – besser noch – um die bildlich durchaus präsente Vorstellung von einem Militärchor, der sich vor wenigen Jahren noch für eine vom israelischen Lotto-Unternehmen initiierte Fernsehreklame hat engagieren lassen. Es wäre ja nicht das erste Mal, daß die Kulturindustrie die Rezeption eigentlicher historischer Begebenheiten und Wahrheiten (auch und gerade im Zusammenhang mit dem Holocaust) nicht nur »demokratisch« popularisierend vereinnahmt, sondern von Grund auf entstellt. Darüber hinaus kann aber auch nicht übersehen werden, daß die massive Einwanderung von Juden aus der ehemaligen Sowjetunion nach Israel in den 90er Jahren nicht gerade dafür geeignet sein kann, den von Laor angesprochenen Nexus zwi-

---

16 Anzeige in: Ha'aretz, 29. 9. 97, S. A4 (hebräisch).
17 Itzhak Laor, Über Relativität, in: Ha'aretz, 21. 4. 97, S. E5 (hebräisch).

schen dem Holocaust der Juden und dem, was Juden (und die Welt überhaupt) der stalinistischen Sowjetunion für die opferreiche Bekämpfung des NS-Regimes (und der Befreiung der KZs) zu verdanken haben, im Bewußtsein der Nachwelt wachzuhalten. Es scheint eher der umgekehrte Fall zu sein: Nicht nur sind viele unter den russischen Immigranten von einem durch die eigene biographische Erfahrung geprägten antisowjetischen – nicht unbedingt anti*russischen* – Ressentiment durchdrungen, sondern es scheint auch mehr als fraglich zu sein, inwieweit das Bewußtsein des Holocaust der Juden bei ihnen jenen psychisch-mentalen Stellenwert einnimmt, der ihm von Laor bei alteingesessenen israelischen Juden – zurecht! – nachgesagt wird.[18]

Nicht unerwähnt sollte hier auch der Zugang vieler Araber zum Holocaust bleiben. Zwar wird dieser Topos in Israel bislang kaum öffentlich erörtert; zu unterscheiden wäre zudem zwischen einer möglichen typischen Einstellung von israelischen und der von nichtisraelischen Palästinensern. Dennoch kann man sich in diesem Punkt (zumindest, was eine bestimmte Perspektive der arabischen Intelligenz anbelangt) auf Gedanken des Philosophiedozenten und Knesset-Abgeordneten Azmi Bishara berufen.[19] Bishara weist darauf hin, daß die Araber gute Gründe hätten, jegliche Verbindung mit dem Holocaust, d.h. also die verbale Konjunktion »Die Araber *und* der Holocaust«, zurückzuweisen. Denn: Obgleich sich die verheerende Katastrophe des Holocaust in Europa zugetragen hat, habe die »Wiedergutmachung« im Nahen Osten stattgefunden; der jüdische Staat sei in Palästina, nicht in Bayern oder Schleswig-Holstein errichtet worden. Obgleich die Israelis die heutigen Besatzer sind, blieben sie (im eigenen Bewußtsein) die Opfer, während die palästinensischen Opfer kriminalisiert würden. Obgleich, wie gesagt, die im Nahen Osten entstandenen Probleme in der europäischen Geschichte wurzelten, delegierten die Europäer diese an die Palästinenser, was Europäern und Israelis gleichermaßen bequem sei, wenn auch aus unterschiedlichen Gründen; den Europäern komme die mutatis mutandis hergestellte Identifizierung des jüdischen mit dem nahöstlichen Problem, den Israelis wiederum die der Israels mit den Juden sehr zupaß. Darüber hinaus werde der Holocaust zweckmäßig instrumentalisiert, indem er zur Relativierung der von den Israelis praktizierten Unterdrückung in den besetzten Gebieten herangezogen werde. Die Palästinenser seien in ihrer jetzigen historischen Situation nicht in der Lage, sich einem solchen Vergleich (dem ihres Leidens mit dem der Juden im Holocaust) auszusetzen und die damit einhergehende Relativierung

---

18 Es liegen hierüber noch keine systematischen Untersuchungen vor. Aus persönlicher Erfahrung kann ich bezeugen, daß der buchhalterische Zahlenvergleich zwischen Stalin- und Hitleropfern in Israel, wenn überhaupt, dann gerade unter jungen Immigranten aus Rußland zu hören ist. Gesondert zu behandeln wäre in diesem (bzw. im vorher erörterten) Zusammenhang die Bedeutung, die der Holocaust des europäischen Judentums für die Gemeinschaft der aus Äthiopien eingewanderten Juden hat.

19 Azmi Bishara, Die Araber und der Holocaust – Die Problematisierung einer Konjunktion, in: Zmanim, 53 (1995), S. 54-71 (hebräisch).

zu bearbeiten, zumal der Vergleich mit dem Holocaust *alles* solchermaßen relativiere, daß jetzige Opfer es immer schwerer hätten, sich im öffentlichen Bewußtsein durchzusetzen. Dennoch sieht Bishara einige Gründe für die Beschäftigung arabischer Intellektuelle mit dem Holocaust: Die Palästinafrage sei nun mal – ob man es wolle oder nicht – mit der jüdischen Frage eng verknüpft. Damit hänge zusammen, daß in jedem möglichen historischen Kompromiß mit dem israelischen Staat *beiden* kollektiven Gedächtnissen Rechnung getragen werden müsse. Kritisch auseinandersetzen müsse man sich aber auch damit, daß sich die palästinensische nationale Bewegung mindestens einmal mit dem Gedanken getragen hat, ein Bündnis mit NS-Deutschland gegen England und den Zionismus einzugehen. Darüber hinaus hebt aber Bishara hervor, daß die Geschichte und die Lehren des Holocaust nicht »Eigentum« des Staates Israel sei, sondern der *ganzen* Menschheit.

***

Die hier lapidar umrissene Fragmentierung der israelischen Holocaust-Erinnerung der letzten Jahre ließe sich noch weiter differenzieren.[20] Gleichwohl sollte es auch mit dem bisher Dargelegten deutlich geworden sein, daß die über Jahrzehnte monolithisch gewahrte Einheit des Holocaust-Andenkens, welches die israelische politische Kultur durchherrscht, immer mehr aufgebrochen – man kann in der Tat sagen: enttabuisiert –, somit aber auch unweigerlich parzelliert worden ist. Wie erklärt sich das?

Um das zu beantworten, sollte man sich die anfangs erörterten Strukturen der israelischen Ideologiebildung erneut vor Augen führen: Da sich die ideologische Einheit des politischen Zionismus gleichsam *negativ* bestimmte, nämlich als eine Absage an das jüdische Diasporaleben, zugleich aber die Heterogenität der jüdischen Exilgemeinschaften im zionistischen Staat »schmelztiegelhaft« aufgehoben werden sollte, inhärierte der israelischen Gesellschaft von ihrem Anbeginn ein latentes Widerspruchs- bzw. Konfliktpotential, das über Jahre durch zweierlei unterdrückt werden konnte: zum einen durch eine objektiv klaffende, freilich bewußt tabuisierte Divergenz zwischen der *staats*tragenden Ideologie des Zionismus, die das öffentliche Leben Israels bestimmte, und der partikularen Vielfalt der privaten Lebenswelten; zum anderen aber durch die kittende Funktion, die das reale (obschon freilich zunehmend fetischisierte) Sicherheitsproblem Israels erfüllte. Hierbei spielte

---

20 Zu erwähnen wären z. B. die generationsbedingten Unterschiede der Erfahrungs- und Erlebniswelten im Holocaust-Gedenken, zugleich aber auch die dynamisch gewordenen Wechselwirkungen der Erinnerungs- und Gedenkmodi der verschiedenen Generationen sowie die Enttabuisierung des privaten Gesprächs und des öffentlichen Diskurses. In gleichem Zusammenhang ließe sich auch die in den letzten Jahren bedeutend fortgeschrittene Auseinandersetzung israelischer Künstler mit dem Holocaust bzw. den (ideologischen) Strukturen der israelischen Holocaust-Erinnerung erörtern. Beispiele hierfür wären Theaterwerke wie Dudi Ma'ajans Arbeit macht frei oder anspruchsvoll provokante Kunstausstellungen wie die Ram Katzirs und Roee Rosens.

nun der Holocaust-Code eine gravierende Rolle: Denn insofern die Diaspora-Negation als zentrales Argument der zionistischen Ideologie begriffen wurde, konnte der Holocaust als der wohl schwerwiegendste geschichtliche »Beleg« für die »Richtigkeit« der zionistischen Narration herangezogen werden. Mehr noch: Insofern man die Diaspora als eine permanente Bedrohung jüdischer Existenz deutete, wurde der Holocaust historisch zum schlechthinnigen Paradigma der Diaspora. Nicht von ungefähr bildete sich denn die jüdische Leidensgeschichte im Exil mit dem Holocaust des zwanzigsten Jahrhunderts als Kulminationspunkt zum Komplementärdogma der Unanfechtbarkeit der israelischen Sicherheitsdoktrin aus: Das ideologische »Nie wieder soll es uns passieren« kristallisierte sich als mentale Grundverfassung der israelischen politischen Kultur, und je häufiger sich die doktrinär perpetuierte Angst um die Sicherheit durch die periodisch ausbrechenden Kriege und Gewalttaten empirisch »bewahrheitete«, desto intensiver wurde das Sicherheitsdogma ideologisch fetischisiert.

Es ist nun dieses negativ bestimmte Moment der Einheitsideologie – die nach innen kohäsiv wirkende äußerliche Bedrohung –, der mit dem zu Beginn der 90er Jahre einsetzenden Friedensprozeß gewissermaßen ins Wanken geriet.[21] Ganz unabhängig davon, wie man zum Washingtoner Handschlag zwischen Rabin und Arafat stehen mag, es kann nicht geleugnet werden, daß er zumindest eines notwendig bewirkte: die Lockerung der kittenden Funktion des langjährig ideologisierten Sicherheitsproblems. Zum ersten Mal konnten nun die strukturell angelegten, gleichwohl über Jahrzehnte verdeckten Widersprüche und Konfliktpotentiale der israelischen Gesellschaft an die »Oberfläche« geschwemmt werden: die ethnischen Diskrepanzen, die im Laufe der Jahre größer gewordene Klassenkluft, der nicht mehr nur theoretisch ausgetragene Kulturkampf zwischen religiösen und säkularen Juden, sowie die (vor allem für die Araber Israels, aber eben nicht nur für sie) höchst bedeutsame Frage, ob Israel sich künftig als Staat der Juden oder als ein Staat *all* seiner Bürger begreifen will. Und insofern das Holocaust-Andenken besagte Festigungsfunktion der negativ bestimmten Einheitsideologie im Rahmen der israelischen politischen Kultur erfüllte, mußte die Erschütterung dieser Ideologie zwangsläufig die Erschütterung der Homogenität nämlichen Andenkens nach sich ziehen. Nicht von ungefähr decken sich dabei die Bereiche seiner Fragmentierung mit den durch den Aufbruch der Einheitsideologie hervorgetretenen Konfliktbereiche der israelischen Gesellschaft. Ob freilich der Friedensprozeß am Leben erhalten wird; ob man die nicht mehr zu übersehenden Konflikte wird austragen wollen; ob somit das Andenken des Holocaust in Israel endlich unter weniger heteronom ideologisierten Vorzeichen gewahrt werden kann, das historische Ereignis mithin nicht vollends zum Gegenstand abwegiger Projektion degeneriert – das bleibt zunächst abzuwarten.

---

21 Vgl. hierzu: Moshe Zuckermann, Ein bedrohlicher Frieden, in: Perspektiven, April 1996, S. 16f.

Karl-Heinz Saurwein

Antisemitismus als nationales Identitätsprojekt?

Der soziologische Gehalt der Goldhagen-These

Einleitung

Die Kontroverse um Goldhagens Buch »Hitlers willige Vollstrecker«[1] ist nur vordergründig ein Streit von Historikern um die Qualität historischer Faktenforschung. Die Provokation, die von Goldhagens Buch ausgeht, liegt nicht in der Erschließung neuer Tatsachen, sondern in der Deutung des Holocausts als Resultat einer nationalen Identitätskonstruktion und den offenkundigen moralisch-politischen Implikationen dieser Interpretation.

Die folgende Analyse zu Goldhagens Arbeit besteht in dem Versuch, die soziologischen Implikationen des Buches zu verdeutlichen und damit einer rationalen Kritik zugänglich zu machen. Goldhagens Arbeit kann als ein Beitrag gesehen werden, den Holocaust aus den Besonderheiten der deutschen Gesellschaft zu verstehen und zu erklären. Ein solches Unterfangen setzt ein umfangreiches gesellschaftstheoretisches Erklärungsprogramm voraus: Es bedeutet, daß der Zusammenhang zwischen kulturellen Leitideen, kollektiven Identitätsvorstellungen, sozialen Geltungskontexten und der Formung von individuellen Handlungsdispositionen rekonstruiert und mit den historischen Tatsachen konfrontiert wird. Als soziologischer Leser eines so heftig umstrittenen Buches hat man es mit zwei Klassen von Aussagen zu tun.

Zum einen richtet sich die Aufmerksamkeit auf den Umstand, daß wissenschaftliche Diskurse auch immer öffentliche Diskurse sind und von den Beteiligten mit dem Wissen um ihre Beobachtbarkeit und ihre mögliche Publizität geführt werden: Sie sind keine Diskussionen über die wissenschaftliche Qualität von Hypothesen, Methoden und Beschreibungen. Historische Fakten und Deutungen haben hier primär den Sinn, die Gesichtspunkte, Sinndeutungen oder moralischen Beurteilungsmaßstäbe zu spezifizieren, durch die Erinnerung als Lernauftrag umgedeutet werden kann. Das Bedürfnis, Geschehenes verständlich zu machen, ist weder mit historischer Faktenakribie noch mit der Suche nach explikativen Theorien zu befriedigen. Jedenfalls erscheint die analytische Kälte, mit der sich viele Wissenschaftler bei

---

1 Daniel Goldhagen, Hitlers willige Vollstrecker, München 1996.

heiklen Themen ausstatten, im Zusammenhang mit dem Völkermord leicht als Attitüde, die unter den Verdacht gerät, allzu großes Verständnis für die Täter und ihre Motive zu haben.[2] Die Erwartungen richten sich auf Einordnung des Geschehen in einen Sinnkontext, der geschichtliche Analysen mit zusätzlichen Reflexionsbedürfnissen befrachtet: Was verleiht dem Geschehenen Einheit und Kontinuität? Sind Wiederholungen denkbar? Welche Probleme der Gegenwart lassen sich als historische Gefahren identifizieren? Im moralischen Diskurs über den Holocaust versuchen wir eine Antwort auf die Frage zu finden, ob und inwieweit individuelle oder kollektive Akteure verantwortlich für die Folgen ihres Handelns zu machen sind.[3] Die Klarheit der Schuld- und Verantwortungszuschreibung schützt in erster Linie unsere *gegenwärtige* Vorstellung vom Geltensollen moralischer Ordnungen und der Zukunftsfähigkeit eines Gemeinwesens. Kollektives Erinnern bedeutet ja keineswegs nur Tradierung und Aneignung kollektiven Wissens, sondern kollektive Erinnerung impliziert stets Unruhe, da Vergangenes im Lichte aktueller Problemlagen neu thematisiert und alte Gewißheiten, identitätsverbürgende Deutungen und Rechtfertigungen in Frage gestellt werden. Wer, wie Goldhagen, die Frage aufwirft, was viele »normale« Deutsche dazu gebracht hat, ein monströses Mordprogramm aktiv zu unterstützen, macht die vermeintliche Normalität und Kontinuität kollektiver Identitäten zum Problem. So gesehen, ist es nicht weiter verwunderlich, daß Goldhagens Buch in einer weiteren Öffentlichkeit auf eine breite, weil widersprüchliche Resonanz stieß. Es liegt in der Logik öffentlicher Kommunikation, daß sich historische Rückblicke auf Schuldfragen konzentrieren und von dort aus ihre appellative Kraft entwickeln. Diskussionen dieses Zuschnitts sind jedoch höchst selektiv und erschweren eher ein angemessenes historisches und theoretisches Verständnis für die Frage nach den kollektiven und individuellen Bedingungen des Völkermords. Die Heftigkeit der öffentlichen Debatte um Goldhagens Buch ist nur vor diesem Hintergrund zu verstehen. Während sich viele Fachwissenschaftler in ihrem kritischen Urteil zu dem Buch einig waren, spitzte

---

2   Dies mußte schmerzlich Hans Mommsen in einer öffentlichen Podiumsveranstaltung mit Goldhagen erfahren. Als Mommsen bemerkte, daß viele Täter sich über ihre Motive selbst im unklaren gewesen seien, fragte Goldhagen unter dem Beifall des Publikums zurück: »Gibt es jemand hier im Saal, der mit Professor Mommsen meint, daß die Leute, die Juden mordeten, nicht wußten, was sie taten?« Die beifallheischende Frage Goldhagens verdeckt den sachlich ernsten Kern der Anmerkung Mommsens: Wenn sogenannte »normale« Menschen dazu gebracht werden können, auch ohne besondere Motivation oder ideologische Überzeugung zu morden, so widerspricht diese Feststellung unserem Bedürfnis nach einem geordneten, moralischen Kosmos mit klaren Unterscheidungen von »Gut« und »Böse«, »Tätern« und »Opfern«. Die Vorstellung jedenfalls, daß fortgesetzte Mordhandlungen und Quälereien in irgendeine Auffassung von Normalität passen könnten, ist moralisch unerträglich.
3   Aus moralischer Perspektive kann es kein neutrales Verhalten geben: Gleichgültigkeit impliziert eine Unempfindlichkeit gegenüber der Verletzung von Ansprüchen auf Achtung und Integrität anderer.

sich publizistisch die Kontroverse um den normativ richtigen und politisch korrekten Gebrauch des Umgangs mit der Geschichte zu. Während sich etablierte Fachwissenschaftler durch die weitreichenden Erklärungsansprüche Goldhagens zur Kritik an der Methode, an der Verarbeitung des Quellenmaterials und an dem Differenzierungsvermögen des kategorialen Apparates veranlaßt fühlten, konzentrierte sich die publizistische Diskussion um die Frage, ob und inwiefern das Buch als konstruktiver Beitrag zur kollektiven Vergangenheitsbewältigung und Selbstverständigung gelesen werden kann. Kritiker, die die unterschiedlichen Referenzen wissenschaftlicher und öffentlicher Diskurse ignorierten, mußten schmerzhaft erfahren, daß sie sich gerade mit ihrem Rekurs auf Objektivitätskriterien dem Verdacht einer gesinnungsgeladenen Vermeidung von unliebsamen Themen aussetzten. Sie gerieten unversehens in die Rolle von arroganten Experten, die nicht willens oder außerstande sind, die moralischen und politischen Implikationen ihres Themas zu begreifen. Die empörte Reaktion mancher Kritiker auf derartige Unterstellungen steigerte zusätzlich die publizistische Resonanz für Buch und Autor und ließ Stellungnahmen Dritter selbst zu einem mitteilenswerten Ereignis werden. Die Aufmerksamkeit, die dem Buch und der Person Goldhagens zuteil wurde, ist, unabhängig von der Frage der wissenschaftlichen Begründbarkeit von Aussagen, selbst ein erklärungsbedürftiger Tatbestand. Diese Fragestellung soll jedoch hier nicht explizit weiterverfolgt werden.[4]

Im Zentrum des Interesses soll ein anderer Aspekt stehen: Goldhagens Analyse wird als ein System von theoretischen oder empirischen Aussagen über einen Gegenstand aufgefaßt, der erklärt werden soll. Die Diskussion um Goldhagens Buch ist weitgehend eine Debatte unter Historikern geblieben. Dies verwundert um so mehr, als Goldhagen gerade beansprucht, einen systematischen und gesellschaftstheoretisch fundierten Zugriff zu seinem Gegenstand vorgelegt zu haben.[5] Die Soziologie richtet ihr Hauptaugenmerk auf die Erklärung singulärer (historischer) Tatbestände durch Rekurs auf generelle theoretische Aussagen. Diese beinhalten Modelle des Handelns individueller und kollektiver Akteure, der situativen und institutionellen Bedingungen dieses Handelns und der intendierten wie unbeabsichtigten Handlungsfolgen. Goldhagens Arbeit kann als eine historische *Konstellationsanalyse* aufgefaßt werden, die generelle Aussagen über Handlungszusammen-

---

4   Vgl. dazu die neuere Schriftensammlung von Johannes Heil und Rainer Erb zur Goldhagen-Debatte. Die unterschiedlichen Systemreferenzen von Wissenschaft und Öffentlichkeit werden insbesondere bei Werner Bergmann herausgearbeitet: W. Bergmann, Im falschen System. Die Goldhagen-Debatte in Wissenschaft und Öffentlichkeit, in: Johannes Heil und Rainer Erb (Hrsg.), Geschichtswissenschaft und Öffentlichkeit. Der Streit um Daniel J. Goldhagen, Frankfurt 1998, S. 131-147.
5   Viele Kritiker (z.B. Augstein) haben die Tatsache, daß Goldhagen von «Hause aus» kein «gelernter Historiker» ist, als Begründung für die Fragwürdigkeit seiner Analyse benutzt. Das sagt vermutlich mehr über Standesdünkel als über kritische Rationalität und Redlichkeit mancher Kritiker aus.

hänge mit spezifischen Aussagen über bestimmte historische und institutionelle Randbedingungen verknüpft. Ich werde mich vornehmlich mit diesem Aspekt beschäftigen und fragen, ob und wenn ja, in welcher Hinsicht die vorliegende Studie aus soziologischer Sicht relevant und auch: kritikwürdig ist. Dabei geht es nicht um eine Detailkritik im Lichte historischer Tatsachen- und Quellenforschung,[6] sondern um die Beurteilung der theoretischen Hintergrundannahmen, der logischen und inhaltlichen Stringenz der Argumentation. Die Frage ist also nicht, ob Goldhagen eine chronologisch exakte und vollständige Beschreibung von Ereignissen gibt, sondern ob die gewählte Erklärungsstrategie geeignet ist, die Zentralthese plausibel und vor dem Hintergrund historischer Tatsachen nachprüfbar zu machen.

Gesellschaftstheorie und der Holocaust

Der Holocaust provoziert eine Reihe von Rückfragen an das theoretische Verständnis moderner Gesellschaften: Sind Terror, Gewalt und Barbarei Ausdruck historisch singulärer Rückfälle in einen dumpfen Irrationalismus oder ist deren Möglichkeit mit der Institutionalisierung der Moderne untrennbar verknüpft? Den Klassikern der Gesellschaftstheorie war zwar die Fragilität moderner Gesellschaften durchaus bewußt – aber sie verorteten die Gefahren vornehmlich entlang der Zeitdimension von Modernisierungsprozessen: Gesellschaften, in denen ökonomische, politische und kulturelle Modernisierungsprozesse verspätet, zu langsam oder ungleichzeitig ablaufen, sind, so lautet die klassische Diagnose, inneren Konflikten und Spannungen ausgesetzt, die die Anpassungsfähigkeit von Menschen und Institutionen überfordern. So entstehen z.B. strukturelle Spannungen aus der ungleichen Geschwindigkeit, mit der sich Wirtschaft, Politik, Kultur und Statusstrukturen zwischen Gruppen verändern. So wird eine stärkere internationale Verflechtung von Märkten und Produktion als Bedrohung nationaler Interessen und innerer Machtbalancen gedeutet, die es einigen Gruppen ermöglicht, sich den Solidaritätszumutungen der Nation zu entziehen. Dem Zerbrechen des sozialen Grundkonsenses folgt die symbolische und ideologische Eskalation sozialer Konflikte als Kampf unvereinbarer Wertvorstellungen. Wo Unsicherheit und Orientierungslosigkeit herrschen, wird die gesellschaftliche Kommunikation anfällig gegenüber irrationalen Ideologien und fundamenta-

---

6 Mit dem Originalitätsanspruch, der Rezeption des historischen Forschungsstandes und der Gültigkeit der Faktendarstellung haben sich Fachhistoriker und Intellektuelle sehr kontrovers beschäftigt. Dabei entsteht zuweilen der Eindruck, als ob die Faktendiskussion nur dafür herhalten muß, das moralisch korrekte Geschichtsbewußtsein zu prämieren. Vgl. dazu Julius H. Schoeps (Hrsg.), Ein Volk von Mördern? Die Dokumentation zur Goldhagen-Kontroverse um die Rolle der Deutschen im Holocaust, Hamburg 1996.

listischen Bewegungen, und es wächst die Bereitschaft, das aufgestaute Aggressionspotential auf vermeintliche innere wie äußere Feinde zu lenken.⁷ Als innere Feinde bieten sich gerade Gruppen an, die sich als vermeintliche Krisengewinnler attribuieren oder als Fremde auszeichnen lassen, denen die innere Bindung und Verpflichtung an die – wie immer definierte – nationale Schicksalsgemeinschaft fehle.⁸ Der Entsolidarisierung in der Gesellschaft folgt die Aufhebung der Zwänge und Hemmungen, die den Kern des moralischen Common Sense zivilisierter Gesellschaften bilden. In der Tradition der klassischen Ordnungstheorie ist der Zusammenbruch oder die Erosion elementarer moralischer Verhaltensnormen stets als Problem der unzureichenden Regulierungsfähigkeit sozialer Institutionen thematisiert worden. Moderne Industriegesellschaften setzen infolge des raschen sozialen Wandels, der damit häufig verbundenen ökonomischen und sozialen Krisenerscheinungen und des Bedeutungsverlustes von Traditionen, Religion und gemeinschaftlichen Bindungen ein Aggressionspotential frei, das durch militante Gruppen und Bewegungen politisch genutzt werden kann. Folgt man einer frühen Analyse von Parsons, so werden gerade die Institutionen und Gruppen, die die Modernisierung der Gesellschaft wirtschaftlich, politisch und kulturell repräsentieren, zu einer zentralen Quelle und Zielscheibe von aggressiven Impulsen.⁹

---

7   Ein solche Perspektive verfolgte z.B. Talcott Parsons in seinen frühen Analysen zu faschistischen Bewegungen. Vgl. Talcott Parsons, Some Sociological Aspects of the Fascist Movements (Original 1942), in: ders., Essays in Sociological Theory, New York 1964, S. 124-141. Eine Zusammenstellung und Würdigung der Arbeiten Parsons zum Nationalsozialismus findet sich bei Ute Gerhardt (Hrsg.), Talcott Parsons on National Socialism, New York 1993.
8   Die Feindsemantik der Nationalsozialisten läßt sich vor diesem Hintergrund rekonstruieren: Sozialdemokraten und Kommunisten waren die vaterlandslosen Gesellen, deren Internationalismus und Klassenkampfrhetorik die nationale Einheit gefährdeten. Das Feindbild der Juden war doppelseitig: Sie symbolisierten sowohl die Gefahr der kapitalistischen Erosion als auch die der kommunistischen Versklavung. Die Paradoxie dieses Feindbildes wurde durch die Kategorie der »Rasse« überspielt. Nicht erst fehlgeleitetes Denken oder Handeln machte sie zu Feinden, sondern ihre bloße Existenz. Es gab daher auch für die Nazis keinen Verdienst oder keinen individuellen Beitrag zum Wohle der Nation, die den Mangel an «arischer Abstammung« hätten ausgleichen können.
9   Diese Spannungsquelle gilt prinzipiell für alle westlichen Industriegesellschaften. Eine Erklärung des Nationalsozialismus und des Hitler-Regimes im allgemeinen und des Antisemitismus und des Völkermords im besonderen, muß demzufolge an den spezifischen Bedingungen und Besonderheiten von Kultur und Sozialstruktur Deutschlands ansetzen, um von dort aus die Eigendynamik und Eskalation von Gewalt und Gehorsamsbereitschaft erklären zu können. Zu dem allgemeinen Aspekt des Aggressionspotentials in westlichen Industriegesellschaften: T. Parsons, Certain Primary Sources and Patterns of Aggression in the Social Structure of the Western World (1947), in: U. Gerhardt (Hrsg.), Talcott Parsons on National Socialism, a.a.O., S. 325-427.

Der Holocaust erscheint aus dieser Sicht als Rückfall auf eine vormoderne Stufe gesellschaftlicher Entwicklung oder als Ergebnis des Versagens von Institutionen, konfligierende Ansprüche und Erwartungen zu regulieren und rechtsstaatlichen Normen soziale Geltung zu verschaffen. Was aber, wenn die Erosion moralischer Maßstäbe von den Institutionen und der sie tragenden Kräften selbst ausgeht? Wie können Bewegungen, deren Ideologie und Aktionismus den rationalen und humanitären Traditionen einer Gesellschaft diametral widersprechen, überhaupt Aufmerksamkeit, politische Macht und breite Akzeptanz in unterschiedlichen sozialen Gruppen erlangen? Wie kann das Nebeneinander von zivilen Normen, eingespielten Zivilisationsmustern und der fortgesetzten Entrechtung, Vertreibung und physischen Vernichtung von Minderheiten erklärt werden? Die Wirklichkeit des Holocausts entzieht sich den Versuchen, ihn als bloßen Rückfall oder als einmaliges Versagen institutioneller Schranken gegenüber destruktiven Kräften zu deuten. Was die nationalsozialistische Gesellschaft auszeichnet ist ja gerade das Nebeneinander von modernen Strukturen in Wirtschaft, Verwaltung, Wissenschaft und Infrastruktur einerseits und Terror, Gewaltherrschaft und charismatischer Herrschaftslegitimation andererseits.[10]

Es hat nicht an Versuchen gefehlt, diese Art von Diagnose zu retten, indem man die NS-Herrschaft im allgemeinen und den Holocaust im besonderen mit Verzögerungen und Defiziten des deutschen Modernisierungsprozesses in Zusammenhang brachte. So wurde auf die verspätet einsetzende Modernisierung der deutschen Gesellschaft hingewiesen, die reaktionäre Kräfte, antidemokratische Parteien und Demagogen zu Nutznießern sozialer und wirtschaftlicher Krisen machte. Aus dieser Sicht erscheint der Holocaust als Ergebnis einer Gesellschaft, deren moralische und institutionelle Regulative sich noch nicht auf das Niveau anderer moderner Gesellschaften eingependelt hatten und daher keinen ausreichenden Immunschutz gegenüber rassistischen Ideologien und antidemokratischen Ideen bieten konnten. Die nationalsozialistische Herrschaft selbst wird als geschlossenes System betrachtet, dessen hohe Binnenkohäsion auf einer Gleichschaltung sozialer Gruppen, der Perfektionierung staatlicher Zwangsapparate und dauerhafter ideologischer Indoktrination beruhte.

---

10 Uta Gerhardt knüpft in einem kürzlich erschienenen Aufsatz an das Problem der Veralltäglichung charismatischer Legitimation an und stellt einen Zusammenhang zwischen Veralltäglichung der nationalsozialistischen Herrschaft und dem Vernichtungsprogramm her. Sie sieht in der Durchdringung des täglichen Lebens mit Entrechtung, Terror und Mord und in der durch eine Gemeinschaftsideologie, rigide Erziehungspraktiken und Kameraderie erzeugte «kompulsive Konformität» die zentralen Mechanismen, die die Strukturebene des Herrschaftssystems mit der Handlungsebene des Massenmords verknüpfen. Vgl. U. Gerhardt, Charismatische Herrschaft und Massenmord im Nationalsozialismus, in: Geschichte und Gesellschaft 24, 1998, S. 503-538.

Die Schwächen derartiger Diagnosen sind bekannt: Von einer durchgängigen Antimodernität des NS-Regimes kann keine Rede sein, der monolithische Charakter des Herrschaftssystems wurde durch die neuere Forschung nachhaltig in Frage gestellt[11], und das Bild von einer willenlosen, auf Befehl und Gehorsam getrimmten und indoktrinierten Bevölkerung hat an Überzeugungskraft verloren.[12] Wenn der Holocaust nicht mehr plausibel als Rückfall oder als historisches Unglück gedeutet werden kann, was macht moderne Gesellschaften dann anfällig für die *Möglichkeit* eines Völkermords? Oder handelt es sich vielmehr um Ereignisse, die sich nur dort abspielen konnten, wo sie sich abgespielt haben? Aber auch dann bleibt die Frage: Was prädestiniert(e) die deutsche Gesellschaft für den Holocaust?

Leitfragen

Zunächst läßt sich fragen, wie Goldhagen in diesem Kontext seinen Erklärungsgegenstand konstruiert. Was hält Goldhagen für erklärungsbedürftig und wie definiert er seinen Erklärungsgegenstand? Welchen Erklärungsanspruch entwickelt Goldhagen und welche methodische Strategie verfolgt er, um diesen Anspruch einzulösen? Im Mittelpunkt der inhaltlichen Auseinandersetzung steht die Frage nach dem Stellenwert des Antisemitismus zur Erklärung des Täterverhaltens.

Anschließend wird der Versuch unternommen, die soziologischen Implikationen der zentralen Antisemitismusthese herauszuarbeiten und einer kritischen Analyse zu unterziehen. Welche theoretische Vorstellung entwickelt Goldhagen vom Einfluß und der Verbreitung antisemitischer Ideen? Auf welchen institutionellen Voraussetzungen und Bedingungen beruhte dieser Einfluß? In welcher Weise prägte der Antisemitismus die öffentliche und private Kommunikation, und welche Wirkungen gingen davon auf die Wahr-

---

11 So wird in der Forschung häufig auf die polykratische Struktur des Regimes hingewiesen, die sich im Alltag eher durch Ineffektivität infolge von Rivalitäten des Führungspersonals um Pfründe, durch Kompetenzwirrwarr und umständliche Verfahrenswege auszeichnete. Vgl. dazu: Karl Dietrich Bracher, Die deutsche Diktatur., Frankfurt 1979; G. Hirschfeld, L. Kettenacker (Hrsg.), Der «Führerstaat»: Mythos und Realität, Stuttgart 1981.

12 So verweist David Bankier darauf, daß die massive Propaganda, die Mobilisierung der Massen zu Aufmärschen und Versammlungen und die weltanschaulichen Schulungskurse lediglich eine äußerliche Konformität zu erzeugen vermochten. Das Dauerfeuer führte, so Bankier, eher zu einem Überdruß an Politik. Der Erfolg des Antisemitismus führt Bankier auf die Existenz antijüdischer Gefühle zurück, die die Nazis mobilisieren konnten. Abweichende Auffassungen resultierten eher, so faßt Bankier zusammen, aus persönlichem Widerwillen, nicht aus einer prinzipiellen Ablehnung. Vgl. David Bankier, Die öffentliche Meinung im Hitler-Staat, Berlin 1995, S. 211.

nehmungs- und Verhaltensdispositionen von Individuen aus? Diese Fragen thematisieren die soziokulturelle Bedeutung und die Verhaltenswirksamkeit antisemitischer Ideologien auf unterschiedlichen Ebenen. Eine soziologische Kritik wird gerade an diesen Schnittstellen ansetzen müssen, um den theoretischen wie empirisch-historischen Gehalt der Analyse Goldhagens herausarbeiten zu können.

Die Konstruktion des Erklärungsgegenstandes

Goldhagen will eine umfassende Erklärung des Holocaust liefern. Diese sollte in der Lage sein, die Handlungen der Täter und Tätergruppen in einem ausgewählten Kontext zu erklären und darüber hinaus verallgemeinernde Schlußfolgerungen über weitere (nicht explizit) untersuchte Aspekte des Holocausts erlauben.[13] Dies schließt die Fähigkeit ein, bestehende Anomalien anderer Erklärungsansätze zu beseitigen oder das vorhandene Quellenmaterial mit neuen Forschungsfragen zu konfrontieren. Erkenntnisgewinne sucht Goldhagen primär in Antworten auf die Frage: Wie und warum konnte es einer politischen Führung gelingen, geeignetes und williges Personal zur Ausführung des organisierten Massenmords zu finden? Für Goldhagen steht fest: Ohne eine Vielzahl von willigen Mittätern und einer breiten Zustimmung hätte ein Vernichtungswerk dieses Ausmaßes nicht stattfinden können.

Aus dieser Perspektive sind daher folgende Aspekte erklärungsbedürftig: Warum hat sich eine Vielzahl a) »normaler« Deutscher b) fortgesetzt an organisierten Mordtaten beteiligt, c) deren verbrecherischer Charakter für die Beteiligten evident war, d) deren Durchführung keine Schuldgefühle bei den Tätern erzeugte [14] und e) die auch dann stattfanden, wenn die Möglichkeit offenstand, sich der Teilnahme ohne Gefahr zu entziehen?

Es handelt sich, genau genommen, um mehrere Explananda, die auf die Umstände und Motive der individuellen Beteiligung an organisierten Mordaktionen abstellen.

---

13 So z.B. den Völkermord in den Vernichtungslagern, die bürokratische Planung und Organisation des Mordprogramms oder das Handeln der verantwortlichen Entscheidungsträger im politischen, administrativen und militärischen Machtapparat.

14 Allerdings muß diese als Feststellung getarnte Hypothese bezweifelt werden. Gerade die Studie von Browning über das Polizeibataillon 101 weist auf die anfänglich erhebliche Belastung auch derjenigen hin, die sich später fortgesetzt an Tötungen beteiligt haben. Vgl. dazu Christopher R. Browning, Ganz normale Männer. Das Reserve-Polizeibataillon 101 und die »Endlösung« in Polen, Reinbek bei Hamburg 1993.

Der eliminatorische Antisemitismus als Wert- und Mentalitätsstruktur

Das Maß an Freiwilligkeit, Eigeninitiative und Gewaltbereitschaft kann, so Goldhagen, nur mit den Wahrnehmungs- und Wertstrukturen der Handelnden zusammenhängen. Die mentalen Konstrukte der Täter sind jedoch keine zufälligen oder rein subjektiven Erfindungen, sondern sie sind Teil eines kulturellen und sozialen Milieus, in dem auch andere Deutsche aufgewachsen und eingebunden waren. Sie sind nur das individualisierte Spiegelbild »der Art und Weise, in der eine Kultur die Ordnung ihrer Welt begreift und repräsentiert.«[15] Die entscheidende Ursache für den Holocaust liegt für Goldhagen in einem spezifischen, eliminatorischen Antisemitismus, der die politische Kultur Deutschlands vor und während der Nazizeit prägte. Dieser eliminatorische Antisemitismus bildete eine *Leitidee*, die der NS-Führung, den Eliten in Kultur, Kirchen, Justiz, Militär und letztlich den bestellten Tätern die Motivgrundlage bot, ihren Beitrag zum Vernichtungsprogramm bereitwillig zu leisten und für gerechtfertigt zu halten.[16] Diese These läßt sich durch folgende Annahmen näher beschreiben:

1. Die politische Kultur Deutschlands vor und während der NS-Zeit enthielt eine besonders militante Ausprägung des Antisemitismus. Der eliminatorische Antisemitismus beinhaltete Feindbilder von den »Juden« und ein Programm ihrer »Ausschaltung«, das in Deutschland allgemein verbreitet, von einer Mehrheit der Deutschen akzeptiert und gebilligt wurde.
2. Die tatsächliche Vernichtung der Juden war eine (logische und metaphorische) Konsequenz der Vorstellungswelt des eliminatorischen Antisemitismus. Er wurde unterstützt durch staatliche und kulturelle Institutionen (Staat, Wehrmacht, Bildungssystem, Kirchen) und prägte eine Haltung, die Juden außerhalb konventioneller Moral und Rechtsregeln stellte.
3. Die Normalität der untersuchten Täter oder Tätergruppen legt den Schluß nahe, so Goldhagen, daß auch beliebige andere Deutsche – in vergleichbarer Lage – ähnlich gehandelt hätten.[17]

---

15 Daniel Goldhagen, Hitlers willige Vollstrecker, a.a.O., S. 52.
16 Vgl. Daniel Goldhagen, Hitlers willige Vollstrecker, S. 40. Die Komplizenschaft zwischen Politikern, Kirchenführern, Meinungsmachern, Professoren, Ministerialbeamten und Militärs im Hinblick auf die Ausschaltung der Juden stellt auch John Weiss in den Mittelpunkt. Vgl. John Weiss, Der lange Weg zum Holocaust. Die Geschichte der Judenfeindschaft in Deutschland und Österreich. Hamburg 1997.
17 Normalität heißt hier, daß die soziale Herkunft und das Beschäftigungsprofil der Tätergruppen keine auffälligen Unterschiede zur übrigen (männlichen) Bevölkerung aufwies. Vgl. Daniel Goldhagen, Hitlers willige Vollstrecker, a.a.O., S. 542-543.

4. Die Täter konnten erwarten, daß die Mehrheit der Deutschen ihre Teilnahme »verstanden«, stillschweigend akzeptierten oder für notwendig und gerechtfertigt ansahen.
5. Aus der inneren Bereitschaft, das Vernichtungsprogramm umzusetzen, wird die Brutalität und Grausamkeit der Tötungshandlungen innerhalb der (untersuchten) Mordinstitutionen erklärbar. Sie sind Ausdruck des nationalsozialistischen Weltbildes, seiner »Ethik« und »Moral«.

Zwei Annahmen dürften für die Heftigkeit der Kontroverse um das Buch gesorgt haben: Zum einen die Behauptung, in Deutschland habe es einen besonders aggressiven Antisemitismus gegeben, in dessen *innerer Logik* der Völkermord lag. Er brachte die Deutschen letztlich dazu, systematisch und ohne Erbarmen zu töten. Zum anderen die Behauptung, daß die psychosoziale »Normalität« und die große Zahl der Tatbeteiligten den Schluß zulasse, daß es sich beim Holocaust um ein nationales Projekt gehandelt habe.

Dazu stellt Goldhagen die folgende Überlegung an: »Angenommen, es wären zehntausend Deutsche zu Tätern geworden, dann könnte man die Durchführung des Holocaust als die Tat einer eingrenzbaren, nicht repräsentativen Gruppe bezeichnen. Bei fünfhunderttausend oder einer Million Deutschen hätten wir es mit etwas grundsätzlich anderem zu tun, und der Holocaust ließe sich am angemessensten als deutsches Projekt charakterisieren.«[18]

Das methodische Programm Goldhagens

Daß Goldhagen die Sichtung des historischen Materials als *Test* seiner Theorie verstanden wissen will, geht deutlich aus seinen Überlegungen zur Methode hervor.[19] Um seine Antisemitismusthese zu testen, wählt er vor allem solche Tätergruppen, Institutionen oder Ereignisse aus, die keine spezifische Selektivität hinsichtlich der Motive, der Ziele, Interessen und Situationsbedingungen erwarten ließen. So wählte er als Untersuchungsobjekt das Polizeibataillon 101 aus, dessen personelle Struktur keiner erkennbaren Selbstrekrutierung durch Fanatiker, NS-Funktionäre oder Parteiaktivisten unterlag. Einer besonders intensiven Form der Indoktrination und weltanschaulichen Schulung waren die Angehörigen des Bataillons nicht ausgesetzt. Nach Goldhagen bietet diese Konstellation einen Testfall für das, was »normale« Deutsche zu dieser Zeit wohl auch getan hätten.

Die Untersuchung von Arbeitslagern stelle, so Goldhagen, die Ausgangshypothese auf eine harte Probe: Die Arbeit und Organisation dieser Institutionen ließ erwarten, daß hier ideologische Einflüsse von geringerer Be-

---

18 Daniel Goldhagen, Hitlers willige Vollstrecker, a.a.O., S. 24-25.
19 Vgl. Daniel Goldhagen, Hitlers willige Vollstrecker, a.a.O., S. 541ff.

deutung waren: Es konnte nicht im Interesse wirtschaftlicher und kriegsstrategischer Ziele sein, das Reservoir an Arbeitskräften durch Hunger, Krankheit und Massenmord zu dezimieren.

Die Analyse der Todesmärsche von 1945 geben Aufschluß über das Verhalten des Begleitpersonals in Situationen, in denen diese nach eigenem Gutdünken handeln konnten und mußten. Die Arbeitshypothese könnte als widerlegt oder zumindest fragwürdig gelten, wenn sich zeigen ließe, daß die Täter, das Ende des Reiches und die Rache der Sieger vor Augen, versucht hätten, ihren Opfern unnötiges Leid zu ersparen.

Die Auswahl der historischen Fälle erfolgte daher unter dem Gesichtspunkt, Situationen zu untersuchen, in denen die Täter Gelegenheiten vorfanden, ihre innere Ablehnung ohne eigene Gefährdung zum Ausdruck zu bringen. Goldhagens Ergebnis ist eindeutig: Überall haben die Täter einen Eifer an den Tag gelegt, der nur dann verständlich werde, wenn man annimmt, daß die »verantwortlichen Deutschen Antisemiten waren.«[20]

Die methodischen Schwächen der Studie

Wenn man den militanten Charakter des deutschen Antisemitismus, seine durchgehende Verbreitung und handlungsmotivierende Kraft begründen will, muß gezeigt werden können, auf welche Weise er zu einem Verbindungsmechanismus zwischen institutioneller Makroebene und individueller Handlungsebene werden konnte. Es bieten sich mindestens zwei Fragestellungen an. Unter welchen Bedingungen gewann eine bestimmte Form des Antisemitismus die Oberhand und beherrschte den gesellschaftlichen Diskurs bzw. wurde Teil des Common Sense? Die Antwort auf eine solche Frage impliziert, daß man die *Entwicklung* der verschiedenen ideologischen Strömungen des Antisemitismus im Kontext kollektiver Identitätsvorstellungen, politischer Kräftekonstellationen und sozialer und ökonomischer Randbedingungen thematisiert. Daran läßt sich die Frage anschließen, was die besondere Militanz in bezug auf Inhalte, Verbreitung, Akzeptanz und institutionelle Verankerung ausmacht. Ideen wirken nicht einfach durch ihre Botschaft, sondern durch die Bedingungen, die ihnen Anspruch auf Aufmerksamkeit, normative Gültigkeit, affektive Bindung und instrumentelle Nützlichkeit verschaffen.

Soziologisch gesehen, läßt sich die soziale Geltung von Ideologien grundsätzlich auf zwei Ebenen verfolgen. Die Handlungswirksamkeit von Ideologien kann zum einen auf der institutionellen Absicherung ihrer Geltung beruhen. Das Bekenntnis zur herrschenden Ideologie ist dann nicht in erster Linie eine Frage von innerer Überzeugung, sondern eine Frage von

---

20 Daniel Goldhagen, Hitlers willige Vollstrecker, a.a.O., S. 543.

Opportunität und Konformität. Zum anderen kann sich die Geltung von Ideen auf eine erfolgreiche Monopolisierung von öffentlicher Meinungsbildung oder eine dauerhafte Indoktrination stützen, die Loyalität sichern soll und gleichzeitig Widerspruch und Zweifel als gemeinschädliches Verhalten ausgrenzt.

Goldhagen bedient sich hier einer konfirmatorischen Argumentationsstrategie, indem er in Traktaten, Zeitschriften, Schmähreden und Dokumenten immer genau das findet, wonach er sucht. Das Problem dieser Art von Analyse ist, daß zwischen extremistischer Rhetorik einerseits und der sozialen Geltung andererseits nicht unterschieden werden kann. Auf diese Weise wird das Fehlen von Belegen selbst als Beleg interpretiert.[21]

Wenn man die besondere Intensität des *deutschen* Antisemitismus beschreiben will, so stellt sich das Problem, wie diese Intensität sinnvoll »gemessen« werden kann. In jedem Fall wäre zu fragen, was die inhaltliche und soziale Prägnanz des *deutschen* Antisemitismus im regionalen oder historischen Vergleich auszeichnete. Mit dem Hinweis auf die historische Kontinuität religiös, rassistisch und ökonomisch begründeter antisemitischer Ideologien ist es nicht getan, wenn man nach der sinn- oder kausalrelevanten Bedeutung des deutschen Antisemitismus für den Holocaust fragt.

Goldhagen versucht den Mangel an vergleichender Perspektive zu entkräften: Zum einen sei der Völkermord nur in Deutschland möglich gewesen, weil hier der Antisemitismus zum Zentrum der staatlichen Politik wurde, und zum anderen sei eine vergleichende Analyse unerheblich, wenn man die Vorgänge in Deutschland erklären wolle. Daß die Ziele eines eliminatorischen Antisemitismus nur unter Indienstnahme politischer und ökonomischer Ressourcen realisiert werden können, ist keine empirische, sondern eine logische Voraussetzung und insoweit trivial.[22] Sie besagt nur, daß die Ausübung

---

21 So behauptet Goldhagen eine weitgehende Übereinstimmung zwischen öffentlichem, antisemitischem Credo und privaten Ansichten. Wäre dies nicht der Fall, müßte sich nach Goldhagen zeigen lassen, daß viele Deutsche die Juden als vollwertige Mitglieder akzeptierten, Verfolgungen und Terror ablehnten etc.. Da sich in privaten Briefen und Tagebüchern keine Ablehnung von Diskriminierung und Terror aufweisen läßt, kommt Goldhagen zu dem Schluß, daß privates und öffentliches Meinungsbild weitgehend übereinstimmten. Vgl. Daniel Goldhagen, Hitlers willige Vollstrecker, a.a.O., S. 49. Tatsächlich lassen sich eine Reihe von Belegen dafür finden, daß der Terror gegen die Juden auf wenig Verständnis und Akzeptanz in der Bevölkerung stieß und Boykottmaßnahmen nicht die gewünschte freiwillige Unterstützung fanden. Vgl. dazu Hans Mommsen, Dieter Obst, Die Reaktion der deutschen Bevölkerung auf die Verfolgung der Juden 1933-1943. In: Hans Mommsen, Susanne Willems (Hrsg.), Herrschaftsalltag im Dritten Reich: Studien und Texte. Düsseldorf 1988, S. 374-421. Anselm Faust, Die »Reichskristallnacht«. Der Judenpogrom vom November 1938, in: Aus Politik und Zeitgeschichte, B 43/88, S. 14-21.

22 Es sei denn, man nimmt an, daß sich Ideen von selbst verwirklichen. Diese »idealistische« These ist allerdings gegenüber Kritik völlig immunisiert: Das Handlungsergebnis ist immer schon in den Ideen angelegt. Fehlt das entsprechende Handlungser-

von Gewalt den Zugang zu und die Inanspruchnahme von überlegenen Gewaltmitteln erfordert. Weniger trivial ist allerdings die Frage, *wie* sich die Interaktion zwischen »Ideologieplanung« und Herrschaftsausübung im Kontext unterschiedlicher Handlungsfelder, Öffentlichkeiten, konkurrierender Interessen und Machtzentren zu einem solchen Gewaltpotential steigern konnte. Es wäre jedenfalls voreilig anzunehmen, daß sich ideologische Vorgaben ungebrochen gegenüber verschiedenen Machtzentren, Gruppen, Interessen und Situationsbedingungen durchsetzen könnten.[23] Die Tatsache, daß der Völkermord von Deutschen (nicht aber: *den* Deutschen) initiiert und ausgeführt wurde[24], legt noch keinesfalls den Schluß nahe, die Ursachen in einer Art kulturellem Code zu suchen.

Ein wichtiger Ansatzpunkt für die Analyse liegt in der Feststellung, daß viele der Täter keine fanatischen Nazis oder Männer waren, die eine besondere Disposition zur Gewalttätigkeit mitbrachten oder erwarben.[25] Dies haben auch andere Studien immer wieder festgestellt.[26] Auf den ersten Blick erscheint dieser Befund der Zentralthese Goldhagens zu widersprechen: Nur ein Fanatiker kann, so ist zu vermuten, unschuldige und wehrlose Menschen grausam und kaltblütig ermorden. Für Goldhagen liegt genau darin der »Beweis« für seine Antisemitismusthese: Der Umstand, daß die Täter keiner besonderen Indoktrination unterworfen waren, zeige, daß deren Antisemitismus

---

gebnis, gab es entweder keine entsprechende Idee oder ihre Zeit war noch nicht gekommen. Zu den methodologischen und theoretischen Problemen einer idealistischen Sozialtheorie vgl. Talcott Parsons, The Structure of Social Action. New York 1967 (1937), S. 473ff.

23 Hier ist vor allem an die differenzierten Analysen Wolfgang J. Mommsens zu verweisen, die zeigen, daß sich der Völkermord nicht einfach aus weltanschaulichen Vorgaben ableiten läßt. Mommsens Analysen zielen m.E. auch nicht einfach auf abstrakte Strukturen, sondern auf die Rekonstruktion einer veränderlichen Situationslogik, die den Wahrnehmungs- und Präferenzhorizont unterschiedlicher Akteure bestimmen. Vgl. Wolfgang J. Mommsen, Modernität und Barbarei. Anmerkungen aus zeithistorischer Sicht, in: Max Miller, Hans-Georg Soeffner (Hrsg.), Modernität und Barbarei, Frankfurt 1996, S. 137-155.

24 Raul Hilberg setzt hier seine Kritik an Goldhagen an. Goldhagen ignoriere – so Hilberg – die Tatsache, daß weder alle Täter Deutsche waren, noch das alle Opfer von systematischen Vernichtungsaktionen Juden waren. Vgl. Raul Hilberg, Das Goldhagen-Phänomen, in: J. Heil, R. Erb, Geschichtswissenschaft und Öffentlichkeit, a.a.O., S. 30ff.

25 Vgl. dazu vor allem die Studie Brownings, auf die sich Goldhagen stützt, ohne dies in gebührender Weise zu dokumentieren. Die Studie von Browning ist dabei wesentlich präziser in der Beobachtung und geht theoretisch weit differenzierter vor. Vgl. Christopher R. Browning, Ganz normale Männer, a.a.O., S. 208f.

26 Sofsky kommt zu dem Schluß: »Die allermeisten Täter waren so durchschnittlich, daß sie, sofern sie nicht zur Rechenschaft gezogen wurden, anstandslos von der zivilen Gesellschaft aufgenommen wurden und ein normales Leben neben ihren Nachbarn führten, ohne weiter aufzufallen.« Vgl. Wolfgang Sofsky, Die Ordnung des Terrors. Das Konzentrationslager, Frankfurt 1993, S. 316.

erst gar nicht »geschult« werden mußte. Der fanatische Antisemitismus war schon da und konnte unmittelbar für das Mordprogramm dienstbar gemacht werden. Diese Interpretation beruht auf der Annahme, daß ein wie immer erworbener intensiver Antisemitismus eine notwendige und hinreichende Voraussetzung für die Beteiligung an der Ermordung von Juden war. Diese Annahme ist nicht nur historisch fragwürdig,[27] sondern postuliert eine eher naive Verhaltenstheorie, die von kollektiven Folgen von Handlungen auf eine homogene motivationale Disponiertheit der Handelnden zurückschließt.

Der eliminatorische Antisemitismus als kultureller Code

Auf die Bedeutung des Antisemitismus für den Holocaust ist in der Literatur vielfach hingewiesen worden.[28] Goldhagen bezieht sich auf einen Diskussionsstand, der gerade die erste Phase der Holocaustforschung kennzeichnete. Die Schwierigkeit dieser häufig ideengeschichtlichen Analysen liegt darin, daß die Verbindung von Ideen, gesellschaftlichen Strukturen und Interessen meist unthematisiert bleibt. Demgegenüber haben Studien über administrative und politische Entscheidungsprozesse auf verschiedenen Ebenen des NS-Systems den Vorteil, näher an den Handlungen und ihren kollektiven Folgen zu sein. Die Blickverengung derartiger Studien liegt allerdings in der vereinfachenden Annahme, daß alle Handlungsfolgen auf die Entscheidungen zentraler Akteure zurechenbar seien.[29]

Worin liegt also die Besonderheit der Antisemitismusthese Goldhagens? Zwei Argumentationsstränge lassen sich verfolgen: Zum einen versucht Goldhagen zu begründen, was den Erklärungswert des Antisemitismus ausmacht. Zum anderen läßt sich aus seiner kritischen Diskussion alternativer

---

27 Mommsen und Obst weisen darauf hin, daß rassistische Motive bei der Beteiligung an antijüdischen Aktionen in der Vorkriegszeit eher die Ausnahme bildeten. Vgl. Hans Mommsen, Dieter Obst, Die Reaktion der deutschen Bevölkerung, a.a.O., S. 385f.

28 Vgl. dazu: Herbert A. Strauss, Norbert Kampe (Hrsg.), Antisemitismus. Von der Judenfeindschaft zum Holocaust, Frankfurt 1988; Wolfgang Benz (Hrsg.), Antisemitismus in Deutschland, München 1995; Günther B. Ginzel (Hrsg.), Antisemitismus. Erscheinungsformen der Judenfeindschaft gestern und heute, Köln 1991.

29 Dies läuft häufig darauf hinaus, den Holocaust aus der Persönlichkeit und den tatsächlichen oder den von anderen antizipierten Entscheidungen Hitlers verstehen zu wollen. Das Charisma Hitlers muß dann dafür herhalten, kollektive und individuelle Legitimitätsvorstellungen zu erklären. In der Soziologie wird Charisma nicht als Eigenschaft einer Person, sondern als Strukturmerkmal von Herrschaft und Medium politischer Kommunikation verstanden. Vgl. dazu Ute Gerhardt, Charisma und Ohnmacht. Bemerkungen zur These der Verwilderung der Herrschaft als Dynamik der Barbarei, in: Max Miller, Hans-Georg Soeffner, Modernität und Barbarei, a.a.O., S. 175-193.

Erklärungsansätze ablesen, warum er diesen Erklärungsansatz für überlegen hält.

Die Besonderheit der Antisemitismusthese liegt in dem Versuch, die Kausalität zwischen antisemitischer Kultur und Ideologie einerseits und der Handlungsebene andererseits zu begründen. Die zentrale Aussage lautet: Die »Ausschaltung« der Juden ist Voraussetzung für die Beseitigung aller nationalen Notlagen. Die gewaltbereite Variante zieht sich – so die These – wie ein roter Faden durch die neuere Geschichte der Deutschen. Mit der Machtergreifung der Nazis kann die angelegte Gewaltbereitschaft im Schutz staatlicher Institutionen verwirklicht werden. Der Antisemitismus war nach Goldhagen eine dominante und weithin akzeptierte Weltanschauung und bildete daher ein zentrales Strukturmerkmal des *kulturellen* Systems. Hier beruft sich Goldhagen auf eine (kultur-)anthropologische Sichtweise: »Warum sollen wir da nicht glauben können, daß viele Deutsche im zwanzigsten Jahrhundert Anschauungen vertraten, die uns völlig absurd vorkommen, und daß auch Deutsche, zumindest in einer Hinsicht, magischem Denken folgten.«[30] Der bösartige Antisemitismus war sozusagen ein nationaler »Tick«, der die Vernichtung von Juden für erforderlich hielt, damit Deutschland das sein konnte, was es sein wollte. Der Antisemitismus war daher nicht einfach eine Begleiterscheinung der nationalen Identitätssuche, er war ihr konstitutives Element.

Die in der Soziologie geläufige Unterscheidung zwischen Kultur und Ideologie mag die Tragweite des Arguments verdeutlichen: Ideologien sind in der Regel Rationalisierungen politischer, ökonomischer und sozialer Interessen – aber sie berühren nicht notwendig Identitätsfragen. Sie gewinnen ihr Unterstützungspotential in der Regel aus sozialen und ökonomischen Krisen, für deren Diagnose oder Bewältigung sie sich empfehlen. Den Antisemitismus primär als *Ideologie* zu betrachten, bedeutet, die Frage der Nützlichkeit für verschiedene Gruppen oder seiner Funktionalität für das Machtgleichgewicht in der betreffenden Gesellschaft aufzuwerfen.

Sieht man den Antisemitismus als kulturell verankert an, so ist zu vermuten, daß die Aufrechterhaltung des Feindbildes kollektive Identitätsfragen tangiert: Die Definition und die Exklusion des vermeintlich Fremden und Feindlichen liefert die Kontrastfolie für das, was sich als positives Ideal ausflaggen läßt, und über die behauptete Differenz lassen sich dann die Bedingungen der Inklusion nach Bedarf modifizieren. Es geht primär nicht um aktuelle Krisenbewältigung durch die Steuerung von Themen und Meinungen, sondern um die Schaffung eines Gemeinsamkeitsglaubens, der seinen Halt vornehmlich darin findet, vermutliche Feinde benennen und ausschließen zu können.

Welche besonderen Eigenarten kennzeichneten den deutschen Antisemitismus nach Goldhagen? Erstens: Gemessen an allgemeiner Akzeptanz, Sichtbarkeit und Verbreitung negativer Stereotype zeichnete sich, so Gold-

---

30 Daniel Goldhagen, Hitlers willige Vollstrecker, a.a.O., S. 46.

hagen, der deutsche Antisemitismus durch eine besondere Militanz aus. Er war nicht nur besonders intensiv, sondern er war zugleich Bestandteil der kollektiven Identitätsbeschreibung. Zweitens: Die Kombination des religiös und wirtschaftlich motivierten Antisemitismus mit rassistischen und völkischen Ideologien machte den deutschen Antisemitismus besonders gewaltbereit. Der Völkermord erscheint daher als eine logische Konsequenz der Verwirklichung antisemitischer Vorstellungen: Juden stünden, da sie das »Böse« schlechthin verkörperten, jenseits jeder Moral.

Solange man sich in der Eigenlogik eines aggressiven Antisemitismus bewegt, erscheint diese Überlegung konsistent – aber ist sie auch soziologisch und psychologisch plausibel? Müßte sich dieser vermeintlich unbändige Haß der Deutschen auf Juden nicht schon früher, etwa zum Höhepunkt der Nachkriegsinflation oder der Weltwirtschaftskrise spontan entladen haben? Wenn die Deutschen vor der Naziherrschaft nur deshalb keine Juden umbrachten, weil es verboten war – wie konnten Gesetze dann überhaupt Beachtung finden, deren moralischer Wert den meisten (einschließlich der Richter und Polizisten) unklar war und bezweifelt wurde?

Goldhagens Kritik an alternativen Erklärungsansätzen

Goldhagens Thesen stehen in erklärtem Gegensatz zu strukturalistischen bzw. sozialpsychologischen Thesen, die die Teilnahme am Völkermord durch Umstände oder äußere Zwänge erklären: Die technische und bürokratische Perfektionierung des Mordprogramms, die dem Einzelnen keine Wahl lasse, oder der Hinweis auf die Hierarchie der Verantwortungsverschiebung kann nach Goldhagen die Brutalität der Durchführung und die Freiwilligkeit der Ausführung nicht erklären. Die sozialpsychologische Forschung bietet nun reichhaltiges Material zu der Frage, wie Menschen auch ohne besondere Eigenmotivation dazu gebracht werden können, andere Personen zu diskriminieren, zu verletzen oder gar zu töten: Angst vor Strafe oder sozialer Isolation, Anpassung an Gruppendruck, Verfolgung eigener Karriereinteressen, Autoritätshörigkeit, Indifferenz und Abstumpfung gegenüber dem Leiden anderer und nicht zuletzt selbstselektive Prozesse von Gewalt und Gewaltbereitschaft.[31] Die Brutalität der Behandlung steigert sich mit dem Elend und der Entwürdigung der Opfer.

Für Goldhagen greifen derartige Deutungen zu kurz, weil es keine Hinweise dafür gibt, daß sich an den untersuchten Tötungshandlungen primär

---

31 Man kann z.B. Adornos Untersuchungen zum autoritären Charakter als Beispiel für die Wirksamkeit selbstselektiver Prozesse deuten: Demnach sind autoritäre Charaktere eher bereit, sich antidemokratischen Gruppen und Verbänden anzuschließen, oder besonders anfällig gegenüber rassistischer Propaganda und Gewalthandlungen.

Sadisten, fanatische Anhänger oder sonstwie gestörte Personen beteiligten. Zudem können, so Goldhagen, diese Ansätze nicht erklären, warum primär Juden Opfer von Gewaltexzessen wurden und die Täter auch dann Juden töteten, wenn dies gegen ausdrückliche Anordnung geschah. Mit Vehemenz lehnt Goldhagen derartige Erklärungen als ahistorisch oder abstrakt ab: »Die Abstraktheit zeigt sich am Muster der Argumentation: Es sieht so aus, als müsse man, um (1) die Bereitschaft der Deutschen (2) zur Ermordung (3) des jüdischen Volkes zu erklären, nur darstellen, wie man (1) jede beliebige Person veranlassen kann, (2) alles, was sie eigentlich nicht tun will, (3) irgendeinem Objekt anzutun, gleichgültig ob es sich bei diesem Objekt um eine Person oder eine Sache handelt.«[32] Es lohnt sich, diese Aussagen näher zu betrachten. Sie enthalten folgende Annahmen:

1. Ein kollektives Explanandum (bei Goldhagen: »die Bereitschaft der Deutschen zur Ermordung des jüdischen Volkes«) kann nicht durch Rückgriff auf allgemeine Aussagen über Entscheidungen und Handlungen von Akteuren erklärt werden.
2. Da das Verhalten der Deutschen erklärt werden soll, ist es verfehlt, Aussagen über das Verhalten beliebiger Personen machen zu wollen.
3. Die Abstraktion vom konkreten historischen Gegenstand führt zu vorschnellen Verallgemeinerungen über die Wirkungsweise von strukturellen Zwängen und blendet die Entscheidungsfreiheit und Verantwortung der Handelnden weitgehend aus. Diese Perspektive legt die Vermutung nahe, daß die Täter zu Opfern widriger Umstände und Zwangslagen wurden.
4. Der Rekurs auf allgemeine Aussagen über Aggressionsbereitschaft, Autoritätsgehorsam oder Gewalthandeln kann die Auswahl und die Identifizierung der Zielgruppe der Aggression nicht erklären.

Die erste Annahme legt nahe, eine kollektive Folge individueller Handlungen durch Rekurs auf eine kollektive Disponiertheit («Bereitschaft der Deutschen«) zu erklären. Eine Erklärung, die auf Sinndeutungen und vermeintliche Motive von Akteuren abstellt, muß notwendig auf Aussagen über individuelle Handlungen *und* ihre kollektiven Folgen zurückgreifen. Die Eingangsformulierung macht den argumentativen Zirkel deutlich: Der Massenmord wird durch eine wie immer definierte Bereitschaft *der Deutschen*, die Bereitschaft der Deutschen durch die Tatsache des Massenmords erklärt. Offensichtlich soll von der Tatbeteiligung Deutscher auf die analoge Mordbereitschaft aller, auch nichtbeteiligter Deutscher geschlossen werden.

Die zweite Annahme enthält eine Vermischung von allgemeinen, theoretischen Aussagen und Aussagen über die Geltung spezifischer Randbedingungen, unter denen theoretische Annahmen spezifiziert und geprüft werden. Es geht bei handlungstheoretischen Aussagen nicht um das Verhalten einer

---

32 Daniel Goldhagen, Hitlers willige Vollstrecker, a.a.O., S. 459.

einzelnen, konkreten Person in einer bestimmten Situation, sondern um die Erklärung eines Handlungsmusters durch Rückgriff auf allgemeine Aussagen über menschliches Verhalten. Die explikative Anwendung setzt voraus, daß die konkreten historischen Randbedingungen möglichst exakt erfaßt und beschrieben werden. Allerdings führt Goldhagens Argument in einen Begründungszirkel nach dem Motto: Deutsches könne nur durch Deutsches erklärt werden. Die historische Tatsache, daß der Holocaust von Deutschen geplant, organisiert und durchgeführt wurde, erklärt noch nichts, sondern beschreibt den zu erklärenden Tatbestand. Die Frage, warum viele Deutsche am Holocaust beteiligt waren und warum sich die Bevölkerung angesichts der unübersehbaren Gewalt und Diskriminierung mehrheitlich passiv, indifferent und opportunistisch verhielt, macht den Rekurs auf allgemeine Erklärungsversuche keineswegs obsolet. Das alternative Erklärungsmuster, auf das Goldhagen gewollt oder ungewollt zusteuert, liegt in dem Versuch, bestimmte latente Wesensmerkmale *der Deutschen* oder eine innere Logik bzw. Zweckbestimmung von Ideen, Ideologien oder Mentalitäten anzunehmen, die ihrerseits zu sinnentsprechenden Verhaltensweisen führen.

Die Analyse des komplexen Geflechts von historischen Randbedingungen, handlungsleitenden Interessen und Ressourcen von sozialen Gruppen und Machteliten wird auf die Frage reduziert, ob sich diese Kontexte als Restriktion oder Verstärkung der in Ideen oder Mentalitäten wohnenden Entwicklungsdynamik auszeichnen lassen. Auf diese Weise läßt sich der Antisemitismus als kultureller Code auffassen, der sich durch die Widrigkeiten institutioneller Schranken und politischer und wirtschaftlicher Kräftekonstellationen schließlich Bahn bricht und verwirklicht, was immer schon in seinem Kern angelegt war. Goldhagen läuft in das bekannte Problem des Historismus, die Interpretation von Sinnzusammenhängen mit theoretischen Erklärungen zu verwechseln.[33]

Die dritte Annahme enthält zwei weitere Hypothesen. Erstens: Mordhandlungen an Juden gehen auf intensive antisemitische Motive der Täter zurück. Zweitens: Erklärungen, die sich auf situative Bedingungen, Konformitätsdruck oder Autoritätsgläubigkeit etc. beziehen, müssen die Wahl- und Entscheidungsfreiheit von Individuen leugnen. Die allgemeine These, daß Menschen zu Handlungen veranlaßt werden *können*, für die sie keine eigene Motivation aufbringen, bedeutet keinesfalls, daß Menschen nicht auch bestimmte, handlungswirksame Motive haben können. Problematisch ist vielmehr anzunehmen, daß ein bestimmtes Verhalten stets Folge eines bestimmten Motivs oder überhaupt zielgerichteter Absichten sei. Wenn es gelänge, eine allgemeine Theorie darüber zu formulieren, unter welchen Bedingungen Menschen auch ohne *spezifische* Eigenmotivation dazu gebracht werden

---

33 Eine ausführliche Kritik des Historismus und seinen teleologischen und essentialistischen Annahmen findet sich bei Karl R. Popper, Das Elend des Historizismus, Tübingen 1974; ders., Die offene Gesellschaft und ihre Feinde 2 Bde., Frankfurt 1977.

können, andere Menschen zu töten oder an angeordneten Tötungshandlungen teilzunehmen, so schließt dies keinesfalls die Berücksichtigung zusätzlicher historisch besonderer oder situativer Randbedingungen aus. Dies schließt auch den Fall einer spezifischen (z.b. antisemitischen) Motivlage ein. Nur wäre umgekehrt die Aussage: »Wenn jemand Juden besonders intensiv haßt, dann neigt er eher zu Gewalt gegenüber Menschen, die er für Juden hält« weder – im wissenschaftstheoretischen Sinn – besonders »informativ« noch ohne Kenntnis situativer Kontexte empirisch haltbar. Der Vorwurf schließlich, daß der Hinweis auf vermeintliche Handlungszwänge von der prinzipiellen Entscheidungsautonomie abstrahiere, wäre nur dann gerechtfertigt, wenn man Handlungen als bloßen Reflex auf vorgegebene Handlungsbedingungen oder Zwangssituationen begreifen würde. Aber dies behauptet eigentlich niemand.

Die letzte Annahme geht davon aus, daß allgemeine Aussagen über Gewalt oder Gewaltbereitschaft nicht erklären könnten, warum Juden das Ziel von Gewalt wurden. Das ist zwar richtig, trifft aber nicht den Kern des Problems. Die Wahl der Opfer läßt sich tatsächlich nicht aus einer allgemeinen Aussage über Gewalt und Gewaltbereitschaft von Personen ableiten. Sie wird nur im Rahmen einer historischen Konstellationsanalyse deutlich, die die Bedingungen der Erzeugung, Verbreitung und Handlungswirksamkeit von Feindbildern aufzeigt. Die Frage, warum vor allem Juden zur Zielscheibe aggressiver Impulse wurden, ergibt sich zunächst vordergründig aus der Tatsache, daß sie zu Außenseitern, Feinden und Überflüssigen *gemacht* wurden und daß dieses Feindbild als zentrale Bedrohung kollektiver Existenz und ihrer vermeintlichen Einzigartigkeit ausgeflaggt werden konnte. Die weitergehende Frage, welche gesellschaftlichen Konfliktlagen oder Konstellationen das Entstehen und die Ausbreitung antisemitischer Ideen und Bewegungen begünstigen, ist damit natürlich noch nicht beantwortet. Gleiches gilt für die Frage, unter welchen Bedingungen es gelingt, für derartige Bedrohungsszenarien Aufmerksamkeit, Glaubwürdigkeit und Handlungsbereitschaft zu erzeugen. Bei diesem sozialen Definitionsprozeß spielen diverse antisemitische Ideologien, Vorurteile und Stereotypen ohne Zweifel eine bedeutsame Rolle. Aber schon die Frage, warum der Antisemitismus das Diskursklima einer Gesellschaft in bestimmten Phasen beherrschen konnte, warum antisemitische Gruppen und Parteien Aufmerksamkeit, Duldung und Gefolgschaft finden und politischen Einfluß erringen konnten, ist durch den Inhalt antisemitischer Ideen allein nicht mehr zu erklären.[34] Aus alledem leitet sich aber kei-

---

34 Dabei ist das geradlinige Bild eines sich zunehmend radikalisierenden und alles durchdringenden Antisemitismus mit den historischen Tatsachen nicht in Einklang zu bringen. Der politisch organisierte Antisemitismus blieb lange Zeit zersplittert und bis zum Ende des ersten Weltkrieges ohne greifbaren politischen Erfolg. Dessen ungeachtet folgten die antisemitischen Stimmungslagen den ökonomischen und sozialen Krisen und wurden von den politischen Eliten häufig geschürt, um im politi-

nesfalls die Behauptung ab, daß die freiwillige Teilnahme an Tötungshandlungen allein oder doch vorwiegend auf antisemitische Motive zurückgehen müsse.[35] Für die von Historikern immer wieder festgestellte Indifferenz der Bevölkerung gegenüber dem Schicksal der jüdischen Bevölkerung bedarf es keines besonders intensiven Antisemitismus.[36]

Strukturelle Erklärungen, wie sie z.B. bei Mommsen oder auch Sofsky zu finden sind, beziehen sich primär auf die Situationslogik des Handelns, die erklären soll, wie sich ein bestimmtes Entscheidungs- und Handlungsmuster in Abhängigkeit von Situationsdefinitionen entwickelt, das *unterschiedliche* individuelle Motivlagen (Judenhaß, Karrieresucht, Suche nach wirtschaftlichen Vorteilen, Angst vor sozialer Isolation, Gewalttätigkeit, Autoritätsgläubigkeit) und Interessen bündelt. Antisemitismus aus Opportunismus bietet gerade fanatisierten Minderheiten Gelegenheit, unterschiedliche Unterstützungsmotive anzusprechen und zugleich die Wahrscheinlichkeit eines organisierten Widerspruchs gering zu halten. Gewalttätiger Aktionismus einerseits entmutigt Widerspruch vor allem dann, wenn die Aktionisten selbst keine Sanktionen fürchten oder auch befürchten müssen. Dies impliziert keineswegs die Annahme, daß die Täter sich nichts bei ihren Taten gedacht hätten. Aber es wurde ihnen erleichtert zu erwarten, sie täten nichts, was sie persönlich zu verantworten hätten. Das Erschreckende an diesen Prozessen ist ja gerade, daß es eines besonderen Fanatismus weder bei den Tatbeteiligten, noch bei denen bedurfte, die »nur« Kenntnis von den Deportationen oder der »Endlösung« erlangten. Die häufig gestellte Frage, ob und was die deutsche Bevölkerung von dem Holocaust tatsächlich wußte, geht vermutlich am Problem vorbei. Für die, die davon wußten oder gehört hatten, ohne Antisemiten zu sein, gab es genügend Motive, das Wissen für sich zu behalten oder es zu verdrängen. Diejenigen, die der Rhetorik des Antisemitismus folgten, ohne »Ausschaltung« mit physischer Vernichtung gleichzusetzen, hatten entweder keine Veranlassung zum deutlichen Widerspruch oder mochten sich einreden, es handele sich um Greuelpropaganda oder um lokale Über-

---

schen Machtpoker Punkte zu sammeln. Vgl. dazu Hans U. Wehler, Deutsche Gesellschaftsgeschichte 1849-1914. München 1995, S. 924-934, S. 1063ff.

35 Aussagen von Tatbeteiligten in staatsanwaltlichen Ermittlungen lassen nur bedingt Rückschlüsse auf die tatsächliche Motivlage zu, da die Verteidigungsstrategie der Angeklagten darauf hinausläuft, die eigene Verantwortlichkeit möglichst gering erscheinen zu lassen. Dazu führt häufig zu der paradoxen Situation, daß Täter zu ihrer juristischen Entlastung auf ihre »idealistische« Identifikation mit dem NS-Regime und Befehlsnotstand verweisen und gleichzeitig behaupten, aus keinerlei persönlicher Ambition oder eigenem Antrieb gehandelt zu haben. Vgl. die Kritik an Goldhagens Umgang mit dem Quellenmaterial: R.B. Birn, V. Rieß, Nachgelesen. Goldhagen und seine Quellen, in: J. Heil, R. Erb, Geschichtswissenschaft und Öffentlichkeit, a.a.O., S. 38-62.

36 Vgl. dazu Hans Mommsen, Dieter Obst, Die Reaktion der deutschen Bevölkerung, a.a.O., S. 419.

griffe einzelner Gefolgsleute, die ohne Wissen und Befehl des Führers agierten.[37]

Die Kritik Goldhagens kann nicht überzeugen, weil sie methodologische, theoretische und empirische Aussageebenen unzulässig vermengt. Die sozialpsychologische Vorurteilsforschung zeigt überdies, daß eine eindimensionale Ursachenkette von Einstellung und Verhalten weder theoretisch noch empirisch tragfähig ist. Der Normalfall ist eine mehr oder weniger deutliche Diskrepanz zwischen Einstellung, Situation und Verhalten. Handlungen gegenüber bestimmten Personen oder Gruppen stellen sich häufig nicht als Vollzug von Einstellungen gegenüber diesen dar, sondern Einstellungen entstehen, verstärken oder verändern sich ebenso als Folge von Handlungen und den wahrgenommen Handlungskonsequenzen. Vor diesem Hintergrund wird z.B. verständlich, daß Gewalthandlungen anderer oder eigene Gewalthandlungen die Hemmschwellen für weiteres Gewalthandeln senken und Einstellungen erzeugen, die den »Opfern« die Verantwortung für die auf sie gerichtete Aggression zuschreiben. Der Zusammenhang zwischen kollektiven Vorstellungen über Werte und Unwerte, daraus abgeleiteten Feindbildern und Diskriminierungspraktiken gegenüber stigmatisierten Minderheiten läßt sich schwerlich als lineare Kausalkette auffassen.

Der handlungstheoretische Bezugsrahmen

Der allgemeine, handlungstheoretische Bezugsrahmen Goldhagens geht von einem einfachen Situations- und Akteur-Schema aus: Intentionen und Motive der Akteure sind spezifische und individualisierte Ausprägungen von sozial konstruierten Denk- und Beurteilungsschemata. Diese bestehen aus kulturell verankerten, institutionell unterstützten und durch Referenzgruppen verbreiteten Vorstellungen, Überzeugungen und Beurteilungsstandards wünschenswerter oder gewünschter Einstellungen und Verhaltensweisen. Situationen bilden eine Gelegenheitsstruktur, die die Ausführung von Handlungen verstärken oder hemmen oder zeitweise unterdrücken kann. Ob und wie diese Gelegenheiten wahrgenommen, bewertet oder genutzt werden, hängt nicht von der Qualität der Gelegenheiten selbst, sondern von den kognitiven und motivationalen Konstrukten des oder der Handelnden ab. Nicht jede Handlung, so räumt Goldhagen ein, sei durch moralische Überlegungen von Erwünschtheit und Gerechtigkeit geleitet – aber jeder Handlung liege eine be-

---

37 Es ist bezeichnend, daß der Antisemitismus nach dem Ende des Dritten Reiches gerade verschweigen und leugnen muß, was fanatische Antisemiten forderten und die Nazis realisierten. Vgl. dazu: Werner Bergmann, Rainer Erb, Rechtsextremismus und Antisemitismus, in: Jürgen W. Falter, Hans-Gerd Jaschke, Jürgen R. Winkler (Hrsg.), Rechtsextremismus. Ergebnisse und Perspektiven der Forschung. Opladen 1996, S. 330-343.

wußte oder unbewußte Entscheidung für das aktive Tun oder Unterlassen zugrunde.[38] Das klingt plausibel – aber diese Situation stellt sich so nur für einen äußeren Beobachter dar, der ein Handeln oder Unterlassen auf eine Entscheidung zurückführt. Wer sich entscheidet, wählt zwischen Alternativen, die ihm erkennbar sind. Allerdings: Nicht jedes Handeln geht auf ein Entscheiden zurück. Hier wird deutlich, warum Goldhagen annehmen muß, daß am Ende der Motivkette stets die subjektive Vorstellung einer gerechtfertigten Handlung stehen muß. In den Augen Goldhagens mordet der Mörder, weil er seine Tat für moralisch gerechtfertigt hält. Das Böse präsentiert sich daher lediglich als eine verkehrte Moral.

Das Problem besteht nun in der Frage, wie man sich das Verhältnis zwischen kollektiven Sinnstrukturen und individuellen, mentalen Konstrukten vorzustellen hat. Geht man von einer weitgehenden Konsistenz und Identität beider Ebenen aus, entsteht ein theoretisches Dilemma: Man muß nämlich eine Identität zwischen ideologischen Ideen, strukturellen Rahmenbedingungen, personaler Motivation und konkreten Handlungsfolgen unterstellen, die die Wahlfreiheit des Individuums praktisch ausschließt. Die Werte und Unwerte einer Kultur sind weder in sich widerspruchslos noch sind sie identisch mit dem, was die Handelnden in konkreten Handlungskontexten für opportun oder individuell wünschenswert erachten.[39] So interpretiert Goldhagen das offensichtliche Fehlen eines fanatischen Antisemitismus bei den Mitgliedern des Polizeibataillons als Beweis dafür, daß ein mörderischer Antisemitismus bereits so verbreitet war, daß es weiterer Überredung und Indoktrination nicht mehr bedurfte. Ein solcher Schluß ist nicht plausibel, weil das Fehlen einer expliziten Überzeugung eher dafür spricht, daß die dominanten Motive der eigenen Tatbeteiligung anderweitig zu suchen sind.[40] Goldhagen stützt

---

38 Daniel Goldhagen, Hitlers willige Vollstrecker, a.a.O., S. 35.
39 Dieser Unterschied läßt u. a. die scheinbar paradoxe Beobachtung zu, daß viele Antisemiten und NS-Führer den sogenannten »Radauantisemitismus« für politisch inopportun und imagegefährdend hielten. Die antisemitische Agitation eines Streichers stand nicht nur im offenen Widerspruch zu den bürgerlichen Konventionen, sondern auch zu dem lauthals propagierten Ehrenkodex von Sittlichkeit, Ehre und Manneszucht.
40 Hier ist freilich auch zu berücksichtigen, daß die verhörten Polizisten jeden individuellen Fanatismusverdacht schon deshalb von sich weisen wollten, um dem juristischen Mordvorwurf möglichst zu entgehen. Dies schließt die scheinbar paradoxe Beobachtung ein, daß sich manche auf die herrschenden ideologischen Zwänge beriefen, um sich persönlich zu entlasten. Andererseits ist nicht von der Hand zu weisen, daß der offizielle Antisemitismus den einzelnen erleichterte, die Verantwortung für ihre Tatbeteiligung zu externalisieren. In diesem Zusammenhang spielt der vielzitierte Autoritätsgehorsam eine Rolle. Die sozialpsychologische Forschung weist darauf hin, daß Widerspruch gegenüber Anweisungen von Autoritäten zwar grundsätzlich möglich, aber in der Regel unwahrscheinlich ist, wenn die Ausführenden die Verantwortung für ihr Handeln verschieben können oder die Opfer nicht in der Lage sind, institutionelle Möglichkeiten der Gegenwehr zu ergreifen. Vgl. Wim Meeus,

seine Motivspekulation auf folgende Schlußkette: Wer unschuldige Frauen und Kinder umbringen kann und dies auch fortgesetzt freiwillig tut, muß dies auch für gerechtfertigt halten. Als Rechtfertigung kommt nur ein fanatischer Glaube an die Wahrheit des Antisemitismus in Frage. Da es sich bei den Polizisten um »normale« Deutsche handelte, ist davon auszugehen, daß die meisten Deutschen auch so dachten und, Gelegenheit vorausgesetzt, ähnlich gehandelt hätten. Diese Schlußkette enthält zwei Fehler: Zum einen wird die unterstellte, freiwillige Teilnahme als Beweis einer bestimmten (extrem antisemitischen) Motivlage angesehen. Zum zweiten werden individuelle Motivlagen zu einer Art Kollektivbewußtsein aggregiert. Auch die scheinbar statistische Argumentation ist falsch: Die personelle Zusammensetzung eines Polizeibataillons als quasi-repräsentative Stichprobe der deutschen Bevölkerung zu betrachten, ist weder methodisch noch sachlich begründbar. Allerdings fügt sich diese Spekulation in den Argumentationszirkel Goldhagens ein: Wenn die Täter sogenannte Durchschnittsdeutsche waren, hätten die anderen wohl auch so gehandelt. Von der Figur des vermeintlich repräsentativen Durchschnittsmenschen ernähren sich seit jeher die Vorurteile und Stereotypen der Völker.

Goldhagen gerät nun bei der Frage, warum auch nichtfanatische Deutsche an Massenmorden beteiligt waren, in ein Dilemma: Nimmt man an, daß die Deutschen in ihrer Mehrzahl fanatische Antisemiten waren, die die Gelegenheit zu ungestraften Massakern bereitwillig nutzten, wird der Unterschied zwischen ideologisch besonders geschulten Eliten und »normalen« Deutschen belanglos.[41] Goldhagens Argument ist an dieser Stelle schwach: Er geht offensichtlich von einem extremen Antisemitismus aus, der sowohl die öffentliche wie private Realität der Deutschen bestimmte. Die offizielle Hetze lieferte nur jeweils die Stichworte und die Organisationsform, um entsprechende negative Haltungen zu stimulieren und Aktionen zu provozieren. So ist die Behauptung, die Deutschen hätten jeden Schritt der Entrechtung der Juden freudig begrüßt und keine Gelegenheit ausgelassen, den Aufforderungen zu »spontanen« Aktionen Folge zu leisten, historisch fragwürdig und bedarf einer differenzierteren Betrachtung.[42] Wie dumm oder blind, so fragt Omar Bartov zu Recht, müssen eigentlich die Juden in Deutschland gewesen sein, wenn sich, wie Goldhagen behauptet, die Katastrophe schon lange vor

---

    Quintin Raaijmakers, Autoritätsgehorsam und persönliche Haftung, in: Zeitschrift für Sozialpsychologie, 1990, S. 196-202.
41 Tatsächlich waren SS und das Reichssicherheitshauptamt im allgemeinen sehr darauf bedacht, die «richtigen« Offiziere für die Einsatzgruppen auszuwählen. Vgl. Christopher R. Browning, Ganz normale Männer, a.a.O., S. 213.
42 Vgl. dazu Hans Mommsen, Dieter Obst, Die Reaktion der deutschen Bevölkerung, S. 377ff.

Hitler abzeichnete und spätestens mit der Machtergreifung Hitlers zur unausweichlichen Gewißheit wurde.[43]

Der gesellschaftstheoretische Bezugsrahmen

Die Zusammenhänge zwischen antisemitischer Weltanschauung, den Bedingungen seiner Verbreitung und der Prägung antisemitischer Motivlagen werfen die Frage nach den gesellschaftstheoretischen Bezügen der Analyse auf. Welche institutionellen Strukturen und welche Form gesellschaftlicher Kommunikation setzt die Antisemitismusthese voraus? Paradoxerweise zeichnet Goldhagen ein Bild der deutschen Gesellschaft, das der idealisierten Selbstbeschreibung der Nazis weitgehend entsprach: ein Volk, vereint im Willen um nationale Selbstbehauptung und die Verwirklichung einer Volksgemeinschaft, die Standes- und Klassengrenzen überwindet und die sich im ständigen Kampf gegen die dunklen Mächte der »jüdischen Weltverschwörung« befindet.

Die Herrschaft der Nationalsozialisten wird von Goldhagen als mehr oder minder monolithische Einheit betrachtet, zustandegekommen durch einen breiten und tiefen Konsens über die Notwendigkeit, die Juden auszuschalten. Der Antisemitismus bildete, so gesehen, eine identitätsverbürgende Klammer, in der die Heilserwartung nationaler Größe und Reinheit mit dem unversöhnlichen Kampf gegen den inneren und äußeren Feind verbunden wurde. Dies mag als negative Kurzbeschreibung der nationalsozialistischen Selbstdefinition noch durchgehen; eine Analyse der sozialen oder psychologischen Geltungsbedingungen einer Ideologie ist das nicht.

Die Wirksamkeit von Ideologien liegt oft gerade darin, daß sie vielfältige Interpretationen zulassen, opportunistisch an verschiedene Situationen und Interessenten angepaßt werden und gerade daher von radikalen Minderheiten instrumentalisiert werden können: Die Offenheit der Interpretation sichert eine diffuse und heterogene Gefolgschaft im Vorfeld von Entscheidungen und Handlungen. Sind Entscheidungen – ob ideologisch motiviert oder nicht – getroffen, erleichtern diffuse Ideologien gerade die Suche nach ex-post-Rechtfertigungen für das, was bereits getan wurde.

Goldhagen unterstellt eine Prägnanz und Homogenität antisemitischer Strömungen, die weder theoretisch noch historisch zutreffend ist. Hier macht sich gerade der Verzicht auf eine vergleichende Analyse des Antisemitismus in anderen Ländern bemerkbar. Goldhagen verkennt überdies die Machtgebundenheit kultureller Traditionen und ideologischer Strömungen. Symbolische und gewaltsame Ausgrenzungen sind auch immer mit symbolischen und

---

43 Vgl. Omar Bartov, Ganz normale Männer, in: Julius H. Schoeps (Hrsg.), Ein Volk von Mördern, a.a.O., S. 69.

gewaltsamen Inklusionen verbunden. Gerade weil die Semantik von der »jüdischen Bedrohung« für viele Risiken der Moderne («kapitalistische Ausbeutung«, »Werteverfall«, »Diktatur des Proletariats«, »Überfremdung«, »Auflösung nationaler Souveränität«) stand, konnte vor der Unachtsamkeit, Arglosigkeit und Fahrlässigkeit artvergessener Volksgenossen immer gewarnt und der ideologische Druck auf die Bevölkerung erhöht werden.

Goldhagens Analyse verstrickt sich in das klassische Dilemma historisierender Erklärungsstrategien. Seine Theorie läßt keine Aussagen darüber zu, unter welchen Bedingungen ein eliminatorischer Antisemitismus auftritt oder zumindest wahrscheinlich wird. Die These vom eliminatorischen Antisemitismus wird primär begründet von seiner vermeintlich logischen Konsequenz: dem tatsächlichen Völkermord. Damit wird vorausgesetzt, was erklärt werden soll. Goldhagen bedient sich eines Handlungsmodells, daß im Kern einen idealistischen Reduktionismus enthält: Danach stellen sich Handlungen als Verwirklichung von gemeinsam geteilten Wertvorstellungen und Weltbildern dar. Der Holocaust erscheint als logische Konsequenz eines Antisemitismus, der zum integralen Bestandteil der politischen Kultur wurde und den Normalbürger wie heterogene Eliten im fanatischen Haß gegenüber Juden einte. Dem liegt eine inadäquate Vermischung von Aussagen über die Axiomatik von Symbol- und Ideensystemen und von Aussagen über kausale und funktionale Wirkungszusammenhänge von Handlungen individueller und kollektiver Akteure zugrunde. Diese Argumentationsstrategie führt geradewegs in die Paradoxie, daß Goldhagen die idealisierte Selbstbeschreibung der NS-Gesellschaft für voll nehmen muß, um die Wirkung seiner Arbeitsthese zu begründen. Die Annahme eines besonders aggressiven Antisemitismus in Deutschland ist historisch fragwürdig. Eine solche Annahme läßt sich nur plausibel machen, wenn man Intensität und Verbreitung des Antisemitismus vergleichend analysiert. Dazu gehört vor allem eine Analyse der Bedingungen, unter denen antisemitische Strömungen Einfluß auf kulturelle, wirtschaftliche oder politische Eliten gewinnen und die Themen und Beiträge öffentlicher Kommunikation beherrschen können. Dabei wird man sich der Eigendynamik der verschiedenen Handlungsbereiche und Trägergruppen vergewissern müssen. So bietet gerade Deutschland ein Beispiel dafür, wie die herrschenden Eliten schon vor dem Nationalsozialismus immer wieder versucht haben, die Themen antisemitischer Gruppen für eigene politische Machtspiele zu nutzen. Zugleich muß die Frage erörtert werden, warum es politischen oder kulturellen Gegenströmungen nicht gelang, diesen Entwicklungen entgegenzutreten.[44] Goldhagen tut so, als habe es Emanzipations-

---

44 Hier liegt m.E. das Verdienst der neueren Arbeit von Weiß, die deutlich macht, wie schon lange vor Hitler der Antisemitismus aus politischem Opportunismus hoffähig gemacht wurde, obwohl der politisch organisierte Antisemitismus zersplittert und schwach blieb. Vgl. John Weiss, Der lange Weg zum Holocaust, a.a.O., insb. S. 118ff.

und Assimilationsbewegungen nie gegeben oder als habe es sich um rational nicht nachvollziehbares Wunschdenken von Juden und einigen Liberalen gehandelt. Goldhagens Antisemitismusthese ebnet die Zusammenhänge einfach durch die Behauptung ein, daß die Nazis von einem breiten und tiefen Konsens der Deutschen zu dem von ihnen propagierten Antisemitismus ausgehen konnten.

Ein kritisches Fazit

Was bleibt? Ein Muster ohne wissenschaftlichen Wert? Immerhin, so ließe sich argumentieren, erinnert Goldhagen an die besondere Bedeutung des Antisemitismus für die Erklärung des Holocausts und bietet damit ein Gegengewicht zu Erklärungsansätzen, die primär die Intentionen und Entscheidungen der Naziführung untersuchen und dabei leicht die Tatsache aus dem Auge verlieren, daß es eine breite Unterstützung des Regimes und seiner Diskriminierungspolitik gab.[45] Nun wird eine schwache Argumentation nicht durch den Nachweis der Schwächen anderer besser. Der rassistisch begründete Antisemitismus und die Vernichtungspolitik der Nazis erscheint in den verschiedenen Strömungen der kulturellen Entwicklung Deutschlands bereits sinnbildend und motivstiftend angelegt. Der darin enthaltene Teleologismus ebnet die grundlegende Differenz zwischen der rassistischen Semantik und den klassischen Formen des antisemitischen Ressentiments ein, die eher religiös oder durch Statusangst und Sozialneid bestimmt waren. Dadurch wird gerade der Blick auf das verhängnisvolle Zusammenspiel zwischen rassistischer Agitation und latentem Antisemitismus getrübt. In der Eigenlogik rassistischer Identitätskonstruktionen liegt die Vernichtung des inneren wie äußeren Feindes, der durch seine bloße Existenz (und nicht erst durch Handeln) als Gefahr für die kollektive Identität erscheint. Der Einfluß des Antisemitismus hing offensichtlich weniger damit zusammen, daß die rassistische Agitation auf ein glaubensbereites und gewaltbereites Publikum traf, sondern daß die weite Verbreitung der klassischen Formen des Antisemitismus die sukzessive Radikalisierung der Agitation und Gewalttätigkeit durch stillschweigende Duldung, opportunistische Unterstützung und Nichtwahrhabenwollen beförderte. Saul Friedländer hat diesen Zusammenhang in seiner Studie wie folgt ausgedrückt: »Unter den meisten ›gewöhnlichen Deutschen‹ gab es Einverständnis mit der Absonderung der Juden und ihrer Entlassung aus dem öffentlichen Dienst; es gab individuelle Initiativen, um aus ihrer Enteignung Nutzen zu ziehen; es gab ein gewisses Maß an Schadenfreude beim Mitansehen der Erniedrigung. Doch außerhalb der Reihen der Partei gab es keine

---

45 So argumentiert z.B. John Weiß, a.a.O., S. 8ff.

massive Agitation in der Bevölkerung, die darauf gerichtet war, sie aus Deutschland zu vertreiben oder Gewälttätigkeiten gegen sie zu entfesseln.«[46]

Von einer durchgehenden Fixiertheit auf eine besonders feindselige Variante des Antisemitismus konnte in Deutschland keine Rede sein. Die Versuche der Nazis, die Bevölkerung rassistisch zu indoktrinieren oder zu »spontanen« Gewaltaktionen gegen Juden zu mobilisieren, waren keinesfalls erfolgreich. Die Boykott- und Terrormaßnahmen der Vorkriegszeit stießen nicht auf eine generelle positive Resonanz in der Bevölkerung. Diese erzeugten zwar eine Vielzahl von Profiteuren und Denunzianten – aber es gelang den Nazis nicht, vorhandene antisemitische Ressentiments zu selbsttragenden Gewaltaktionen zu mobilisieren.

Daß ein Antisemitismus in der deutschen Bevölkerung bestand (und latent besteht), ist weitgehend unstritten. Ebenso plausibel ist die Annahme, daß dieser Antisemitismus die Aufnahmebereitschaft für rassistische Erklärungen und propagandistische Bedrohungsszenarios erhöhte. Es ist auch nicht auszuschließen, daß einige, die mit oder ohne Auftrag diskriminierten, terrorisierten und mordeten, das ideologische Gemisch aus Volksgemeinschaft, rassischem Reinheitsideal, und jüdischem Feindbild glaubten und sich als Vollstrecker eines höheren Willens fühlten. Aber wissen wir mehr, wenn wir annehmen, es handelte sich bei den Tätern um willige Vollstrecker eines besonderen kollektiven Wahns, der sie um Verstand und menschliche Empfindungsfähigkeit brachte? Würde Goldhagens Diagnose zutreffen, wäre der Holocaust vergleichsweise einfach zu erklären, nicht aber, warum »die Deutschen« ihr antisemitisches Projekt augenscheinlich aufgegeben haben sollten. Die bedrückendste Erfahrung aus der Judenverfolgung und dem Holocaust erscheint allerdings die zu sein, daß die Bereitschaft, Minderheiten zu diskriminieren oder an ihrer Vernichtung mitzuwirken, unabhängig von der Intensität antisemitischer Einstellungen mobilisierbar war.

Goldhagen gelingt es gerade nicht, die ausschlaggebende Bedeutung des Antisemitismus zu begründen, weil er sich durch seine naive Handlungs- und Gesellschaftstheorie den Zugang zu einer differenzierten Analyse verstellt. Dennoch geht Goldhagen programmatisch über die klassischen Studien zum Antisemitismus in zweifacher Hinsicht hinaus. Zum einen werden nicht nur Ideen oder ideologische Sinnzusammenhänge beschrieben und in ihrem Entstehungskontext rekonstruiert, sondern Hypothesen und Modelle über deren faktische Wirksamkeit entwickelt. Zum anderen beschreibt er den Antisemitismus in Deutschland nicht einfach als eine Ideologie unter anderen, sondern betrachtet ihn in einem engen Zusammenhang mit der Suche nach nationaler Identität. Die enge Verknüpfung zwischen dem Anspruch auf nationale Selbstbehauptung und dem rassistisch begründeten Antisemitismus in der nationalsozialistischen Ideologie und Politik ist offenkundig. Die hierin be-

---

46 Saul Friedländer, Das Dritte Reich und die Juden. Die Jahre der Verfolgung 1933-1939, München 1998, S. 348.

gründete Exklusion von Minderheiten erschien vielen Deutschen als vernachlässigbare Größe, gemessen an den Wohlfahrts- und Solidaritätserwartungen, die eine Volksgemeinschaft in Aussicht stellte, die den Besitzenden die Abwehr des Kommunismus und den Nichtbesitzenden die Überwindung materieller Not und sozialer Statusangst versprach.

Es wäre falsch, dieses Buch aus der wissenschaftlichen Diskussion wegzuloben nach dem Motto: »Wahr oder falsch – Goldhagen hat sich um die politische Kultur dieses Landes verdient gemacht!« Eine politische Kultur, die ihre Vergangenheit und Gegenwart in erster Linie unter dem Aspekt defizitärer Gesinnungen diskutiert, läuft stets Gefahr, die Qualität kollektiver Lernprozesse einzig an der Frage zu messen, wie überzeugend Mahnungen und Schuldfragen thematisiert und richtige Gesinnungen demonstriert werden. Damit ist, sieht man von dem Reputationsgewinn für den Mahnenden ab, wenig an Einsicht in das Risiko- und Selbstgefährdungspotential moderner Gesellschaften gewonnen.

Antisemitismus und nationale Identitätskonstruktion

Läßt sich die Verknüpfung von Antisemitismus und Völkermord als ein nationales Projekt der Deutschen darstellen? Geht es um eine Art historischer Mission, die aus den Werten und Maßstäben der deutschen Kultur begründbar ist und für deren Durchführung es nur einer passenden Gelegenheit, skrupelloser Führer und williger Vollstrecker bedurfte?

Der Verweis auf die eigenständige Bedeutung kultureller Kodes läßt sich soziologisch wie folgt umschreiben: Es geht nicht einfach um Ideologien, die an bestimmte Trägerschichten oder gesellschaftliche Interessen gebunden sind und die darauf angelegt sind, die Agenda öffentlicher Meinungsbildung zu beeinflussen. Ideologien unterliegen den Konjunkturen gesellschaftlicher Konfliktlagen und Machtkonstellationen; kulturelle Kodes fügen sich nicht den Gesetzen politischer oder ökonomischer Opportunität – sie bilden den Kern des kulturellen Kapitals und des Identitätsbildes einer Gesellschaft.

Allerdings schreckt Goldhagen vor den Konsequenzen seiner eigenen Argumentation zurück: Er kann oder will nicht erklären, warum die Deutschen sich geändert haben sollten. Der zentrale Widerspruch der Goldhagen-These liegt in der häufig benutzten Beschwichtigungsformel, daß »die Deutschen« sich geändert hätten.[47] Es gibt keinerlei Anhaltspunkte in der Argumentation Goldhagens, die den radikalen Bruch mit den Prämissen der politischen Kultur plausibel machen könnten.

Die historische Forschung stellt heraus, daß die generelle Stimmung gegenüber der sichtbaren, willkürlichen Gewalt gegen Juden in der Vorkriegs-

---

47 Vgl. Daniel Goldhagen, Hitlers willige Vollstrecker a.a.O., S. 12-13.

zeit negativ war. Viele waren schockiert – aber dieser Unmut artikulierte sich offiziell als Stilfrage – ein Umstand, der gerade die rechtliche Diskriminierung von Juden eher erleichterte und die Naziführung ermunterte, weiter zu gehen. Goldhagen nimmt gerade dies zum Anlaß für die These, daß es einer speziellen Indoktrination gar nicht bedurfte, weil ein auf Vernichtung zielender Antisemitismus in der politischen Kultur Deutschlands bereits verankert war. Dabei muß offen bleiben, ob die sukzessive Verschärfung der Diskriminierung dem Muster eines bereits ausgearbeiteten Plans mit dem Endziel der physischen Vernichtung folgt oder eine Eigendynamik enthält, die eine fortschreitende Radikalisierung begünstigt.

Die Eigendynamik von Diskriminierungen liegt darin, daß ihre Initiatoren mit selbstschädigenden Folgen der eigenen Politik konfrontiert werden. Der Versuch, solche unerwarteten Nebenfolgen zu vermeiden, führt in der Regel zu einem Nebeneinander von Perfektionierungsversuchen und der Schaffung von Ausnahmetatbeständen, die wiederum Anlaß zu einer weiteren Radikalisierung bieten.

So sah sich die Naziführung Ansprüchen nach weiterer Diskriminierung durch Anhänger ausgesetzt, die sich von der Enteignung und Ausbeutung der Juden mehr Gewinn versprachen oder die Ungleichheit der Diskrimierung beklagten. Zugleich führte gerade der Erfolg der Diskriminierung zu Resultaten, die häufig negative Folgen für ihre Verursacher haben konnten.[48]

Der Erklärungsbedarf liegt gerade in dem Umstand, daß es zur Verwirklichung des Exklusions- und Vernichtungsprogramms gar keiner intensiven Haßgefühle auf Seiten der »gewöhnlichen Deutschen« bedurfte. Dennoch bietet Goldhagens Analyse eine Reihe von Anknüpfungspunkten für eine theoretisch differenziertere Analyse, die hier nur programmatisch umrissen werden können.

Es bedarf einer genaueren Analyse der Semantik der kollektiven Identitätskonstruktion, die nicht nur den Eigensinn von Ideen berücksichtigt, sondern die einen Rückbezug auf strukturelle Spannungen und Konflikte findet, die den Stoff bilden, aus dem die kollektiven Gefahrenszenarios, Mythen, Helden, Schurken und die kollektiven Einheitsutopien gestrickt sind. In der nationalsozialistischen Ideologie war die Idealisierung der Volksgemeinschaft eng mit einem rassisch begründeten Antisemitismus verbunden. In

---

48 So führte die Forcierung der Auswanderung und Enteignung der Juden dazu, daß diese verarmten und zum Fürsorgefall wurden. Je stärker die Bürokratie in den jüdischen Vermögensbestand griff, um so weniger konnte sie erwarten, daß die Juden in der Lage waren, Aufnahme in anderen Ländern zu finden. Überdies konnte die geplante Ausschaltung nur gelingen, wenn die Naziführung die Kontrolle behielt. So entstand die Paradoxie, daß die gleiche Bürokratie, die ständig neue Schikanen erfand, um Juden jede materielle und soziale Existenzgrundlage zu nehmen, zugleich darauf bedacht sein mußte, daß Parteimitglieder und Volksgenossen nicht auf eigene Rechnung tätig wurden. Vgl. dazu Saul Friedländer, Das Dritte Reich und die Juden, a.a.O., S. 310 ff., S. 329ff.

dieser Verknüpfung liegt eine doppelte Exklusion: Juden sind in diesem Freund-Feind-Schema nicht einfach nur Konkurrenten um wirtschaftliche oder politische Macht, sie fungieren als die Negation all dessen, was die völkische Einheitsutopie als erstrebens- oder bewahrenswert auszeichnete. Friedländer nennt dies »Erlösungsantisemitismus«. Damit trifft er m.E. den weltanschaulichen Kern des Nationalsozialismus weit besser als Goldhagen. Diese Weltsicht ließ sich leicht mit vorhandenen antimodernistischen Ressentiments und völkischen Idealen verbinden, die eine eigenständige nationale Mission jenseits von Kapitalismus und Kommunismus verkündeten. Die NSDAP lebte nicht nur vom Fanatismus derer, die eine jüdische Weltverschwörung für alle Krisen verantwortlich machten, sondern auch von den Ängsten und Hoffnungen derer, die glaubten, daß die Besinnung auf Volksgemeinschaft die Spannungen und Krisen moderner Gesellschaft würde aufheben können.[49]

Begreift man das Problem kollektiver Identitätsbildung als sozialen Konstruktionsprozeß, so impliziert dies, daß kollektives Wissen und kollektives Gedächtnis keinen Realitätsbezug außerhalb gesellschaftlicher Kommunikation haben können.[50] Nationaler Gemeinsamkeitsglaube und damit verbundene Solidaritätserwartungen sind ebenso wie Feindbilder nur als und über Kommunikation erzeugbar. Hier stellt sich gerade die Frage nach der Selektivität und den Formen öffentlicher Kommunikation und deren (Rück-) Wirkungen auf die Mobilisierung von sozialen Gruppen und den Entscheidungsprozessen sozialer Eliten. Der offiziell erwünschte und durch Massenmedien, Propaganda und Sanktionsdrohungen gestützte Antisemitismus erzeugte in erster Linie eine kollektive Konsenserwartung, die Gelegenheit bot, Konformismus und nationale Gefolgschaftstreue zu demonstrieren. Dies heißt nicht, daß öffentliche Bekundungen den privaten Meinungen entsprachen, sondern nur, daß viele unterschiedliche Gründe hatten, angesichts des öffentlichen Meinungsdrucks abweichendes Wissen und private Präferenzen zu verheimlichen. Da Variationen oder Kritik nur im Rahmen der Ideologie und der sie sichernden Thematisierungsregeln möglich ist, läßt sich der status quo des öffentlichen Diskurses durch die bloße Wiederholung von Formeln und der

---

49 Wahlsoziologische Forschungen zeigen, daß die NSDAP im Gegensatz zu den anderen Parteien keine Besitzstands- und Klientelpolitik propagierte, sondern als »Volkspartei des Protests« auftrat, die Wähler aus unterschiedlichsten Schichten und Gruppen anzog. Deren Gemeinsamkeit lag nicht in der Übereinstimmung konkreter kollektiver Ziele, sondern in der Abwehr von Statusangst. Vgl. dazu Jürgen W. Falter, Hitlers Wähler, München 1991; ders., Michael H. Kater, Wähler und Mitglieder der NSDAP: Neue Forschungsergebnisse zur Soziographie des Nationalsozialismus 1925 bis 1933, in: Geschichte und Gesellschaft, 19, 1993, S. 155-177.

50 Vor diesem Hintergrund wird erst verständlich, warum die Suche nach den Wurzeln und den Eigenarten des Volksgeistes zum Objekt tiefgründiger Abhandlungen wird. Erst die erfolgreiche Naturalisierung von nicht mehr hinterfragbaren Eigenarten, Unterschieden und Ungleichheiten ermöglicht die Begründung dafür, wer dazugehört und wer ausgeschlossen werden kann.

Dauerbesetzung von Themen stabilisieren. Für die Führungseliten stellt sich allerdings das Problem, daß sie nicht wissen können, was die bekundeten Präferenzen tatsächlich wert sind. Sie sind daher geneigt, den ideologischen Druck zu verstärken, Chancen und Bedrohungen der Gemeinschaft je nach Lage zum Thema und zum Bezugspunkt sozialer Mobilisierung zu machen. Dabei kann offen bleiben, wie viele sich durch das Dauerfeuer von Propaganda, Aufmärschen und Beschwörungen eines Gemeinsamkeitsglaubens beeinflussen lassen. Es genügt, daß die meisten die Existenz oder die Erfolgsaussichten abweichender Meinungen und oppositioneller Gruppen unterschätzen. Unter der Bedingung einer autoritären Kontrolle öffentlicher Kommunikation bilden ideologische Meinungsführerschaft, die Überschätzung staatlicher Macht und die Unterschätzung oppositioneller Haltungen einen sich selbstverstärkenden Kreislauf. Besondere Indoktrinationsbemühungen können sich auf Funktionäre und Jugendliche beschränken. Dabei kommt es auf die Glaubwürdigkeit der Mitteilungen und Bekundungen nicht mehr an; es genügt, wenn der Eindruck entsteht, daß es keine ernsthafte und gefahrlos einzunehmende Gegenposition gibt.[51] Gerade der scheinbar paradoxe Zusammenhang zwischen dem Negativimage der inszenierten Gewaltaktionen und die Billigung und Indifferenz gegenüber der rechtlichen Exklusion der jüdischen Bevölkerung macht den zusätzlichen Erklärungsbedarf augenfällig.

Das Problem, ob und wie sich Weltanschauungen, Ideologien oder öffentliche Meinungsbilder zu kongruenten und handlungswirksamen individuellen Motiven verdichten können, wird durch die bei Goldhagen angenommene Tradierung antisemitischer Muster nur unzureichend beleuchtet. Zum einen zeichnen sich kulturelle und soziale Strukturen in modernen Gesellschaften durch eine Pluralität von Werten und kollektiven Loyalitäten aus, die häufig in Widerspruch zueinander stehen. Zum anderen wäre es naiv anzunehmen, daß sich eine einheitliche Gesinnung per Sozialisation, Indoktrination oder Propaganda über unterschiedliche Funktionsbereiche, Klassen, Schichten, Milieus und Gruppen verordnen lasse. Jede geschichtliche oder sozialwissenschaftliche Analyse würde sich bei dem Versuch überfordern, individuelle Handlungsprognosen aus den kulturellen Eigenarten, kollektiven Mentalitäten oder aus der Kenntnis von Mitgliedschaften oder Funktionen ableiten zu wollen. Die Ereignis- und Ergebnisoffenheit individueller Handlungen macht die Rekonstruktion der Anreizbedingungen, Konfliktkonstellationen und Handlungsoptionen nicht überflüssig, sondern erst relevant. Die Frage ist daher, wie und unter welchen Bedingungen kollektive Identitätsvor-

---

51 Dieser Mechanismus der Erzeugung einer Konsensfiktion funktioniert auch unter den Bedingungen demokratisch verfaßter Gesellschaften. Unter den Bedingungen einer autoritären Steuerung und Ideologieplanung ist die Abkopplung von öffentlichen und privaten Präferenzen und die Aufrechterhaltung von Präferenzverfälschungen wesentlich einfacher. Vgl. dazu die instruktive Analyse von Timur Kuran, Leben in Lüge, Tübingen 1997.

stellungen und damit verbundene Feindbilder zu einem eigenständigen kognitiven und motivationalen Bezugspunkt für die Wahl von Handlungsoptionen individueller oder kollektiver Akteure werden. Mit Blick auf die handlungsanleitende Wirkung antisemitischer Ideologien erscheint zunächst erklärungsbedürftig, wie die offensichtlichen Widersprüche zwischen geltenden Zivilisationswerten und rassistischen Ideologien einerseits und rechtsstaatlichen Normen und dem praktizierten Terror andererseits verdeckt oder unbenennbar gemacht werden konnten. Goldhagens These vom eliminatorischen Antisemitismus als Kern eines nationalen Projekts bleibt in sich widersprüchlich: Einerseits betont er den Voluntarismus der Täter, andererseits unterstellt er, daß diese offensichtlich in ihren Realitätswahrnehmungen und Antriebsstrukturen vollständig durch den tradierten und allgemein akzeptierten Antisemitismus geprägt wurden.[52] Es erscheint sinnvoller, die Eigendynamik der sozialen Prozesse zu untersuchen, die durch Ideologien, Interessen oder institutionell definierte Handlungszwänge in Gang gesetzt werden. Von eigendynamischen Prozessen kann immer dann die Rede sein, wenn sich kognitive und motivationale Handlungsorientierungen von Akteuren durch kontextbezogene Interaktion und Kommunikation wechselseitig verstärken.

In diesem Zusammenhang läßt sich die Argumentation von Zygmunt Bauman aufgreifen. Er sieht nicht in der Mobilisierung eines vorhandenen Antisemitismus, sondern in der erfolgreichen moralischen Neutralisierung und Marginalisierung der Juden in der öffentlichen Darstellung eine wichtige Vorbedingung für den Holocaust. Dies beginnt in der Regel schon damit, daß offenkundige Probleme der Gesellschaft mit Verweis auf eine Minderheitsgruppe thematisiert und dadurch adressierbar werden. Hat eine Öffentlichkeit erst einmal ein »Judenproblem« als diskussionswürdiges Thema akzeptiert, macht dies antisemitische Stereotype und Schuldzuweisungen gesellschaftsfähig. Selbst Gegner sehen sich dann veranlaßt, so zu tun, als ob es sich um eine beliebige Streitfrage handele, die man mit Aufklärung und rationalen Argumenten lösen könne. Die schrittweise Entrechtung, bürokratische Entmündigung und soziale Isolation der Juden schuf eine Entpersönlichung des Bildes von Juden: Mit dem Verschwinden der Juden aus dem Alltagsleben verschwanden auch die konkreten Bilder von Personen – an ihre Stelle trat das abstrakte, durch die Propaganda geprägte Stereotyp »des Juden«, das nur noch als Symbol für eine Verschwörung fungierte, in der alle kollektiven Gefahren und Risiken verdichtet werden konnten. Die Inkongruenz zwischen persönlicher Erfahrung und abstraktem Stereotyp werde, so Bauman, deshalb

---

52 Dieser »Widerspruch« löst sich für Goldhagen dadurch auf, daß die Täter auch selbst gewollt haben, was sie hätten wollen sollen. Diese Annahme ist nicht nur theoretisch und empirisch naiv, sondern auch unter ethischen Gesichtspunkten fragwürdig: Eine Verantwortlichkeit der Täter kann nur von außen, unter den Prämissen einer anderen Moral und unter Kenntnis der tatsächlichen Handlungsmöglichkeiten angemahnt und behauptet werden. Eine subjektiv erkennbare Verantwortung des Täters für seine Taten in seiner historischen Lebenswelt wird dadurch irrelevant.

nicht als Widerspruch oder Dissonanz erlebt, weil eigene Alltagserfahrung und abstraktes Stereotyp auf unterschiedlichen Erfahrungsebenen anzusiedeln sind: Maßnahmen gegen den Einfluß der »Juden« wurden gebilligt und teilweise begrüßt – Gewalt gegen jüdische Nachbarn und Bekannte stillschweigend abgelehnt. Bauman schreibt: »Was im Hinblick auf den eigenen Nachbarn moralische Konflikte heraufbeschwor, löste hinsichtlich einer abstrakten, typisierten Gruppe so gut wie keine Emotionen aus. Das allmähliche Verschwinden der Juden aus dem Alltag wurde mit Gleichmut registriert oder übersehen.«[53] Übersehen ist nicht gleichbedeutend mit Unkenntnis, sondern beschreibt eher eine Anpassungshaltung an eine Situation, in der man soviel wissen konnte, um zu wissen, nichts weiter wissen zu wollen. Öffentlich artikulierter Unmut über Boykottmaßnahmen und Gewaltaktionen bezog sich nicht auf die eklatante Verletzung moralischer Mindeststandards und der bürgerlichen Rechtsordnung, sondern auf die Unkontrollierbarkeit der Vorgänge oder auf Vergeudung von »Volkseigentum«.

Der Historiker Bankier findet in seiner Analyse zur Struktur der Öffentlichkeit in Nazideutschland zahlreiche Hinweise darauf, daß die Kenntnis über das Schicksal der Juden viel verbreiteter war, als bislang angenommen. Die Naziführer behandelten einerseits die tatsächlichen Mordaktionen als Staatsgeheimnis – andererseits wurde mit Fortdauer und zunehmender Härte des Krieges die Rhetorik der Vernichtung gegenüber der jüdischen Bevölkerung immer unverblümter. Bankier deutet dies als Versuch, die nationale Schicksalsgemeinschaft unentrinnbar zu machen.[54] Die vielfach propagierte Endlösung und die Radikalität der Kriegsführung sollten jedem deutlich machen, daß es zwischen Sieg oder Auslieferung an die Rache der Alliierten keine Alternative gab.

Was macht eine Gesellschaft bzw. die Mehrheit ihrer Mitglieder immun und indifferent gegenüber der sukzessiven Entrechtung einer Minderheit, und welche Prozesse begünstigen die Entmoralisierung öffentlicher Institutionen bei gleichzeitiger Bewahrung des Scheins bürgerlicher Normalität? Hier dürfte gerade die Analyse der Prozesse wichtig sein, die den eigentlichen Vernichtungsaktionen vorausgingen und die den Prozeß der Erzeugung von moralischer Indifferenz gegenüber der eklatanten Verletzung zivilisatorischer Standards beleuchten. Die Wirkung antisemitischer Haßpropaganda lag vermutlich nicht in der beabsichtigten Gewaltbereitschaft gegenüber Juden, sondern in der Erzeugung eines dauerhaften Konsensdrucks, der auf die Vermeidung kritischer Situationen und Kontakte hinauslief. Zum einen ging es darum, daß Feindbild des Juden zum Kristallisationspunkt von öffentlichen Loyalitätsbekundungen zu machen und gleichzeitig die Angst vor Themen

---

53 Vgl. Zygmunt Bauman, Dialektik der Ordnung. Die Moderne und der Holocaust, Hamburg 1994, S. 204.
54 Vgl. David Bankier, Die öffentliche Meinung im Hitler-Staat. Die »Endlösung« und die Deutschen. Eine Berichtigung. Berlin 1995.

oder Kontakten zu schüren, durch die man sich verdächtig machen konnte. Zum anderen erhöhte jede Propagandakampagne den Druck auf allen Ebenen des Systems, den Worten entsprechende Taten folgen zu lassen. Ideologische Ausgrenzung schafft Kategorien von Akteuren, die auch ihre Propagandisten unter »Handlungszwang« setzen, und die diese wiederum nach besseren und effektiveren Ausschaltungsmöglichkeiten suchen läßt. Sie bediente dabei gerade auch materielle Interessen einer Gefolgschaft, die erwartete, bei der Verteilung der Beute privilegiert zu werden. Nicht die ideologisch begründete Diskriminierung und Ausbeutung stehen im Vordergrund, sondern die Mißgunst und der Neid derer, die hofften, sich schadlos halten zu können.[55] Bezeichnenderweise richtete sich die Empörung der Bevölkerung nicht direkt gegen die Eskalation von Willkür, rechtlicher und sozialer Diskriminierung der Juden, sondern gegen die damit verbundene Unsicherheit und die ungehemmte Bereicherung lokaler Funktionäre. Dieses lokale und auf die untere und mittlere Führungsebene bezogene Mißtrauen delegitimierte weder das System als ganzes noch beschädigte es das Charisma Hitlers. Die willkürliche Inszenierung von Gewalt appelliert nicht an Überzeugungen, sie zielt auf die öffentliche Demütigung der Opfer und die Einschüchterung der schwankenden und unzuverlässigen Mehrheit. Sie machte allen deutlich, wozu das Regime im Umgang mit ihren tatsächlichen oder vermeintlichen Gegnern in der Lage war. Die rechtliche Diskriminierung konnte sich einerseits eines verbreiteten Antisemitismus bedienen, der die Schädlichkeit des übermächtigen Einflusses von Juden auf Wirtschaft und Kultur von jeher predigte und andererseits Erwartungen wecken, daß sich die Dinge wieder »normalisieren« und die Extremisten im eigenen Lager nun Ruhe geben würden. Nicht die Legitimität des Entzugs elementarer Handlungsrechte der Opfer stand zur Debatte, sondern die Vermeidung von »Störungen« und negativen Befindlichkeiten für die Zeugen von Gewalt. Die Hetzpropaganda vermochte die meisten nicht zu überzeugen – aber sie schuf, begleitet von den praktizierten Gewaltaktionen, ein Klima des Verdachts und der Unsicherheit, dem man sich durch Rückzug ins Private und durch die Vermeidung von Kontakten zu Juden entziehen konnte. Durch ein dichtes Netz von Verboten und Reglementierungen sollten Juden nicht nur in die Isolation getrieben oder aus dem Lande geekelt werden, sondern diese Restriktionen erschwerten die Aufrechterhaltung normaler Kontakte und prämierten Denunziationen aller Art. Deren Wirkung ist höchst ambivalent. Einerseits beschleunigen sich Denunziationen selbst, weil die latent Betroffenen einem möglichen Verdacht durch die Verdächtigung anderer zuvorkommen können. Dies führt leicht zur

---

55 So hatten sich gerade die österreichischen Nazi-Funktionäre im Zuge des Anschlusses Österreichs durch die Plünderung und Enteignung jüdischen Vermögens bereichert und damit den Neid der deutschen Nazis entfacht. Nach dem Pogrom vom November 1938 bot sich dann die Gelegenheit, die Ausschaltung der Juden aus dem Wirtschaftsleben zu forcieren. Vgl. Hans Mommsen, Dieter Obst, Die Reaktion der deutschen Bevölkerung, a.a.O., S. 387ff.

Überlastung der Kontrolleure und zur Verunsicherung von Funktionsträgern, die damit rechnen müssen, selbst Opfer zu werden. Andererseits erzeugt gerade diese Unsicherheit die Sensibilität für einen vorauseilenden Gehorsam gegenüber vermuteten Präferenzen und Stimmungen der Mächtigen.[56]

Offe charakterisiert den Prozeß moderner Barbarei als »das Absterben einer Gesittung und der unter Umständen ganz unspektakuläre Verlust nominell ... vorhandener Normen an operativer Geltungskraft...«.[57] Es handelt sich nicht um einen anomischen Zustand, wie ihn Durkheim beschrieben hat, sondern darum, daß Akteure sich mutwillig aus grundlegenden zivilisatorischen Pflichten entlassen, die gleichwohl existent sind. Es lassen sich durchaus Anschlüsse an Goldhagens Befunde und Thesen denken – nur wird der Versuch, den Holocaust als direkte Folge eines kollektiven Gesinnungsdefizits zu betrachten, nur wenig Aufklärung bringen.

Die soziologischen Implikationen der Analyse Goldhagens sind nicht besonders ermutigend: Sie zeigen, daß ein angemessenes theoretisches Verständnis des Holocausts weder durch eine Aggregatpsychologie noch durch eine historisierende Mentalitätsanalyse gewonnen werden kann. Weder der Eigensinn von Ideologien noch der Zwang institutioneller Verhältnisse oder der Rekurs auf Intentionen und Motive der Akteure bieten für sich eine tragfähige Basis für die Erklärung von Terror und Völkermord. Aufgabe eines theoretischen Verständnisses muß es sein, die Wechselwirkung und Interdependenz dieser Faktoren zu analysieren und die Mechanismen der Selbstverstärkung destruktiver Prozesse zu verstehen. Hinter dem klassischen Streit zwischen den sogenannten »Funktionalisten« und »Intentionalisten« steht zumeist die moralische Frage nach der Bedeutung persönlicher Verantwortung und die Angst, wissenschaftliche Analysen könnten ungewollt die Argumente für eine Entlastung der Täter liefern oder in ein durch die Methode induziertes empathisches Verstehen von Tätermotiven geraten. Vor diesem Hintergrund vertritt Goldhagen eine radikale Position, indem er die Rolle politischer Ideen direkt mit der Ebene persönlicher Motive und Verhaltensweisen zu verknüpfen sucht. Auf diese Weise wird sein Verstehen der Tätermotive und ihres Weltbildes zu einer Abrechnung mit allen vermeintlichen Versuchen, Verantwortung und Schuld zu anonymisieren. Goldhagens These liefert eine Interpretation des Holocausts, die dem Bedürfnis nach klarer Ver-

---

56 Für den Erfolg von Denunziationen ist bekanntlich die Echtheit und Intensität der Überzeugung nicht erheblich – es müssen nur die unter Handlungszwang gesetzt werden, die die Überzeugungen propagieren. Es erscheint paradox und ist doch bezeichnend zugleich, daß die Aufforderung zur Anzeige volksschädlichen Verhaltens gleichzeitig mit der Klage vieler offizieller Stellen einherging, man müsse etwas gegen das Aufblühen des Denunziantentums unternehmen. Vgl. dazu die instruktive Studie von: G. Diewald-Kerkmann, Politische Denunziation im NS-Regime. Berlin 1995; vgl. auch Saul Friedländer, Das Dritte Reich und die Juden, a.a.O., S. 348ff.
57 Claus Offe, Moderne »Barbarei«: Der Naturzustand im Kleinformat? In: Max Miller, Hans-Georg Soeffner (Hrsg.), Modernität und Barbarei, a.a.O., S. 267.

antwortungszuschreibung entgegenkommt, die aber zugleich allzu heikle Rückfragen an die prekären und ambivalenten Grundlagen moderner Gesellschaften vermeidet. Dabei tut die Soziologie gut daran, die geschichtliche Erfahrung des Holocausts als eine inhärente Möglichkeit gesellschaftlicher Entwicklungen zu begreifen. Man wird hieraus keine Diagnosen oder Prognosen erwarten können, die sich durch ihre Bekanntgabe selbst widerlegen; aber man wird sensibilisiert für die Möglichkeit, daß Gesellschaften, die sich für zivilisiert halten, eine innere Umwelt erzeugen können, in der Akteure ihr kulturelles und humanes Kapital unwiederbringlich zerstören.

Tilman Hanckel

Das neue Südafrika – »Regenbogen« oder Apartheid-Nostalgie?

Untheoretische Anmerkungen zur politischen Entwicklung unter pluraler Differenzierung[1]

Ich möchte einige persönliche Bemerkungen machen zu Südafrika, seiner Gegenwart, seinen unterschiedlichen Realitäten, darunter auch die Realität unserer Perzeption dieser Gegenwart.

Persönliche Bemerkungen heißt: ich vertrete mich hier ausschließlich selbst. Und schon das ist recht weit gegriffen.

Was ich tun möchte ist einfach. Ich möchte Ihnen die kurze, karge Geschichte des sogenannten ›Umbruchs‹ in Südafrika erzählen, wie ich ihn wahrnahm. Sie kennen die Geschichte vom ›Wunder am Kap‹ natürlich. Sie sind politisch interessiert und politisch aufgeschlossen. Daher schadet es nicht, wenn ich die Geschichte noch einmal erzähle. Ein Wunder kann man nicht oft genug – oder auch: genau genug – betrachten.

Warum interessiert *mich* das Thema?

Theoretisches und Untheoretisches

Zum einen gibt es Gründe in meiner früheren Biographie. Ich kenne frühere Stadien Südafrikas. Das erste Mal war ich dort 1971, vor einem guten Vierteljahrhundert. Später habe ich mich auch im Wege meines Studiums mit dem Land beschäftigt. Eines Studiums, das mich in Köln bald genug in den Mahlstrom der Modernisierungs- und Entwicklungs›theorien‹ hineinzog.

(Zu genanntem ›Paradigma‹ – ›Entwicklung, Modernisierung, Sozialer Wandel‹ – kann ich vielleicht abkürzend erinnern: das ist die Kaufhalle, die ›Kepa‹ der Sozialwissenschaften. Da wird ein höchst vielseitiges, zuweilen bizarres Sortiment geboten. Mit zwei Phänomenen allerdings kamen die ›Entwicklungs-Theorien‹ stets nur höchst ungenügend zurecht: mit ›Entwicklung‹ – ich meine die strukturelle Entwicklung makroskopischer Systeme über Zeit –

---

1 Der Text gibt die überarbeitete Fassung des am 12. 12. 1996 im Seminar für Soziologie der Universität Bonn gehaltenen Vortrags wieder.

und mit den sogenannten ›Entwicklungsgesellschaften‹. Der optimistische Ansatz dieses deskriptiven Sammelsuriums war methodologisch noch stets bereit, die Analyse eines dynamischen *Prozesses* eo ipso als dynamische *Analyse* anzusehen. Und nicht zuletzt darum blieben die Entwicklungsgesellschaften auch stets unkooperative Quertreiber gegen die so sorgsam entwickelten Entwicklungsparadigmen des nördlichen Westens. Nachdem ich das alles einmal richtig verstanden hatte, meldete ich mich per Postkarte von der Universität zur Aufnahmeprüfung des Auswärtigen Amtes.

Mit dem Auswärtigen Amt kam ich dann beruflich nach Südafrika: von Anfang 1990 bis Ende 1993, über den entscheidenden Teil der Transitionsphase also. Kultur- und Entwicklungsreferent hieß damals: Deutschland hatte, wenn auch sehr spät, die offiziellen Kultur- und Entwicklungsbeziehungen mit der südafrikanischen Regierung unterbrochen. Statt dessen existierte ein in unserer Außenpolitik singuläres Instrument: ein vom Bundestag beschlossenes, politisch formuliertes »Sonderprogramm Südliches Afrika«, ein Programm von Ausbildungsmaßnahmen und Kulturprojekten explizit zugunsten der »diskriminierten Mehrheit der Bevölkerung«.

Das Programm, das, nachdem sich die Wunder einmal vollzogen hatten, heute nicht mehr existiert, ressortierte im Kulturhaushalt des Auswärtigen Amtes und war 1990 mit rund sechs Millionen DM ausgestattet. Die Abwicklung geschah direkt mit den Empfängern oder mittelbar über nicht kompromittierte gesellschaftliche Träger, also Kirchen, Gewerkschaften, NGOs usw. – negativ gesagt: sie geschah *nicht* mit der dortigen Regierung. Ich war also damals inoffizielles Goethe-Institut und inoffizielle GTZ in einer Person.

Das Projekt-Spektrum reichte von der Lehrer-Fortbildung in Soweto und dualer Berufsausbildung in Kooperation mit Firmen in Johannesburg über Stipendien, Privatschulen, Kindergärten, nicht zuletzt von der systematischen Integration der deutschen Schulen bis hin zu Filmfestivals, Tanztheater und Jazz. Und Kafkas ›Strafkolonie‹ in Soweto und Bolero in *gum boots*. Der überwiegende Teil meiner Arbeit lag in Johannesburg und in den umliegenden *townships*. Ich habe dadurch verschiedenste Facetten der südafrikanischen Gesellschaft kennengelernt, von den Kanalschächten der Straßenjungen bis zu den *jet-set-parties* der *jeunesse d'orée* um die Oppenheimers und Baileys. Auch: von schwarzen Millionären bis hin zu weißen Schaffnern und Gefängniswärtern.

Die Zeit war die Übergangszeit, die Zeit der Verhandlungen, vor allem auch die Zeit neuer Unordnung, Orientierungslosigkeit, und die Zeit, auch, einer Übergangsform der immer präsenten Gewalt.

Das zu meinem Hintergrund.

Wunderglauben

Am 16. Juni dieses Jahres besuchte ich die südafrikanische Botschaft in den Niederlanden, in Den Haag. Der 16. Juni ist der Jahrestag des Schüleraufstands in Soweto, vor nunmehr zwanzig Jahren, und war früher ein »inoffizieller«, ein »schwarzer« Feiertag. Er ist heute, seit 1994, ein offizieller, ein »nationaler« Feiertag.

In der Botschaft in Den Haag hatte sich die klassische, die traditionelle Anti-Apartheid-Gemeinde versammelt (weiße Frauen um die fünfzig mit schwarzen Freunden um die dreißig und weiße Männer um die vierzig mit schwarzen Freunden um die zwanzig) und sang eine Nationalhymne:

N'Kosi sikelel'i Afrika.

Der Gesamteindruck war unentrinnbar der eines sanft nostalgischen Gedenkens und der stillen Übereinkunft in einer redlichen, wenn vielleicht etwas engen Glaubensgemeinschaft. Die anschließenden Gespräche galten den guten (alten) Zeiten des gemeinsamen Kampfes, des ›*struggle*‹ in den Cafés, in den Jugendzentren, in den Kulturhäusern. Des Gedenkens an jene Zeit, als Gut und Böse nicht nur klar geschieden waren, sondern obendrein zugunsten der restringierten Perzeption des Europäers auch farblich leicht auseinanderzuhalten. Der erste und vornehmste Träger der Apartheid-Nostalgie bleibt die europäische Anti-Apartheid-Gemeinde, Träger einer kollektiven Wehmut nach Klarheit in Wahrnehmung und Moral. Eine Klarheit, die nun zersplitterte – ebenso wie hier bei uns die Schöne Alte Welt in Europa, die zuvor die Kategorien unseres politischen Denkens noch so übersichtlich in Mauern und Draht wiedergab.

(Es entbehrt nicht der Ironie, daß die North-By-Northwest Anti-Apartheid-Bewegung selbständig eine ganz ähnliche Naivität der politischen Wertung entwickelte, wie sie der US-amerikanischen Außenpolitik oft und zuweilen mit Recht vorgeworfen wird. So wie die USA letztlich doch meinten, etwa die grausamen Verwerfungen einer nahezu kollabierten Gesellschaft wie der des Sudan ließen sich dadurch glätten, daß ein Gary Cooper einen Colonel Aidid aus Khartoum herausschießt, hatte auch jene Bewegung das Böse durchaus eng und das Gute recht vage definiert.)

Was will ich sagen? Südafrika, das alte Südafrika, war ein *Glücksfall*. Ein Glücksfall nicht nur für sozialwissenschaftlich marodierende Studienräte und ethnisierende Friedensforscher, sondern vor allem auch für die deutsche und für die internationale Politik – für die VN-Politik, für Menschenrechts-, Sanktions-, Entwicklungspolitik.

Perzeption

Wir haben – wir: das sind die breite Öffentlichkeit und die breite Mehrheit der Volksvertreter – wir haben aus strikter Erst-Welt-Perspektive Südafrika, eine hochkomplizierte und hochpathologische Gesellschaft, stets behandelt wie eines dieser Kinder-*puzzles* aus grobem Karton in wenigen Grundfarben, in vielleicht sechs bis acht Stücken. Stets leicht abzurufen, stets leicht zu be- und verurteilen, stets einfach gezeichnet, wie Keith Harings Bilder.

Wir haben die entgegenkommende Vorleistung der Apartheid, uns das Land in eben diese Puzzle-Blöcke zu zerschneiden, willig akzeptiert und reproduziert. Wir haben das Diskriminierungsangebot, das uns unter dem Titel ›Apartheid‹ gemacht wurde, in unserer durchaus natürlichen Neigung zur Diskriminierung in unseren Köpfen und Sätzen wiederholt. Was unsere Wahrnehmung von der der Bothas und Malans und Verwoerds unterschied, war, daß wir in den moralischen Kategorien die Vorzeichen umkehrten, aus Minus ein Plus machten und aus Plus ein Minus.

Wir lehnten die »weiße Minderheitsregierung« ab, *also* forderten wir die »schwarze Mehrheitsregierung«. Nun bestand das Apartheid-Konzept der weißen Minderheitsregierung ganz sachlich darin, daß ohnehin nur Weiße für diese Regierung wählen durften. Unser Konzept einer schwarzen Mehrheitsregierung beinhaltete immerhin als immanente, als selbstverständlich hinzugefügte Hypothese, daß, wenn *alle* Menschen wählen dürfen, schwarze Menschen schwarze und weiße Menschen weiße Politiker wählen.

Ich will diesen einen Punkt nicht überreizen, aber er bietet ein Beispiel, wie die administrative Apartheid vor Ort schließlich noch zurückblieb hinter der zuvorkommenden Apartheid unserer Annahmen und unserer Perzeption.

Unser Interesse für Südafrika. Ich sagte: ein Glücksfall. Der Glücksfall, nicht nur in unserem Diskriminierungswunsch noch unterstützt zu werden, sondern zudem die Gelegenheit, unser leicht larmoyantes, unser »weißes« Erst-Welt-Schlechtes Gewissen transferieren zu können. Die offensichtliche und übersichtliche Verfehlung der »weißen« Bevölkerung Südafrikas machte es uns möglich, der »schwarzen« Bevölkerung zumindest scheinbar erheblich näher zu rücken als uns das sonst gelingt.

Als es uns in Zimbabwe, Namibia, in 40 anderen Ländern Afrikas gelang. Der Pfiff war doch: wir konnten uns mit »unseresgleichen« vergleichen, wir konnten uns als bessere Menschen fühlen im Vergleich zu »unseren« weißen Artgenossen vor Ort. Wir konnten uns, kurz gesagt, als die einfühlsameren Kolonisatoren zeigen, und wir sparten auch nicht mit Rat oder Tat.

Indem wir die Herren mißbilligten, gaben wir vor, das Leben, die Gedanken, die Kultur der Unterdrückten zu verstehen – auch wenn es uns sonst schwer fällt, mit diesem Stand zu kommunizieren.

Südafrika – das war stets: Solidarisierung in der Missionarsstellung.

Was war nun geschehen, diesen für unsere Politik, für unsere Wissenschaft und unser Gewissen so angenehmen Zustand aufzulösen, ja: zu zerstören?

Kein Wunder

Was geschah *vor* dem Februar 1990, bevor der Gefängniswärter mit seinem Gefangenen fraternisierte, bevor also der Rubikon überschritten wurde in der Rubikon-Rede de Klerks?

Ich behaupte, daß zwei Faktoren, die wohl eine Rolle spielten, nicht aus sich heraus ausschlaggebend waren.

Der erste beteiligte Faktor, der *nicht* ausschlaggebend war, war eben der »*struggle*«, der Kampf, der Widerstand, der Druck von unten nach oben. Richtig ist, daß gerade 1989 die Aktionen des MDM, des Mass Democratic Movement, und der COSATU, des Gewerkschaftsverbandes, in Südafrika deutlich zunahmen. Nicht richtig ist, daß diese Aktionen die Regierung zu Schritten hätten zwingen können, die diese nicht bereit war zu unternehmen. Und zu keinem Zeitpunkt stellte der »bewaffnete Kampf« der Opposition ein tatsächlich relevantes Moment dar, das entscheidend auf den Wandel hingewirkt hätte.

Der zweite beteiligte Faktor, der *nicht* ausschlaggebend war, aber doch erheblich schwerer wog, war der Druck von außen nach innen, war die internationale Sanktionspolitik. In der Tat griffen die Sanktions-Kosten nach 1985 verschärfend ein. In der zweiten Hälfte der 80er Jahre verließen rund 600 Firmen Südafrika. Internationaler Kreditstop und ausländische Des-Investition brachten einen massiven Kapitalabfluß. Die Währungsreserven beliefen sich Ende der 80er etwa noch auf den Gegenwert von 5-6 Wochen Importkosten.

Was dem gesellschaftlichen Protest und was den Sanktionskosten erst ihre Rollen verlieh, war jedoch die *nationale* Wirtschaftspolitik, die Apartheid-Wirtschaftspolitik. Südafrika, Mitte der Siebziger Jahre bis zum Ende der 80er, war auf bestem Wege, modernisierungstheoretisch rückwärts zu gehen. Nimmt man ein krudes Instrument wie etwa Rostows Stufenmodell, dann wurde Südafrika von uns wahrgenommen als ein ›Schwellenland‹, das sich in der Phase des Übergangs zu tragfähigem Wachstum befand.

In Wahrheit war Südafrika im Begriff, sich von einem Schwellenland zu einer traditionellen Dritt-Welt-Gesellschaft zurückzuentwickeln.

Auch dies ist sehr wohl von erheblicher Ironie, daß über einen mehrjährigen Verhandlungsprozeß hinweg, in den Verhandlungen mit dem ANC, immer die Unterstellung eine wichtige Rolle spielte, die internationale Gemeinschaft müsse auf jeden Fall mithelfen, den ANC von ungesunden Wirtschaftsmodellen – wie etwa der Nationalisierung des Rohstoffbereichs oder einer radikalen Landreform – abzubringen, und unsere guten, aber doch unerfahrenen Freunde statt dessen mit sanftem Nachdruck auf den Pfad der Marktwirtschaft zu lenken. Demgegenüber wurde *nicht* betont, daß die existierende Apartheid-Regierung der Nationalen Partei eine geradezu klassische, zutiefst bürokratisch gelenkte Staats-Verwaltungs-Wirtschaft etabliert hatte, mit allen Verstößen gegen die Grundregeln der Marktwirtschaft, die sich aufzählen lassen.

Resultat: zwischen 1974 und 1988 fiel das Realwachstum um durchschnittlich etwa ein Prozent pro Jahr. 1988 war das Pro-Kopf-Einkommen in Südafrika auf das Niveau von 1967 zurückgefallen. Es gab eine entwickelte Konsumgüterindustrie, aber keine vergleichbare Investitionsgüterindustrie. Das Land lebte von Rohstoff-Exporten, ohne auch nur die Ansätze einer verarbeitenden Industrie aufzubauen. Know-how, Technologie und Kapital mußten importiert werden. Es gab eine höchst mangelhafte Re-Investition erzielter Profite: die britisch kontrollierte Industrie pflügte Profite keineswegs ins Land zurück, sondern lenkte sie nach London, wo sie mithalfen, neben dem Lotto-Treffer des Nordsee-Öls, das etwas marode Großbritannien zu nähren.

Ein ganz zentrales Entwicklungshemmnis war – und ist nach wie vor – das Fehlen eines adäquaten Erziehungs- und Ausbildungswesens.

Von diesem gravierenden Versäumnis ganz abgesehen, zogen die rein administrativen ›Apartheid-Kosten‹, die Finanzierung der redundanten Verwaltungs- und Ordnungsfunktionen der bürokratischen Apartheidmaschine, zwischen zehn und zwanzig Prozent des jeweiligen Staatshaushaltes ab.

Ende 1989 fiel der Handelsbilanzüberschuß auf unter drei Mrd., nicht ausreichend, den internationalen Rückzahlungsverpflichtungen nachzukommen. Fazit: im Oktober 1989 ein weiteres Stillhalteabkommen mit den Gläubigerbanken.

Das moralisch bankrotte politische System, mit dem man ja gut hätte leben können, hatte sich in die Nähe des ökonomischen Kollaps manövriert. Das, allerdings, konnte nicht toleriert werden.

Insgesamt zeigte sich die stark britisch geprägte »business community« in Südafrika nunmehr doch zunehmend frustriert mit den politischen Fesseln, die sie banden. Der entscheidende Druck in Richtung von Reform, deutlich stärker als von außen und von unten, kam von innen und von oben.

Wunder-Täter

1989 erfolgte der Rücktritt von Premierminister Botha. Im September erfolgten Parlamentswahlen: die Polarisierung im weißen Lager nahm zu. Die Nationalpartei behielt ihre Alleinherrschaft, verlor aber heftig auf beiden Seiten, nach rechts an die extrem ideologische Conservative Party, nach links an die junge Democratic Party, die weiße Anti-Apartheid-Partei.

Ganz entscheidend für die notwendige Neubestimmung des Kurses in der Nationalen Partei war jedoch, neben der Wirtschaftslage, daß die letzte und wichtigste Karte, die früher so vorzüglich gestochen hatte, nicht mehr ausgespielt werden konnte: die geo-strategische Lage Südafrikas im traditionellen Muster des Ost-West-Konflikts. Ohne den Rückhalt der grausamen Ideologie-Zwillinge Reagan und Thatcher, mit dem Seitenwechsel der USA in Angola, der bevorstehenden Unabhängigkeit Namibias, mit dem Zusammenbruch der guten alten Ordnung des Kalten Krieges vor Augen – mußte umgedacht werden.

De Klerk beteuerte seinen tief und lange gehegten Reformwillen und traf im Dezember 1989 mit Mandela zusammen. (Dies war, daran sollte vielleicht erinnert werden, nur der nunmehr bewußt öffentliche Schritt nach einer längeren Folge weniger öffentlicher Kontakte.) Was de Klerk dabei unterbreitete, entstammte einem anderen, wiederum ganz un-öffentlichen, aber entscheidenderen Treffen.

Der *broeder-bond* hatte sich beraten, der engste Kreis, die interne, eigentliche und bestimmende Mafia der Afrikaans-sprechenden Machthaber. Der Kurs wurde festgelegt. Die Überlegung war letztlich einfach. Reform ist erforderlich. Es gilt, die Kontrolle über die Reform in der Hand zu behalten. Demokratisierung ist unausweichlich. Sie ist unausweichlich, um die internationale Unterstützung – politisch und materiell – für eine Reform von oben zu sichern. Es gilt, die Kontrolle über die Demokratisierung in der Hand zu behalten. Gelingt es, mit internationalem Rückhalt negative Folgen für die bisherigen Machthaber auszuschließen, dann läßt sich die Wende auch der eigenen Basis verkaufen.

Eine Revolution zu den Bedingungen des ancien régime

Das Verhandlungsziel der Nationalen Partei war klar umrissen. Möglichst volle Wahrung des ökonomischen Besitzstandes, möglichst hinreichende Wahrung des politischen Besitzstandes, selbstverständlich umfassende Immunität gegenüber jeglicher Vergangenheit.

Es galt, die auffällige und nunmehr inkorrekte politische Apartheid möglichst sanft in ihre klassische und international gebilligte Form der, sagen wir: nach einem eher nordamerikanischem Muster konzipierten, sozial-ökonomischen Apartheid zu überführen.

Um den Besitzstand zu wahren, war eine umfassende Demokratisierung der ökonomischen Ressourcen ausgeschlossen. Also mußte die Mehrheit mit einer Demokratisierung der politischen Ressourcen kompensiert werden. Ungleichheit nicht länger als Resultat diktatorischer Willkür, sondern als Ergebnis demokratischen Kompromisses und marktwirtschaftlicher Vernunft. Es war ohnehin genug da, um es ohne spürbaren Verlust mit etlichen tausend der bisher Unterprivilegierten zu teilen. Besser mit etlichen Tausend als mit 30 Millionen.

Gelang es, für diesen pragmatischen Gedanken die internationale Unterstützung zu verpflichten, so würde auch die wirtschaftliche Entwicklung eine positive Wende nehmen. So wie man genötigt gewesen war, wenige Monate zuvor, ein Stillhalte-Abkommen mit den internationalen Finanz-Gläubigern einzugehen, schloß man nun ein Stillhalte-Abkommen mit den politischen Gläubigern ab.

Und die internationale Gemeinschaft verweigerte sich keineswegs.

Noch am Tag seiner Rede im Februar 1990, in der de Klerk den Wandel ankündigte, war er – im Ausland noch mehr als zu Hause – bereits Held seiner weitsichtigen Revolution. Es galt nun, gemeinsam und mit hinreichender internationaler Fürsorge der »diskriminierten Mehrheit« verständlich zu machen, daß sie sich einerseits glücklich schätzen sollte angesichts der Vernunft der Regierung, daß sie andererseits nun mit ebenso großer Vernunft, mit erheblicher Vorsicht und Umsicht in dieses Glück eintreten müsse, insbesondere auch den guten Rat der Ersten Welt nicht leicht in den Wind schlagen dürfe.

Innerhalb von wenigen Wochen war de Klerk, indem er aus Minus Eins Plus Eins machte, nicht nur wieder einer von uns; er war einer unserer Besten, er verkörperte alles, was uns auszeichnet, er war unser Mann am Kap.

Es zeigte sich, daß die alte Rolle, sich als Bollwerk gegen den Kommunismus zu qualifizieren, durchaus nicht vergebens gelernt war. Statt der überholten Nummer »Diktatoren gegen den Kommunismus« spielte man jetzt »Demokraten gegen den Sozialismus«, mit den identischen Schauspielern in den Hauptrollen.

Das lag schon deshalb nahe, weil die neuen Mitspieler über lange Jahre Aufenthalte im Gefängnis oder im Exil vorgezogen hatten und daher mit dem Text und den Feinheiten des Schauspiels noch ganz ungenügend vertraut waren.

Wiederum *keine* Rolle spielte, daß der ANC als Organisation etwa so kommunistisch oder sozialistisch war wie die frühere spanische oder die schwedische Regierung. Das Sozial- und Wirtschaftsprogramm las sich eher sozialdemokratisch, und die wenigen étatistischen Züge darin hätten uns in Deutschland oder Frankreich, wo zumindest bis dahin kein Anstoß genommen wurde an der Verstaatlichung großer Industrie- oder Dienstleistungsbereiche, doch ohne weiteres plausibel und vertraut sein können. Eine Affinität zum Kommunismus war nie ideologisch ausgearbeitet, sondern bestand einfach darin, daß vorgeblich kommunistische Staaten politische Unterstützung und Ausbildung bereitgestellt hatten, und daß das alte Regime in Südafrika in einer Weise den Anti-Kommunismus betrieb, daß man sehr wohl auf den Gedanken verfallen konnte, an jener Ideologie müsse doch irgendetwas dran sein.

Ein wunderbarer Mann inmitten wunderlicher Begebenheiten

Die Verhandlungen zogen sich, wie bekannt, über vier Jahre. Vier Jahre lang gingen Mandela und seine Verhandlungsführer, Mbeki, Ramaphosa, Chris Hani (bis zu seiner Ermordung) behutsam und stetig rückwärts, schrittweise, in dem Maße und in dem Tempo, wie es die Basis gerade noch zuließ. Zuweilen auch noch ein Stück weiter zurück. Kein Kommunismus, kein Sozialismus, keine Verstaatlichung, keine überzogene Zentralisierung, keine überzogene Umverteilung, behutsame Behandlung der Staatsverschuldung und nicht zuletzt: umfassende Amnestie.

Vielleicht sollte ich betonen, welchen außerordentlichen Respekt ich für die Person und für die Leistung von Nelson Mandela habe.

(Ich traf ihn das erstemal draußen auf der Staubstraße in Orlando West, in Soweto, vor seinem Haus, vom Volk in Dankbarkeit gebaut und vom Volk *i-parlement* genannt. Bevor er sich selbst von seiner Frau und aus Soweto zurückzog. Ein älterer, ebenso würdig wie fröhlich wirkender Mann, der mir mit Winken und Rufen half, meinen Jeep einzuparken. Die Party war für Angela Davis. Später, in längerem Gespräch, in dem ich zu Anfang fast nur selbst sprach, erschien er mir dann einen Verdacht lang senil. Seine Antworten waren lakonisch: eingesprengte ›Ja's‹ und ›Hm's‹. Als ich endlich aufhörte, ging er nach kurzer Pause ohne Auslassung alle Punkte sorgfältig durch, die ich zum Teil vehement, zum Teil am Rande erwähnt hatte und stellte sie richtig hin. Ich fühlte mich ebenso belehrt wie ermutigt. Wenn irgendjemand, dachte ich, dann kann dieser Mann ihnen die Stirn bieten.)

Nein. Mandela ist die eine und schon darin überragende Persönlichkeit, die mit vollem Einsatz spielte. Ihm blieb es vorbehalten, seine politische und persönliche Existenz einzusetzen, daß die bereits vor seiner Entlassung beschlossene Verurteilung zum Konsens nachträglich Akzeptanz erhielt.

Einerseits stand er, Mandela, – und nicht etwa de Klerk – unter dem massiven Druck der guten Ratgeber: der USA, der EU, von Weltbank und IWF und aller anderen. Er war es, der die Kompromisse akzeptieren und der unruhigen ANC-Basis plausibel machen mußte.

Und andererseits war Mandela nicht nur der einzige, der mit vollem Einsatz, mit dem Einsatz seiner eigenen Glaubwürdigkeit spielte. Er war auch der einzige Verhandlungspartner, der halbwegs aufrichtig spielte. Denn ich will die widerlicheren Begleitaspekte der Verhandlungszeit, der Umbruchphase, nicht auslassen. Bereits im August 1990 breitete sich eine Welle bizarrer, scheinbar unsystematischer Tötungen, Gewaltakte, kleinerer und dann auch größerer Massaker in und um Johannesburg aus. Die internationale Presse übernahm im wesentlichen die Deutung, die ihnen von der südafrikanischen, also weiterhin der alten, Regierung angeboten wurde: es ging offenbar um vorweggenommene Verteilungskämpfe um Wählerpotential, und dies, wurde hinzugesetzt, auf ethnischer Basis (›Zulu‹-Inkatha gegen ›Xhosa‹-ANC) – als sei mit diesem Zusatz auf eine spezielle, eine natürliche »schwarze« Defizienz verwiesen.

(Schon immer neigten wir mit den internationalen Medien dazu, die These des ›weißen‹ Südafrika einerseits, des selbsternannten ›Zulu-Führers‹ Buthélezi andererseits zu übernehmen, die politische Gewalt unter Schwarzen in Südafrika verliefe in den Linien von Stammeskriegen. Das war und bleibt Unfug. Der noch immer schwelende und immer wieder heftig ausbrechende Bürgerkrieg im Natal, der mehr Opfer gefordert hat als der im Libanon, war und ist eben eine politische Auseinandersetzung: zwischen *Zulu*-Anhängern der Inkatha und *Zulu*-Anhängern des ANC.)

Die neue und andere Welle der Gewalt in und um Johannesburg ab 1990 war jedoch in Realität – das vermuteten wir damals und das wurde nun, 1996, in den Anhörungen im Malan-Prozeß, aber auch in der ›Wahrheitskommission‹ von Bischof Tutu *en détail* bestätigt – gezieltes Brandstiften, ausgeführt von Spezialeinheiten, Polizeiangehörigen, *vigilantes* und mozambikanischen Söldnern. Wesentliche Auftraggeber? Ja. Da reißt die Kette der Zeugenaussagen. Aber sie reicht doch bis unmittelbar in die Vorzimmer. Von Buthélezi und von de Klerk.

(Eine anekdotische Parallele. Während Weiße mit schwarzgemalten Gesichtern in den *townships* auf Schwarze schossen, gab man im Nationaltheater in Pretoria ›Spartakus‹. Das Nationaltheater in Pretoria war sonst nicht unbedingt mein Anlaufpunkt, aber die Geschichte mit dem schwarzen Anführer eines Sklavenaufstandes fand ich unter den Umständen ganz *sexy*. Wie sich herausstellte, wurde Spartakus in Pretoria von einem Weißen gespielt. Mit schwarz angemaltem Gesicht.)

Gewalt in den *townships*. Die ›Dritte Kraft‹. Man hatte es einfach für eine passende Zusatz-Versicherung angesehen, wenn der Partner, der einem in den offiziellen Verhandlungen gegenübersaß, den Rücken nicht allzu frei hatte. So wurde allen Beteiligten, insbesondere auch der internationalen Öffentlichkeit, die wirksame Botschaft vermittelt: ihr seht, welchen Weg jene ›Volksführer‹ gehen werden, sollte man sie vorzeitig oder überhaupt zu weit aus der Vormundschaft entlassen. Wichtig ist zu erinnern, daß der eingespielte, notorisch brutale offizielle Apparat der Apartheid keineswegs während der Verhandlungen zurückgepfiffen wurde. Er wurde genutzt wie zuvor.

Man war auch nicht etwa zu schüchtern, dies nicht implizit durchblicken zu lassen. *Eine* Verhandlungsposition der Noch-Regierungsseite war es, eine ›vordatierte Amnestie‹ zu fordern: eine Amnestie für alle Angehörigen der Regierungsorgane vorgezogen bis zum schließlichen Wahltermin.

Einen Blanko-Scheck für noch durchzuführendes Morden. Bemerkenswert.

Und wichtig ist zu erinnern, daß über vier Jahre zähester, oft demütigender Verhandlungen es Mandela – und eben gerade ihm persönlich – doch gelang, ein Überschwappen der Gewalt dennoch zu verhindern, auch nach Bhoipathong, auch noch nach Thokoza, auch noch nach der Ermordung von Chris Hani, dem eigentlichen Hoffnungsträger der jungen ANC-Generation.

Das Wunder geschieht

Im Frühjahr 1994 wurde das formale Verhandlungsziel erreicht. Dieses Ziel bestand in einem tragfähigen Verfassungs-Kompromiß und einem tragfähigen Kompromiß zur zukünftigen Regierung. Denn das Ziel der ersten allgemeinen demokratischen Wahlen in Südafrika war ja keineswegs: eine »schwarze Mehrheitsregierung«. Oder überhaupt eine Mehrheitsregierung. Es ging jetzt nicht um Mehrheiten, sondern um Einheit: Konsens.

Das Ziel war, aus Sicht der alten Regierung, keineswegs ein »Machtwechsel«, sondern garantierte Macht-Partizipation aller Beteiligten, mit ausreichenden Mitsprache- und Veto-Rechten für alle Beteiligten. Die Regierung, *vor* allen Wahlen, war eine ausgehandelte Regierung: eine Regierung der Nationalen Einheit. Das Gnu war geboren: das »*government of national unity*«.

Und nunmehr konnte man das Volk auffordern, seinen freien Willen zum Ausdruck zu bringen: das Volk wurde aufgerufen, das pragmatische Modell zu bestätigen, und das tat es dann, freudig und enthusiastisch, geduldig und diszipliniert, überrascht und zuweilen überwältigt.

Nach drei Tagen des Wählens und mehreren Tagen intensivsten Zählens ergab sich die Weisheit der Wähler in mehrfacher Hinsicht.

Der ANC hatte die Zwei-Drittel-Mehrheit, eine potentiell verfassungsändernde Mehrheit, knapp verfehlt. Buthélezi, der im allerletzten Moment noch versucht hatte, die Wahlen insgesamt scheitern zu lassen, erhielt in der Provinz Natal, seiner politischen Basis, sehr knapp über 50 Prozent. De Klerks Nationale Partei erhielt in der Provinz Westkap, vor allem dank der Stimmen der in der neuen Situation besonders verstörten ›*coloureds*‹ (der Nachkommen früherer Grenzüberschreitungen), die eben ausreichende Mehrheit.

Mandela war Präsident, der smarte Mbeki erster Stellvertreter. De Klerk war zweiter Vizepräsident. Buthélezi wurde Innenminister. (Und Winnie Mandelas bemerkenswerter Weg, von der überforderten Gattin eines nationalen und internationalen Symbols über die Rolle der südafrikanischen Imelda Marcos und verurteilten, irgendwie allerdings gleich ›mitamnestierten‹ Kindertotschlägerin, führte nun zunächst auf die Station der stellvertretenden Kulturministerin.)

In jedem Fall war die prekäre Idee einer Regierung, in der alle mitregieren, einer Regierung, 1994 und 1995, letztlich ohne parlamentarische Opposition, das Strukturmuster für ein gesellschaftliches Konsens-Modell, das dann später mit dem vielleicht doch nicht ganz glücklichen Namen des Regenbogens überspannt werden sollte.

Schillerndes Wunder

Zum ersten ließe sich argumentieren, daß der Regenbogen eine *Koexistenz*-Metapher ist, jedenfalls nicht von vornherein eine Integrationsmetapher. Eine konsequente *Integration* des Regenbogens ergäbe wieder: Weiß. (Das wäre sicherlich keine völlig verkehrte Interpretation der Realität, aber eine doch leicht zynische Interpretation der Absicht?)

Aber, wie festgestellt, war Integration auch nicht das eigentliche Ziel. Und deutsche Gastredner zum Thema ›Föderalismus‹ waren sehr gefragt.

Es gibt viele konkrete Einzelbeispiele für dieses Koexistenz-Konzept, den additiven Konsens der Regenbogen-Idee. Alle diese Beispiele, so inzidentell sie einzeln wirken mögen, tragen vielleicht zum Verständnis dieser neuen Definition nationaler Identität bei.

Und alle folgen einem ähnlichen Muster: das übergeordnete Prinzip ist der gesellschaftliche und nationale Konsens. Da die existierenden Strukturen und Institutionen aber bewußt nicht damit belastet werden sollen, den Konsens durch Konfliktaustragung zu erreichen, wird der Konsens vorgegeben und durch konsequente Konfliktvermeidung beglaubigt. Eben ein Stillhalte-Abkommen.

Die *Flagge*. Die Flagge Südafrikas, aus Hunderten von Entwürfen ausgewählt, ist bunter als andere. Es galt, nach Möglichkeit alle entscheidenden Farben, insbesondere natürlich das Schwarz-Grün-Gelb des ANC mit genügend Weiß und Orange für die *afrikaanse* Seele und mit ausreichend blauem Himmel für alle in fröhlicher Weise zu kombinieren.

Das *Geld*. Fast ein Integrationsbeispiel. Auf allen früheren Banknoten waren langhaarige Persönlichkeiten wie Jan van Riebeck abgebildet, deren ›*political correctness*‹-Koeffizient doch deutlich abnahm. Hier entschloß man sich, nicht etwa einen zusätzlichen Schein etwa mit dem Portrait von Häuptling Shaka einzubringen, sondern schritt rasch und konsequent zu Tierkonterfeis voran. Eine salomonische Lösung: nicht Geschichte, sondern Natur.

Die *Sprache*. Ein hochsensibler Punkt. Sehr elegant gelöst. Man umging den Konflikt, der sich zwischen den denkbaren Lösungen – eine: nämlich Englisch; zwei wie bisher: nämlich Englisch und Afrikaans; oder drei, dann wohl mit Aufnahme des Zulu als »schwarzer« *lingua franca* – ergeben hätte.

Man zählte, addierte und beschloß, daß Südafrika nun elf Nationalsprachen besitzt. (Die wirkliche Eleganz der Lösung liegt darin, daß auf diese Weise es wieder auf eine einzige: nämlich Englisch, hinausläuft, ohne jemanden zu verletzen.)

Nationalhymne. Vorläufig ein additiver Konsens. Zumindest für eine Übergangszeit singt man hier N'kosi sikelel'i Afrka, und dort weiterhin ›Die Stem‹. Zwei Nationalhymnen.

Nationalfeiertage. Ein wirklicher Boom in Nationalfeiertagen. Besondere Beispiele: der erwähnte 16. Juni. Jahrestag des Schüleraufstands in Soweto,

inoffizieller Feiertag des Kampfes. Der 16. Juni, an dem die burische Polizei die Kinder erschoß, ist nun ein offizieller Feiertag und heißt: ›Tag der Jugend‹.
Genau ein halbes Jahr darauf feiert man den 16. Dezember. Auch zuvor bereits ein Nationalfeiertag. Jahrestag des großen Sieges der *voortrekker* unter Andries Pretorius und Todestag von 3000 Zulu am Buffalo River, seither Blutfluß. Tag der Versammlung der Aufrechten im Voortrekker-Denkmal in Pretoria, einer grotesken grauen Monstrosität, die so gebaut ist, daß am 16. Dezember zur richtigen Stunde der Sonnenstrahl den burischen Gral erhellt. Der 16. Dezember ist nunmehr: ›Tag der Versöhnung‹.

Geschichte. Der sensibelste Punkt von allen. Die Linie, die sich aus der Amnestievereinbarung ergab, wird noch überhöht. Der Konsens verlangt, nach vorne zu schauen. Kein Blick zurück im Zorn. Um doch ein Mindestmaß an Aufarbeitung zu gewährleisten, wurde die ›Truth Commission‹ eingerichtet mit der Maßgabe: Amnestie für Wahrheit. Sag‹ uns, wen Du umgebracht hast und geh‹ mit Gott.

Das Problem allerdings, ein zumindest im Ansatz von allen geteiltes und von allen entworfenes Geschichtsverständnis herzustellen, ist weder im Grundsatz noch im Detail bisher in Angriff genommen.

Ein letztes Beispiel für additiven Konsens vielleicht aus der weiteren Welt: die internationale Reaktion. Der *Nobelpreis.* Nun hatte es ja allerdings zuvor Beispiele gegeben, den Nobelpreis zu einer Art Wanderpokal für kontemplative Kriegsverbrecher zu machen, man denke an Kissinger, Le Duc Tho.

Der Gefängnisdirektor schließt eine Zelle auf und erhält einen Nobelpreis. Den er des guten Tones halber dann mit seinem Gefangenen teilen muß. Man muß sich das plastisch vorstellen. In diesen Zellen saßen Menschen, die, nach zwanzig Jahren, nicht mehr imstande waren, ohne Licht zu schlafen oder ohne fremde Hilfe über die Schwelle einer offenen Tür zu gehen. Wir (voran die USA) verlangen eine lächelnde Verbrüderungsszene mit Gefangenem und Wärter, um nun zu wissen: alles ist wieder gut, wir können uns anderen Dingen zuwenden.

Blick nach vorn

Was aus dem sehr berechnenden Kalkül der alten Regierung entstand: ein Konsensprinzip als Garantie für die Erhaltung des eigenen sozialen und ökonomischen Status, wurde überhöht in ein unausgesetzt zu besingendes Prinzip Hoffnung. Der Regenbogen.

Tatsächlich wird es unausgesetzt besungen. Unausgesetzt ertönt in Radio und Fernsehen, zwischen den Sendungen, in den Sendungen der *jingle:* »We are one«.

Das ist natürlich nicht wahr. Aber ist es wenigstens richtig?

Was Wunder ...

Ich habe behauptet, wir hätten uns nie genuin *für* Südafrika interessiert. Was uns *an* Südafrika interessierte, war nicht die anstrengende gesellschaftliche Komplexität, sondern seine Eignung als Symbol, als Metapher, als Bild, Beispiel, Spielzeug für diese und jene politische oder wissenschaftliche Aussage. Was uns früher an Südafrika faszinierte, habe ich hoffentlich hinreichend subjektiv formuliert. Früher hatten wir Südafrika gebraucht als scheinbar willigen Zeugen der Anklage, als Abbildung unserer ebenso naiven wie problematischen Vereinfachungen von politisch Gut und politisch Schlecht.

Und, nicht zu vergessen, unter anderem auf dem Weg über solche Kitsch-Produkte wie ›Sarafina‹, die einem von raumschiffsegelnden Katzen und rollschuhfahrenden Hamstern leicht erschöpften Broadway gerade zum richtigen Zeitpunkt im Polizeiverhör tanzende schwarze Mädchen auf die Bühne schafften – auch als Anknüpfungspunkt für unsere nicht immer latente Faszination mit dem Rhythmus der Schwarzen Welt.

Heute ist der Mißbrauch subtiler. Wir lasten Südafrika eine historische Aufgabe auf, die in der Geschichte bisher noch nie erfolgreich gelöst wurde. Jedenfalls nicht ohne ein Mehrfaches der Qual und Verluste, die Südafrika bisher hinter sich hat. Gegen die Erfahrung in Afrika, in Asien, in Lateinamerika, gegen die Erfahrung in Europa, aktuell in Nordirland oder Bosnien, machen wir nun Südafrika – in aller Güte – haftbar, eine Leistung zu erbringen, die bisher nicht gelang: eine weiche Landung, die freundliche Umformung einer politisch tief zerrissenen, ethnisch tief gespaltenen Gesellschaft in eine Art sanften Sektentums der Demokratie. Eine Demokratie, die weniger als Parteienkonkurrenz denn als gemeinschaftliches Stillhalte-Abkommen funktionieren soll. Die ihre Konflikte verschweigt und ihre Geschichte vergräbt.

Dieser etwas hektische Übergang von ignoranter Sympathie zu insolenter Überforderung hat natürlich seine Wurzeln.

Da ist die weiterhin nachklingende Irritation, daß aus verzweigten Gründen das Geschenk der Dekolonisierung in Afrika, unsere Graduierungs-Spende Demokratie, nicht mit der Konzentration und Bescheidenheit angenommen und genutzt wurde, die wir mit viel Fug und weniger Recht erwarteten. Wir gerieten nachgerade in Zweifel, ob Demokratie überhaupt das richtig gewählte, das passende Abschiedsgeschenk gewesen war.

Das war ungerecht, da ja die Beschenkten zunächst mit Verve und Begeisterung das Spiel spielten, das wir ihnen beigebracht hatten. Nun ist es allerdings offenbar so, daß eine ansatzweise *pluralistische*, weitgehend differenzierte Gesellschaft, mit entwickelten ökonomischen und administrativen Strukturen, der wir für den Prozeß der Demokratisierung angemessene Zeit einräumen, einen relativ stabilen Prozeß weiterer Differenzierung und Pluralisierung vollzieht. Siehe aktuell die Staaten in Mittel- und Osteuropa. Demgegenüber gelangen deutlich *plurale*, ethnisch und/oder religiös und/oder linguistisch, also kulturell, gespaltenen Gesellschaften, denen wir die Demo-

kratisierung auftragen, in einem Zeitraum zwischen vier und acht Jahren, zu anderen Ergebnissen.
Nicht, weil sie das Spiel nicht spielen wollten. Sondern eben weil sie es spielten.
Demokratisierung hob die existierenden Spannungen in diesen Gesellschaften auf ein gefährliches Niveau. In Abwesenheit jeder Tradition des politischen Diskurses, ohne jede Erfahrung einer themenbezogenen politischen Debatte – auf welche Loyalitäten sollen denn politische Parteien rekurrieren, wenn nicht auf die offensichtlichen. Wir warfen gesellschaftliche Gruppen, die bis dahin häufig genug kompliziert, aber erfolgreich koexistierten, in einen oft genug mörderischen Machtkampf nach dem Mehrheitsprinzip. Wir gaben dem jeweils größeren ethnischen Verband die demokratische Lizenz, seine Mehrheit zur Grundlage gesamtgesellschaftlicher Kontrolle zu machen. Wir waren verwundert, daß unter dem Demokratisierungs-Befehl demokratische Wahlen endeten als Stammeszählungen. Wir waren betrübt, daß daraufhin politische Konflikte in bewaffnete ethnische Auseinandersetzungen mündeten.
Dann trat Nüchternheit ein. Wir waren bereit anzunehmen, daß politische Einheitsparteien möglicherweise eine notwendige Folge der Gesellschaftsstrukturen waren, die wir durch die kolonialen Grenzziehungen selbst geschaffen hatten, und vielleicht sogar eine notwendige Voraussetzung für staatliche Einheit. Zimbabwe: ZANU. Kenia: KANU. Ghana: NDC. Undsoweiter.

Und was ist nun der ANC?

Was wir vom südafrikanischen »Wunder« auf höchst fahrlässige Weise verlangen, ist nicht weniger als der Houdini-Trick, den gemeinschaftlichen Einheitsgedanken mit dem demokratischen Mehrheitsgedanken politisch so geschickt zu verknüpfen, daß unsere bisherige Enttäuschung über Mehrparteiendemokratien in Afrika beendet und unser schlechtes Gewissen gegenüber Einparteien-Regimes gleichermaßen beruhigt werden.
Und so machen wir den gleichen Fehler wie zuvor, lediglich umgekehrt. Früher ›installierten‹ die europäischen Mächte eine Mehrparteien-Demokratie in politisch unterentwickelten afrikanischen Staaten, in denen eine solche zumindest kurzfristig explosiv wirken mußte. Heute, in der halbentwickelten politischen Struktur Südafrikas, stauchen wir diese zurück durch unsere nicht ganz klar ausgesprochene Unterstützung einer ›Konsens‹-Demokratie, die mittelfristig das politische System korrodieren, wenn nicht vollends korrumpieren wird.
Tatsächlich ist der ANC ja eben keine Partei, sondern eine Bewegung, eine Sammlungsbewegung. Und aus seinem Wahlergebnis 1994 geht klar

hervor, daß der ANC von ganz unterschiedlichen schwarzen, übrigens auch asiatischen und weißen, Gruppen gewählt wurde. Dies in klarem Unterschied zu den beiden anderen Parteien von einigem Einfluß, die klar ethnisch festgelegt sind. Der ANC war jedoch Sammlungsbewegung geworden als Befreiungsbewegung, mit letztlich einem einzigen klaren Programmpunkt: der Ablösung des Apartheid-Regimes. Er war bislang nicht zur politischen Einzeldebatte, zur Prioritätensetzung gezwungen. Er hatte nicht zwischen den Interessen unterschiedlicher Gruppen abzuwägen und zu entscheiden. Und auch 1994 wurde diese Klippe mit großem Bedacht umfahren, indem das Programm im wesentlichen festgelegt wurde, bevor die Wähler wählten.

Gegen die anfängliche Position des ANC – und in dem Augenblick, als dieser sich durchaus als politische Partei mit einem differenzierten Programm einbringen wollte – wurde er ›für eine Übergangszeit‹ auf eine Einheitsregierung verpflichtet, die die kompetitiven Mechanismen der Demokratie möglichst weitgehend auffangen, ja ausschalten sollte. Die Erfahrung der vorausgehenden Verhandlungen und die Übergangszeit der ›GNU-Regierung‹ waren nun gerade intensiv und lang genug, daß der ANC die Lektion gut gelernt hat und sich heute, auf sich gestellt, in einer Mehrparteien-Demokratie als Einheitspartei darstellt.

In der Realität des ›*government of national unity*‹ hatte das komplizierte System aus Konsens, Garantien und Veto über zwei Jahre den politischen Prozeß nahezu gelähmt. Vollzogen wurden etwa zwei bis drei wenig kontroverse legislative Vorhaben, darunter die kostenfreie Schulspeisung. Weiter gesteckte Ziele, etwa die gesamtstaatlichen Offensiven im Bereich Erziehung und Ausbildung und im Wohnungsbau, blieben sehr früh auch hinter bescheidenen Erwartungen zurück. Dafür erfüllte im ersten Jahr p.A., Post Apartheid, die ANC-geführte Regierung den Auftrag von IWF und Weltbank und reduzierte erstmals das Defizit des Staatshaushaltes. Statt massiver Investitionen in Infrastruktur und Humankapital galt vorrangig: Vertrauen schaffen für ausländische Investoren.

Und dann, auf halbem Wege, in der Mitte der Legislaturperiode, traten die Nationale Partei de Klerks und die Inkatha Buthelezis, die sich ohnehin nur sporadisch beteiligt hatte, aus der Einheitsregierung heraus. Der Schritt, rechtzeitig die Einheit aufzukündigen, war ebenso konsequent wie zuvor der Schritt, rechtzeitig die Einheit festzuschreiben.

Nachdem die wichtigsten erforderlichen Garantien für die eigene Klientele einmal erreicht waren, gab es wenig Gründe, einer Regierung anzugehören, die sich in zwei Jahren vor allem für ihre Versäumnisse wird rechtfertigen müssen. Die Verantwortung dafür wurde, mit der Regierungsverantwortung, dem ANC in den Schoß gelegt.

Richtig ist, daß die fundamentalen, die krassen Versäumnisse der Zeit *vor* 1990 entstammen. Falsch wäre, aus Sicht der NP, sich die Verantwortung für diese Versäumnisse ohne zwingenden Grund zuzurechnen. Besser ist, den ANC – vor den Wählern und vor der internationalen Gemeinschaft – die mittel- und langfristigen Konsequenzen einer über Jahrzehnte zuvor verfahrenen Politik nunmehr allein konfrontieren zu lassen. Die Brandstifter treten einen Schritt zurück, um desto objektiver die Mängel der Feuerwehr aufzudecken.

Und alles spricht dafür, aber kaum etwas dagegen, daß wir, nachdem wir mit Nachdruck mitgeholfen haben, den ANC in diese Situation zu bringen, uns bald wieder enttäuscht zeigen dürfen. Denn es wäre doch unnötig naiv zu meinen, der ANC werde in eben dieser Situation nicht wieder auf alle Möglichkeiten einer politischen *Bewegung* zurückgreifen, die ihm zu Verfügung stehen.

Wohin mit dem Wunder?

Also einige wenige Stichwörter zur Zukunft. Darunter aber auch nichtpolitische, da es sehr wohl ganz unpolitische Faktoren sein können, die die unmittelbare Zukunft Südafrikas gefährden.

Politik

Man kann erwarten, daß die nächsten nationalen Wahlen die von uns mitkreierte Illusion, man könne Einheitsdemokratie spielen ohne Einschnitte entweder in die Demokratie oder aber in die Einheit, nicht aufrechterhalten werden.

Denkbar, vielleicht gesund, jedenfalls aber gefährlich, wäre ein Riß im ANC. Die Scheidung, öffentlich und im Gerichtssaal, von Nelson und Winnie Mandela war nicht zuletzt ein Bild für die Spannungen zwischen dem noch sehr dominanten pragmatischen Mehrheitsflügel und der militanteren Minderheitsfraktion im ANC. Es wird für die Letztgenannten zumindest verlockend sein, der großen Partei der Enttäuschten, die weiter wächst, ein institutionelles Angebot zu machen.

Denkbar – und heute bereits sichtbar – ist (nicht gesund, aber auch gefährlich), daß der ANC Spaltungsbestrebungen vorher unterdrückt oder, als »gegen das Volk«, vorher brandmarkt. Schon jetzt ist durchaus spürbar, daß der von uns mitformulierte Auftrag zur Einheit erhebliches Zensur-Potential in sich trägt, sei es in der Politik, sei es in der Kultur. Schon jetzt ist spürbar, daß der ANC, der die Rolle der Einheitspartei nicht angestrebt hat, sondern zuerst durch Zwang, dann durch Desertion der Partner, in diese Position gebracht wurde, eben genau die Allüren einer Einheitspartei kultiviert. Etliche ›Dissidenten‹ wurden in die politische Wüste geschickt. Der Vorschlag einer schärferen Kontrolle der Medien liegt auf dem Tisch.

Ein guter Freund von mir, der ›*rap*-Poet‹ Lesego Rampolokeng, der vorzügliche, aber höchst aggressive Texte schreibt und vorträgt, die niemanden und schon gar nicht die *jetzige* Regierung verschonen, wurde nunmehr von den ANC-Kulturverantwortlichen öffentlich als ›Anarchist‹ gescholten und von ›Partei-Veranstaltungen‹ ausgeschlossen. Konsens-zersetzende Poesie?

Ökonomie

Unter guten Voraussetzungen wird Südafrika – dessen Währung aktuell allerdings drastisch verfällt – ein Wirtschaftswachstum von zwei bis drei Prozent über einige Jahre hinweg erreichen können. Die asiatischen Schwellenländer zeigen, daß eine jährliche Zuwachsrate von sieben, siebeneinhalb Prozent erforderlich ist, um den Sprung zu schaffen. Und alle haben sie es mit massiven Investitionen in ihr Humankapital bewirkt. Dafür fehlen in Südafrika jegliche Voraussetzungen. Auch mit einer Verdoppelung seines jetzigen Wirtschaftswachstums wird Südafrika den Anschluß verpassen.

Gewalt

Als erste gesellschaftliche Form des Zusammenlebens demokratisiert sich Gewalt. Mit der 1990 eingeräumten Bewegungsfreiheit der Menschen erhält die Gewalt Bewegungsfreiheit. Früher sahen wir zwei Formen der Gewalt. Weiße Gewalt gegen Schwarz war politisch. Gegenstand verschiedener, nicht immer hochklassiger Filme, aber im Land nicht offen thematisiert. Schwarze Gewalt gegen Schwarz war eine Art folkloristischer Ergänzung einer anderen Kultur – bedauerlich, aber letztlich zu vernachlässigen. Nun allerdings zieht schwarze Gewalt gegen Schwarz, die ganz unpolitische Kriminalität, in die Innenstädte. Damit wird sie lästig. Und ein neues Element tritt hinzu. Schwarze Gewalt gegen Weiß. Ein klares Zeichen erfolgreicher Demokratisierung. Und die Weißen, die bei Weiß gegen Schwarz zuvor wegschauten und bei Schwarz gegen Schwarz nur den Kopf schüttelten, sind sehr betroffen. Diplomaten fürchten um ihre steuerfrei eingeführten Wagen, Investoren zögern, Touristen sind sich nicht mehr sicher: vielleicht dieses Jahr doch lieber nach Burma?

Obgleich ›bloße‹ Kriminalität, kann Gewalt in Südafrika stets leicht politisiert werden. Das Gewaltmonopol des Staates ist als Prinzip noch lange nicht gelernt, nachdem es Jahrzehnte die Umschreibung für staatliches Unrecht war. Eine aktuelle, besorgniserregende Variante: die auf eigene Faust nunmehr gegen ›Straßenkriminalität‹ agierenden *vigilantes* am Kap, die ihren Zusammenhalt ethnisch (›*coloureds*‹) und/oder religiös (›*muslims*‹) zu definieren suchen.

Drogen

Jede Stadt, jeder Ort, jeder Flecken in Südafrika besaß und besitzt seinen Schatten, eine Gegenstadt, einen Gegenort, einen Gegenflecken. Jede Ansiedlung besaß – draußen – ihr dunkles Ghetto, die Schlafstadt der Sklaven. Aber dennoch waren die *townships* Heimat schwarzer Millionäre, schwarzen Mittelstands, schwarzer Armut gleichermaßen. Der gemeinsame Nenner war Pigmentierung, nicht Mittellosigkeit. Heute ziehen alle, die es sich irgend leisten können, in die Städte oder in die weißen Vorstädte. Erst jetzt werden die *townships* zu regulären *slums*.

Es gibt heute rund 100 Milliarden US-Dollar Drogenprofite, die nicht zurückgehen in den amerikanischen Markt, sondern die vor allem genutzt werden, neue Märkte aufzubauen. Bisher waren die südafrikanischen schwarzen Drogenkonsumenten konservativ. Viel *ganja*, also Marihuana, einige Mandrax-Tabletten als lokale Spezialität. Aber dieser Markt ist nun entdeckt worden und wird aktiv ›entwickelt‹. Stellen Sie sich Soweto – drei Millionen Menschen, schon heute eine Jugendarbeitslosigkeit oberhalb sechzig Prozent – in vier bis sechs Jahren vor, nach einem gelungenen *product-placement* von *crack*. (Und Soweto ist im Vergleich zu anderen *townships* noch von geradezu sauerländischer Geordnetheit.) Die Bronx ist nichts dagegen.

Aids

Es dauerte bis 1991, eher 92, bis Aids als Problem offiziell anerkannt, überhaupt formuliert wurde. Es gab und gibt keine gesicherten Gesamtzahlen. Aber es gibt dramatische Einzelwerte aus Erhebungen bei Jugendlichen, bei Schwangeren (zehn Prozent), bei Minenarbeitern (zwanzig Prozent Infizierte). Südafrika ist Anziehungspunkt für *migrant workers* aus Namibia, Zimbabwe, Mozambique. Es ist realistisch anzunehmen, daß Südafrika allein heute etwa eine Million HIV-infizierte Menschen hat, ohne daß die Gefahr in der breiten Bevölkerung überhaupt erkannt ist.

Abschluß

Perzeption.

Unsere Erwartung eines gesellschaftstechnologischen Wunders, einer erfolgreichen entwicklungstheoretischen Gen-Technologie in Südafrika ist zu gleichen Teilen unrealistisch, kitschig, ignorant und auch zynisch.

Und ich sehe im Moment nicht, daß wir bereit sind, unserer an das andere Ende der Erde verlegten Sozialromantik dadurch Nachhaltigkeit zu verschaffen, daß wir uns mit der notwendigen politischen Energie und dem erforderlichen ökonomischen Engagement für ihre Realisierung einsetzen.

Wenn es etwa um die Öffnung des europäischen Marktes für südafrikanische Agrarprodukte geht, verschwindet viel Glanz aus dem Gespräch, das gerade zuvor noch das Wunder vom Kap pries.

Insbesondere aber sind wir froh, daß mit dem Händedruck zwischen Mandela und de Klerk unter dem Hollywood-Regenbogen die ganze Problematik Südafrikas im Grunde nun doch auf den Rand jenseits unserer politischen Perzeption und Aufmerksamkeit hinausgleiten kann. Denn wir haben letztlich seit eben demselben Zeitpunkt, Anfang 1990, unseren eigenen Rubikon überschritten und daher Deutschland im Blick und Europa. Und dann noch Europa und Deutschland.

Sieben, bald acht Jahre nach unserer eigenen Grenzüberschreitung wissen wir, daß Einigung nicht durch Einheit vollzogen wird, sondern mit Einheit beginnt. Und daß mit der Einheit immense Kosten für die Einigung anfallen. Vier Jahrzehnte war Deutschland staatlich und gesellschaftlich geteilt. Nahezu exakt über die gleiche Zeit wurde Südafrika (seit 1948) unter strikter Apartheid-Legislation gesellschaftlich (übrigens auch ›staatlich‹: die artifiziellen Gebilde der ›*homelands*‹) geteilt. Nun besteht die Chance seiner Einigung. Aber Südafrika ist außerstande, die Kosten dafür alleine zu tragen. Wenn wir nicht bereit sind, uns für die Realisierung unserer eigenen früheren Forderungen für das südliche Afrika erheblich massiver politisch und wirtschaftlich einzusetzen, als wir uns zuvor vor allem rhetorisch engagierten, dann verlieren wir unsere Glaubwürdigkeit vollends.

Ich bin mir bewußt, daß ich selbst heute keinen Beitrag zum Aufbau der Demokratie geleistet habe. Darum ging es mir nicht. Ich wollte dem Land, in dem ich gearbeitet habe und mit dem mich heute viel verbindet, lediglich den Respekt erweisen, es ein wenig aus seiner Rolle zu befreien, die es früher als politische Metapher spielen mußte, und die es offenbar heute als politische Metapher spielen soll. Südafrika hat genug zu tun, als daß es noch mit der Aufgabe belastet werden muß, uns von Zeit zu Zeit kleine Häppchen Hoffnung aus der Dritten Welt zu apportieren. Und es hat zu viel gelitten, um in einigen Jahren als besonders charakteristische Enttäuschung herhalten zu müssen.

Das ›Wir haben es euch ja vorhergesagt‹ – die *self-fulfilling prophecy* des Niedergangs – liegt gerade vielen deutschen Demokraten heute bereits auf den Lippen.

Und da wir es dann doch nicht auf das Deutschland der frühen Neunziger anwenden wollen, werden wir es um so bereitwilliger auf das Südafrika der frühen Neunziger anwenden.

Und für ein neues ›Wunder‹ wird sich schon jemand finden. Es gibt noch genügend Staaten, die eines dringend nötig haben.

Benedikt Giesing

Kulturelle Identitäten als strategischer Kompaß?
Soziologische Anmerkungen zu Samuel P. Huntingtons »clash of civilizations«

Einleitung

Als die Perser im Jahre 480 v. Chr. Griechenland bedrohen, entdecken die untereinander zerstrittenen griechischen Stadtstaaten ihre Bluts-, Sprach- und Religionsgemeinsamkeit[1]. Sparta und Athen begründen auf dem Fundament dieser so empfundenen kulturellen Identität eine erfolgreiche militärische Allianz zur Abwehr der Perser. Aber nur fünf Jahrzehnte später bricht zwischen ihnen der Peleponnesische Krieg aus, in dem die hellenische Gemeinsamkeit vergessen ist und es auch den Bundesgenossen Spartas auf der Insel Melos herzlich wenig nützt, ihr Hilfeersuchen nun ihrerseits mit dem Argument ihrer kulturellen Verwandtschaft zur Mutterstadt Sparta zu garnieren: Die Athener machen Melos dem Erdboden gleich, ohne daß ihre blutsverwandten Bündnisgenossen in Sparta auch nur einen Finger gekrümmt hätten, um ihrer Kolonie beizuspringen.[2]

An diesen historischen Untergang der Melier erinnert Fouad Ajami, um Huntingtons Modell der ›civilizational alliances‹ in einer bissigen Kritik der Lächerlichkeit preiszugeben.[3]

Ajami glaubt nicht daran, daß Huntington uns mit seinem Modell einen Kompaß an die Hand gibt, mit dem man die internationalen Bündniskonstellationen und Frontstellungen des 21. Jahrhunderts aufspüren und vorhersagen kann. Wie viele andere Experten, die nach dem Ende des Kalten Krieges zusammen mit Huntington auf der Suche nach der neuen Weltordnung sind, will auch Ajami die internationale Politik einstweilen eher als einen chaotischen Interessenkampf beschrieben wissen, der sich keineswegs unter dem Blickwinkel von Huntingtons Kulturkampfparadigma zu einer geistigen Ordnung fügt.[4] Aber läßt sich Huntingtons »Kompaß« wirklich mit einigen histo-

---

1   Herodot, Historien, VIII, 144; Deutsche Gesamtausgabe. Übersetzt von A. Horneffer, neu herausgegeben und erläutert von H. W. Haussig. Mit einer Einleitung von W. F. Otto. Stuttgart: Kröner [4]1971, S. 581f.
2   Thukydides, Peleponnesischer Krieg, V, 85ff.
3   Fouad Ajami, The Summoning. Responses to Samuel P. Huntington's »The clash of civilizations?«, in: Foreign Affairs 1993, vol. 72, no. 4, S. 2-9; S. 9.
4   So betitelt auch Zbigniew Brzezinski seine diesbezügliche Monographie aus dem Jahre 1993 vielsagend mit »Out of Control« und Daniel Patrick Moynihan spricht

rischen Gegenbeispielen als unbrauchbar erweisen, wenn man als alternative Theorie nur das Chaos oder den amorphen Interessenkampf von 185 staatlichen Einzelakteuren zu bieten hat? Zu Recht richtet Huntington an die Adresse seiner Kritiker die Rückfrage: »If not civilizations, what?«[5] In das Wirrwarr internationaler Politik versucht Huntington mit seiner »Kultur-Knall-Theorie« gedankliche Ordnung hineinzubringen. Und zwar eine Ordnung, mit der ein außenpolitischer Stratege etwas anfangen kann, eine Theorie, die wie ein Kompass oder ein Frühwarnsystem Orientierung in einem Labyrinth der Unwägbarkeiten geben kann.[6]

Für Huntington wäre es ein leichtes, auf die so klare historische Verletzung des Kulturkampfprinzips, auf die Ajami anspielt, eine geeignete Antwort zu geben. Der Gegensatz zwischen Sparta und Athen im Peleponnesischen Krieg wäre dann eben kein »clash of civilizations«, sondern ein intrakultureller Konflikt, bei dem bloße Machtinteressen und reiner Opportunismus schon einmal die Überhand über die kulturellen Identitätsdefinitionen gewinnen können. Deswegen blieb Sparta untätig. Hätten sie in dem athenischen Angriff auf die Melier eine kulturelle Herausforderung gesehen, hätten sie wohl alles riskiert und bis zum letzten Tropfen Bluts gekämpft, denn: »culture is to die for«, versichert uns Huntington.[7] Während Ajami davor warnt, sich wirklich im Einzelfall auf die Bündnistreue kultureller Bruderländer zu verlassen, mahnt Huntington die konsequente strategische Ausnutzung des »kin-country-syndroms« an. Daher fordert er die Rückbesinnung der USA auf die westlich-abendländischen Kulturwerte, die den Zusammenhalt einer nordatlantischen Allianz festigen würden. Huntington scheint in letzter Instanz tatsächlich auf die Wirksamkeit seines Kulturkampfprinzips zu bauen, wenn er schreibt: »What ultimately counts for people is not political ideology or economic interest. Faith and family, blood and belief, are what people identify with and what they will fight and die for.«[8] Im krassesten Gegensatz dazu versichert uns Ajami: »Nations ›cheat‹: they juggle identities and interests« und »civilizations do not control states, states control civilizations. States avert their gaze from blood ties when they need to; they see brotherhood and faith and kin when it is in their interest to do so.«[9]

---

vom »Pandemonium«. Zbigniew Brzezinski, Out of control. Global Turmoil on the eve of the 21st century, New York 1993. Daniel Patrick Moynihan, Pandemonium. Ethnicity in international politics, Oxford 1993.

5   Samuel P. Huntington, If not civilizations, what? Paradigms of the Post-Cold War World, in: Foreign Affairs, vol. 72, no. 5, 1993, S. 186-194.
6   Huntington benutzt selber mehrfach das Wort »Kompaß«, um den Sinn seines Modells zu charakterisieren. Vgl. Huntingtons Äußerungen in einem Interview in: Der Spiegel Nr. 48, 1996, S. 186.
7   Samuel P. Huntington, If not civilizations, what? a.a.O., S. 149.
8   Ebd.
9   Fouad Ajami, The Summoning. Responses to Samuel P. Huntington´s »The clash of civilizations?«, a.a.O., S. 9.

Man erkennt deutlich, daß Ajami dem ›Interesse‹ die überlegene Wirkmächtigkeit bei der Prägung staatlichen Handelns zuerkennen will, während Huntington nach der Formel arbeitet: Identitätsdefinition bricht Interessendefinition. Um dies behaupten zu können, hebt Huntington die »kulturelle Identität« sogar auf eine höhere Wirklichkeitsebene: »Our world is one of overlapping groupings of states brought together in varying degrees by history, culture, religion, language, location and institutions. At the broadest level these groupings are civilizations. To deny their existence is to deny the basic realities of human existence.«[10]

Für Ajami bieten also Interessen, Interessenkonstellationen und Interessenkonflikte die einzig verläßliche theoretische Orientierung für die Analyse des gegenwärtigen Systems internationaler Politik. In Huntingtons Augen bieten gerade die Interessen überhaupt keine theoretische Orientierung. Woran aber könnte sich ein Theoretiker der Geopolitik dann noch halten?

I. Ideen, Identitäten oder Interessen? Der Ansatz und die Grundbegriffe Huntingtons aus soziologischer Sicht.

Huntington entwickelt seine zentrale These, daß kulturelle Identitäten heute darüber bestimmen, ob Staaten und andere große Gruppen von Menschen zusammenhalten oder aneinandergeraten, in fünf Einzelthesen weiter.

Die Multikulturalisierung und Multipolarisierung der Weltpolitik, eröffne nunmehr die Möglichkeit, daß Staaten modern werden, ohne sich zu verwestlichen. Damit gehe ein relativer Machtverlust des Westens einher. Die Nationalstaaten gruppieren sich neu in kulturelle Allianzen.

Der westliche Universalismus und die Menschenrechts- und Demokratisierungspolitik sind in Huntingtons Augen nur eine Maskerade für eine Politik, in der der Westen letztlich doch nur seinen eigenen Interessen folge. Das erzeuge unnötigerweise gefährliche interkulturelle Konflikte. Schließlich plädiert Huntington für eine betont westliche Identitätspolitik, die sich um den Erhalt der eigenen Kultur kümmert.

Mit diesen Thesen hat Huntington fünf einflußreiche Konkurrenzmodelle herausgefordert, die bisher das Nachdenken über internationale Politik bestimmten. Gegen sie behauptet Huntington, daß der Vorteil seines Kulturkampfparadigmas die ausgewogene Balance zwischen Abstraktion und Konkretion sei.

Gegen das One-World-Paradigma[11] wie gegen die Zwei-Welten-Theorien des ökonomisch argumentierenden Nord-Süd-Paradigmas oder des kulturell

---

10 Samuel P. Huntington, If not civilizations, what? a.a.O., S. 191.
11 Hier hat Huntington vor allem Fukuyamas Behauptung vom »Ende der Geschichte« im Auge, wie überhaupt sein Ansatz als polemische Kritik der naiven Harmonieer-

aufgefaßten Ost-West-Gegensatzes wendet Huntington die offensichtliche Multipolarität des internationalen Systems seit den 90er Jahren ein. Vor allem bemängelt er ihre Unfähigkeit, als Detektor zur frühzeitigen Erkennung gefährlicher Konflikte zu fungieren. Gegen das Chaos-Paradigma Brzezinskis und Moynihans wie auch gegen die realistische Schule (bspw. Hans J. Morgenthau, Henry Kissinger) wendet Huntington ein, daß sie der Realität zu nahe und allzu deskriptiv seien. Die realistische Schule ist sicherlich der hartnäckigste und einflußreichste Theoriekonkurrent Huntingtons. Und in der Tat muß man wohl gegen ihre Modelle einwenden, daß sie davon ausgehen, daß die ›Staatsräson‹, das staatliche Interesse, für alle Nationalstaaten ein und dasselbe sei und auf die gleiche Formel gebracht werden könne: Macht zu gewinnen und zu erhalten. Das Geflecht der Machtinteressen der zur Zeit 185 Staaten tendiere dabei stets – so die realistische Schule – zur Ausbildung eines Machtgleichgewichtes. Vor allem gegen diese orthodoxe Position vom Primat und von der uniformen Universalität des Machtinteresses bringt Huntington sein Konzept der kulturellen Identität in Stellung.

Wenn die Welt des 21. Jahrhunderts auch chaotischer und fragmentierter sei als bisher, so entbehre sie dennoch nicht jeglicher erkennbaren Ordnung und Struktur.

Wie jeder Erklärungsansatz beinhaltet auch Huntingtons Modell bestimmte kognitive Vorentscheidungen und Prämissen, die ihrerseits nicht mehr wissenschaftlich zu überprüfen sind und daher vorläufig akzeptiert werden müssen, wenn man das Modell angemessen verstehen und darstellen will, was man versuchen sollte, bevor man zur Kritik schreitet. Zu diesen pragmatisch zu treffenden Vorentscheidungen gehört die Wahl des Abstraktionsgrades. Um ein geostrategisch nutzbares Modell zu entwickeln, darf ein gewisser Abstraktionsgrad nicht unterschritten werden, da das Modell sich sonst in irrelevanten Details verliert. Das wäre die »fallacy of misplaced concreteness«. Andererseits darf es nicht so abstrakt sein, daß es für seine Anwendung in Einzelfall wegen einer unübersehbaren Vielzahl bekannter und unbekannter Randbedingungen uninformativ wird, so daß nur jenes ratlose »grau ist alle Theorie« zurückbleibt. Huntington sieht den erkenntnistheoretischen Mehrwert seines Paradigmas in einem Ausgleich von Abstraktion und Konkretion begründet.

Ob das Handeln des Menschen aber eher von hintergründigen kulturellen Ideen oder eher von vordergründigen materiellen Interessen geprägt wird, ist eine klassische Streitfrage innerhalb der Sozialwissenschaften. In ihrer Beantwortung erliegt man sehr leicht der Versuchung zu einem entweder idealistischen oder aber materialistischen Kurzschluß. Vulgarisierte Varianten beider Positionen können die Disputanten leicht in unversöhnliche Lager spalten und die Argumentation in eine Sackgasse führen, in dessen Nähe auch Hun-

---

wartungen seit dem Ende des Kalten Krieges sowie der Siegeszuversicht und Friedenserwartung westlicher Demokratien gelten kann. Vgl. Francis Fukuyama, Das Ende der Geschichte – Wo stehen wir? München 1992.

tington und Ajami geraten. Zwischen ähnlich gelagerten Fronten bewegt sich die Soziologie im Prinzip seit ihren Anfängen. So hatte beispielsweise auch Max Weber mit seiner Soziologie zwischen ›Materialisten‹ und ›Idealisten‹ vermitteln und wieder Bewegung in die Diskussion bringen wollen.[12] An einer zentralen Stelle seiner Religionssoziologie heißt es: »Interessen (materielle und ideelle), nicht: Ideen, beherrschen unmittelbar das Handeln des Menschen. Aber: die ›Weltbilder‹, welche durch ›Ideen‹ geschaffen wurden, haben sehr oft als Weichensteller die Bahnen bestimmt, in denen die Dynamik der Interessen das Handeln fortbewegte.«[13]

Huntington läßt sich durchaus als ein Vertreter dieser theoretischen Position Webers verstehen. Die Identifikation mit dem eigenen Kulturkreis, von der Huntington spricht, ist gleichzeitig ein Prozeß, in dem ein Weltbild und die in ihm enthaltenen Ideen geschichtliche und politische Wirklichkeit werden. Zwar geht Huntington äußerst sparsam mit Begriffen wie »Weltbild«, »Ideologie« oder »Weltanschauung« um, wenn er den Mechanismus beschreibt, in dem die Kulturkreiszugehörigkeit außenpolitisch handlungsrelevant wird, aber die von ihm stattdessen benutzte Kategorie der »Identität« bezeichnet letztlich nichts anderes als die kollektive Selbstdeutung eines Volkes anhand von je eigenen, kulturabhängigen *Ideen*. Durkheim verwendet für das Phänomen der Gruppenidentität den Begriff »Kollektivbewußtsein« (conscience collective) und den Ausdruck »kollektive Ideen« nahezu synonym. Er versteht darunter die *geistige* Einheit einer Gesellschaft, wie sie in Sprache und Schrift, Recht und Moral, Sitten und Gebräuchen sowie Wissensbeständen und Gewissensinhalten zum Ausdruck kommt.[14] Ihre unmittelbarste und spürbarste Wirkung entfalten die kollektiven Ideen für Durkheim nach ihrer negativen Seite hin, wenn nämlich im Namen des Kollektivs Strafen und Sanktionen gegen ein Mitglied verhängt werden, das mit seinen Handlungen das Wir-Gefühl seiner Gruppe verletzt hat. Die von Huntington gemeinte Identität ist entsprechend zur positiven Seite hin als das Resultat der Identifikation mit einem Kollektiv zu verstehen, als Identifikation mit einer bestimmten Gruppe von Menschen.[15] Diese Gruppe muß dazu aber be-

---

12 Vgl. bes. Webers Auseinandersetzung mit R. Stammler in Max Weber, »R. Stammlers ›Überwindung‹ der materialistischen Geschichtsauffassung«, in: Max Weber, Gesammelte Aufsätze zur Wissenschaftslehre, Tübingen 1988, S. 291-359.
13 Max Weber, Gesammelte Aufsätze zur Religionssoziologie. Bd. 1, Tübingen 1988, S. 252.
14 Emile Durkheim, Über soziale Arbeitsteilung. Studie über die Organisation höherer Gesellschaften. Frankfurt/M. 1992, S. 128-134 und S. 149-151.
15 Natürlich kann ein Mensch sich statt mit sozialen auch mit naturalen Objekten identifizieren. Die Anhänger totemistischer Religionen empfinden beispielsweise Angriffe auf diejenigen Tiere und Pflanzen, die ihnen als Totem zugewiesen wurden, wie Angriffe auf sich selbst. Aber Durkheim hat in seiner Religionssoziologie gezeigt, daß diese materiellen Objekte letztlich doch nur Symbole für die soziale Gemeinschaft (hier: für den Clan) sind, so daß dieser Einwand unerheblich ist. Vgl. Emile Durkheim, Die elementaren Formen des religiösen Lebens. Frankfurt/M. 1981.

reits vorher existiert haben, sich als Gruppe definiert und konstituiert haben. Sobald aber eine Gruppe sich als Gruppe zu verstehen beginnt, hat sie bereits eine Gruppenidentität entwickelt, womit die Identifikation zum eigentlichen gruppenkonstituierenden Mechanismus würde und die logische Unmöglichkeit entstünde, daß Identität sich selbst voraussetzt. Der Soziologe muß diese Zirkularität zunächst benennen, um auf die Möglichkeit der ›self-fulfilling-prophecy‹ der Identitätsdefinitionen zu verweisen: Aber eine kausale Erklärung, warum nun ausgerechnet eine Gruppe von dieser Art und Größe sich als Gruppe zu verstehen beginnt, ist dies natürlich nicht. An dieser Stelle kommen vielmehr die Kulturelemente ins Spiel, bei denen Identitätsdefinitionen überhaupt ansetzen können. Huntington nennt sie die »objektiven« Merkmale der Kultur und erwähnt Religion, Sprache, Sitten und Gebräuche, Geschichte sowie Institutionen.[16] Den Identifikationsvorgang selber bezeichnet er als das »subjektive« Merkmal von Kultur. Man muß sich jedoch darüber im klaren sein, daß dieses »subjektive« Merkmal ganz offensichtlich das entscheidende ist. Die ›äußerlichen‹ Tatsachen, daß jemand diese oder jene Religion praktiziert, diese oder jene Sprache spricht, diese oder jene Herkunft, Geschichte oder Lebensweise hat, würden für die faktische Ausrichtung des Handelns von gänzlich untergeordneter Wirkung bleiben, wenn sie nicht um diese subjektive Komponente aufgeladen würden. Insofern ist soziologisch entscheidend, ob an das Vorhandensein irgendeiner Gemeinsamkeit *geglaubt* wird, und nicht etwa, ob diese Gemeinsamkeit faktisch tatsächlich besteht. Ist nämlich dieser »Gemeinsamkeitsglaube«[17] vorhanden, hat sich die wichtigste Gemeinsamkeit bereits faktiziert: das gemeinsame Selbstverständnis als geeinte Gruppe. Die »objektiven« Merkmale erleichtern und begünstigen natürlich den Identifikationsvorgang, aber sie können ihn nicht ersetzen. Umgekehrt aber kann die subjektive Identifikation mit einer bestimmten Gruppe, wenn sie dauerhaft handlungsmotivierend ist, die Enkulturation in die »objektive« Kultur bewirken, selbst wenn »objektiv« keine Kulturzugehörigkeit gegeben ist. Es handelt sich hier vornehmlich um einen wechselseitigen Anerkennungs- und Akzeptanzvorgang, dessen Realisierung fast gänzlich auf inflationär sich steigernden Selbstverstärkungseffekten beruht und »objektiver« Ursachen nur für die Initialzündung bedarf. Die Chancen für die Propagierung und Expansion einer bestimmten Identitätsdefinition hängen dabei nicht nur von den technischen und sozialen Möglichkeiten ab, eine breiten- und tiefenwirksame Kommunikation zu unterhalten, sondern

---

16 Samuel P. Huntington, Der Kampf der Kulturen. The clash of civilizations. Die Neugestaltung der Weltpolitik im 21. Jahrhundert, München, Wien 1996, S. 49-62
17 Dieser sehr pointierte und fruchtbare Begriff wird von Max Weber verwendet, in der Fachdiskussion aber sträflich vernachlässigt, worauf Gephart erstmals aufmerksam gemacht hat. Vgl. Max Weber, Wirtschaft und Gesellschaft. Tübingen 1972, S. 235ff. und Werner Gephart, Zwischen »Gemeinsamkeitsglaube« und »solidarité social«. Partikulare Identitäten und die Grenzen der Gemeinschaftsbildung. In: Zeitschrift für Rechtssoziologie 14, 1993, H. 2, S. 190-203.

in erster Linie wohl von der Glaubwürdigkeit der gebotenen Definition und der Glaubensbereitschaft der Adressaten dieser Definition. Beide Faktoren unterliegen ihrerseits wiederum gewissen hemmenden und fördernden Bedingungen. Doch scheint prinzipiell auch für noch so absurde Identitätsdefinitionen grundsätzlich Glaubensbereitschaft mobilisierbar, wofür die vollendet chimärische »Rassenkunde« der Nationalsozialisten ein trauriges Beispiel ist. Die Akzeptanz einer Identitätsdefinition wird andererseits ausgesprochen wirkungsvoll gehemmt durch die fast unvermeidliche Tatsache, daß dem einzelnen Menschen einander überkreuzende und sich teilweise widersprechende Selbstbilder angeboten werden. Man kann sich mit seiner Geschlechtsrolle als Mann oder Frau wie mit seiner Familien- oder Verwandtschaftszugehörigkeit oder mit seiner Berufsgruppe, seiner Bildungsschicht oder seiner sozialen Klasse identifizieren. Auch kann sich das Identitätsbedürfnis an einer territorialen Zugehörigkeit (Heimatliebe) oder einer prestige- oder legitimitätsträchtigen Institution (z.B. »Verfassungspatriotismus«) befriedigen. Huntington löst aus diesem Gestrüpp konkurrierender Identitäten kurzerhand die kulturell-zivilisatorische Identität als die umfassendste und geopolitisch ausschlaggebende heraus, indem er sich eines Gedankens der konservativen politischen Theorie bedient, der bei Edmund Burke besonders deutlich zum Ausdruck kommt.[18] Die vielfältigen Identitäten stehen nämlich keineswegs nur konfligierend oder unverbunden nebeneinander, sondern lassen sich durch geschickte Interpretation miteinander in Einklang bringen. Wenn die Familie beispielsweise zur ›Keimzelle‹ der Nation stilisiert wird, entsteht plötzlich sozusagen eine vertikale Synergie der Identitäten, und zwischen Familienpflichten und Staatsbürgerpflichten werden mögliche Diskrepanzen ausgebügelt. Huntington kämmt mit diesem Modell die Widersprüche zwischen ethnischer, nationaler und zivilisationeller Identität aus und behauptet: »In einer Welt, in der Kultur zählt, sind Stämme und ethnische Gruppen die Züge, Nationen die Regimenter, Zivilisationen die Heere.«[19] In dieser Sichtweise wird eine widersprüchliche und vielfältige soziale Umwelt eingeschmolzen zu einer formierten, man möchte fast sagen: uniformierten, schlagkräftigen kollektiven Gesamtidentität. Wenn eine solche ›Gleichschaltung‹ der Identitäten gelingt, dürfte ein enormer Zuwachs an Motivation und Organisation möglich und ein entsprechender Machtgewinn die Folge sein. Huntington hat mit diesem Argument den sozialpsychologischen Vorgang der Identifikation auf eine Ebene gehoben, die ihn für die Geopolitik relevant und brauchbar macht. Er bleibt damit durchaus im Bereich des theoretisch möglichen und gedanklich nachvollziehbaren; die Frage ist nur, ob seine These vom Bedeutungszuwachs der kulturell-zivilisationellen Identität, die die ihr zuträglichen Sub-Identitäten einverleibt und konträre Identitäten zunehmend unterdrückt, *empirisch* richtig ist. Eine zuverlässige Forschungs-

---

18 Samuel P. Huntington, Der Kampf der Kulturen, a.a.O., 198f.
19 Ebd.

methode zur empirischen Überprüfung einer These von solch hohem Abstraktionsniveau und breitem Geltungsbereich ist allerdings noch ein Desiderat für eine ›Soziologie der kulturellen Identitäten‹.

So oft es versucht worden ist, entweder die Ideen bzw. Identitäten oder aber die Interessen als die »basic reality of human existence« zu beweisen, so hartnäckig dringen Soziologen wie Weber oder Parsons gegen alle idealistischen oder materialistischen Vereinseitigungen auf eine Kombination dieser Alternativen.[20] In der Tat kommt man auch bei außenpolitischen Strategieüberlegungen wohl nicht umhin, auf irgendeine Weise eine Kombination der Wirkung dieser beiden Faktoren auf das menschliche Handeln anzunehmen, da man schon am Streit zwischen Huntington und Ajami ablesen kann, wie schnell und unvermittelt die Argumente sich ideologisch aufladen bzw. zu bloßen ontologischen Affirmationen degenerieren, wenn man glaubt, sich zwischen diesen beiden Positionen grundsätzlich entscheiden zu müssen. Diese Entscheidung offenzuhalten, macht die Analyse natürlich andererseits ungleich komplizierter, weil man sich von eingängigen und einfachen monokausalen Handlungsmodellen (etwa dem vulgärmarxistischen Basis-Überbau-Modell) prinzipiell verabschieden muß und stattdessen das verwickelte Hin und Her von Handlungsmotivationen entwirren muß, die teils materiellen Interessen, teils ideellen Identitätsdefinitionen entstammen. Eine besondere theoretische Schwierigkeit stellt in diesem Zusammenhang die jeweilige Gewichtung dieser beiden Motivarten in einem bestimmten Handeln dar, also die Frage, welches Motiv für das Handeln letztlich ausschlaggebend war. Huntington scheut anscheinend nicht vor einer klaren Entscheidung in dieser Frage zurück:

»In der Welt nach dem Kalten Krieg sind die wichtigsten Unterscheidungen zwischen Völkern nicht mehr ideologischer, politischer oder ökonomischer Art. Sie sind kultureller Art. Völker und Nationen versuchen heute, die elementarste Frage zu beantworten, vor der Menschen stehen können: Wer sind wir? Und sie beantworten diese Frage in der traditionellen Weise, in der Menschen sie immer beantwortet haben: durch Rückbezug auf die Dinge, die ihnen am meisten bedeuten. Die Menschen definieren sich über Herkunft, Religion, Sprache, Geschichte, Werte, Sitten und Gebräuche, Institutionen. Sie identifizieren sich mit kulturellen Gruppen: Stämmen, ethnischen Gruppen, religiösen Gemeinschaften, Nationen, und, auf weitester Ebene, Kulturkreisen. Menschen benutzen Politik nicht nur dazu, ihre Interessen zu fördern, sondern auch dazu, ihre Identität zu definieren. Wir wissen, wer wir sind, wenn wir wissen, wer wir nicht sind und gegen wen wir sind.«[21]

In Anlehnung an die Modelle der handlungstheoretischen Soziologie und Max Webers Unterscheidung zwischen Zweckrationalität und Wertrationali-

---

20 Max Weber, Gesammelte Aufsätze zur Religionssoziologie. Tübingen 1988 (Erstveröff. 1920), S. 1-16 und 237-275. Talcott Parsons, The structure of social action. Bde. I u. II. New York 1968 (Erstveröff. 1937).
21 Samuel P. Huntington, Der Kampf der Kulturen, a.a.O., S. 21.

tät könnte man zur besseren Orientierung über den Ansatz Huntingtons das geopolitisch-staatliche Handeln in eine Typologie einspannen, an deren Polen einerseits das interessenbestimmte Handeln, andererseits das identitätsbestimmte Handeln liegt. Gelingt eine ausgewogene Vereinbarung dieser beiden Typen im Handeln, könnte man von »integrer Politik« sprechen, dominiert hingegen die Interessenorientierung, ist Politik auf dem Weg zu Opportunismus und Machiavellismus. Die sogenannte ›Realpolitik‹ hält genau die Waage zwischen Integrität und Opportunität. Überwiegt andererseits das Identitätselement, entsteht ein Politikstil, den man am anschaulichsten als Fundamentalismus vorstellen könnte. Mit ›Identitätspolitik‹ sei hier wiederum ein Übergangstyp gekennzeichnet, der zwischen Integrität und Fundamentalismus ausbalanciert. Ein Politiktypus, der sowohl den eigenen Interessen als auch dem kollektiven Selbstverständnis zuwiderhandelt, muß in diesem Schema als in doppelter Hinsicht (wert- und zweck-) irrational oder gar als pathologisch aufgefaßt werden. Schematisch könnte man die Faktoren folgendermaßen anordnen:

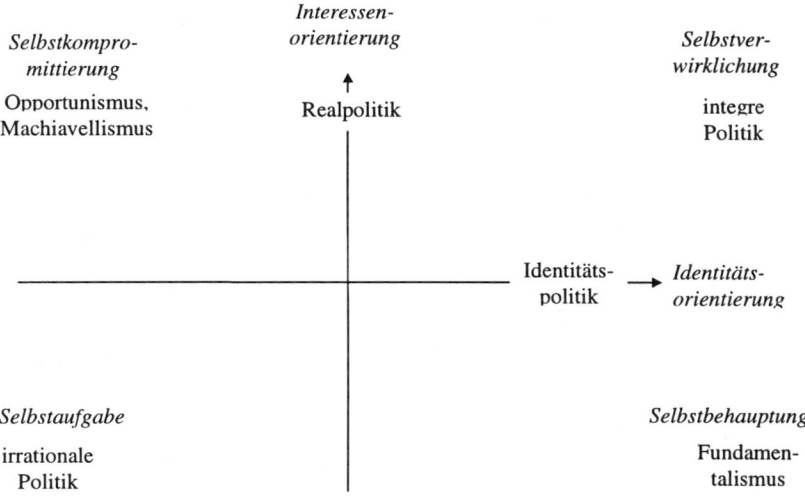

Dieses Modell gestattet eine theoretische Verortung und Typisierung verschiedener Politikstile und räumt dem von Huntington so energisch eingeforderten kulturellen Faktor der kollektiven Identität eine dem Machtinteresse gleichberechtigte Stellung ein. Im Kalten Krieg erreichte die US-Außenpolitik immer dann Integrität und Glaubwürdigkeit, wenn sie sich als Gegenpol zur Sowjetunion rein machtmäßig und äußerlich eignete und dies gleichzeitig auch innerlich und von ihrem Selbstverständnis her legitimieren konnte. Die USA verließen die Zone der Realpolitik gefährlich in Richtung der Selbstkompromittierung jedesmal dann, wenn sie Unrechtsregime und Diktaturen nur deshalb unterstützten, weil sie außenpolitisch auf einen antikommunistischen Kurs einschwenkten. Dies galt lange Zeit für viele lateinamerikanische und afrikanische Regime genauso wie für die ehemaligen Militärdiktaturen in Griechenland und der Türkei.

Hingegen befand sich die Politik der USA auf dem Weg zum Fundamentalismus, als sich der Antikommunismus zur Paranoia des McCarthymus steigerte. Hier wurde die Identitätsdoktrin derartig sakralisiert, daß sie zu einem die Eigeninteressen gefährdenden Selbstzweck wurde. Auch das Desaster des Vietnamkrieges kann als Resultat einer Identitätspolitik mit fundamentalistischen Zügen angesehen werden, weil sich in ihm der Antikommunismus als handlungsbestimmende Idee zu sehr von den realpolitischen Interessenkonstellationen entfernte.

Nach dem Ende des Kalten Krieges haben die USA Schwierigkeiten, Interessenorientierung und Identitätsorientierung ins Lot zu bringen. Der Antikommunismus kann nicht länger das enorme Machtpotential und die nordatlantische Allianz legitimieren, also bedarf es eines neuen Selbstverständnisses, das die Fortsetzung des Supermachtstatus legitimieren und plausibilisieren kann. Daher wandelt sich die USA in Huntingtons Perspektive vom »leader of the free world« zum »leader of the West«. Nur leider ist die nichtwestliche Welt in keiner Weise mit dem damaligen Ostblock zu vergleichen. Ihr fehlt die institutionelle Härte, die aus der Blockbildung resultierte, sowie die ideologische Gleichrichtung, die der Antikapitalismus gestattete.

Im hier vorgeschlagenen Modell wäre Huntingtons These als ein ›Rechtsruck‹ darzustellen: Die internationale Politik insgesamt verstärkt ihre Identitätsorientierung, und zwar zunächst ganz unabhängig vom bisherigen Niveau ihrer Interessenorientierung: Auf allen Niveaus (der Y-Achse) findet eine Verstärkung des Identitätselementes statt.[22]

II. Die Implikationen der kulturalistischen Perspektive Huntingtons

Huntington sieht also in den Entwicklungen der letzten Jahre einen Wandel der lokalen Politik zu einer »Politik der Ethnizität« und der Weltpolitik hin

---

22 Hätte Huntington sich in diesem Modell bewegt, wäre ihm der Selbstwiderspruch erspart geblieben, einerseits den Vorrang der Identitätsdefinition vor der Interessendefinition zu behaupten, andererseits aber zu sagen: »Kultur folgt fast immer der Macht«, womit genau das Gegenteil ausgedrückt ist. Samuel P. Huntington, Der Kampf der Kulturen, a.a.O., S. 147 und S. 136.

zu einer »Politik von Kulturkreisen«.[23] Er behauptet aber andererseits, daß das Handeln unter Identitätsgesichtspunkten eine anthropologische Konstante darstellt. Wenn es die Kulturkreise schon immer gegeben hat und die Menschen schon immer gemäß ihrer kulturellen Identitätsdefinitionen handelten, warum greifen diese Faktoren erst im Übergang zum 21. Jahrhundert? Huntington gerät mit dieser Argumentation offenbar in ein Erklärungsdilemma: Einerseits bestimmte die »Kulturkreiszugehörigkeit« in Form kollektiver Identität das Handeln der Menschen schon immer, andererseits wird sie neuerdings zum bestimmenden und ausschlaggebenden Faktor. Huntington beseitigt dieses Erklärungsdilemma, indem er die Ansicht, Politik sei ein reiner Interessenkampf, als eine optische Täuschung vordergründigen Betrachtens entlarvt, die sich zweier perspektivischer Verzerrungen verdankt, die durch die jüngste Entwicklung überholt wurden: der kleinen Anomalie des Kalten Krieges und der großen Anomalie der Weltherrschaft des Westens. In beiden Fällen haben Machtkonstellationen sowohl die praktische Wirksamkeit wie die theoretische Erkennbarkeit des ›Kulturkampfprinzips‹ vorübergehend blockiert.

1. Die kleine Anomalie: der Kalte Krieg

Die strategische Orientierung innerhalb des internationalen politischen Systems war zu Zeiten des Kalten Krieges vergleichsweise einfach. Da gab es den Ostblock und die »freie Welt«, institutionalisiert in Warschauer Pakt und NATO. Diese Bipolarität bildete das feste Ausgangsaxiom jedweden geostrategischen Kalküls. Alle anderen außenpolitischen Planungen und Maßnahmen entsprangen diesem Axiom, oder zumindest wurden sie doch mit den Erfordernissen des Ost-West-Gegensatzes abgeglichen. Mit den beiden Bündnissen standen sich gleichzeitig zwei Ideologien gegenüber, die transkulturelle Diktatur des Proletariates gegen die »freie Welt«, wie sie damals noch genannt wurde. Die militärische Zweiteilung hatte eine ideologische Stütze und überdeckte alle anderen Einflußfaktoren.

Weil sich diese institutionalisierte wie ideologisierte Bipolarität wie ein Panzer über die kulturellen, ethnischen und religiösen Gegensätze legte, hatten strategische theoretische Überlegungen einen festen Ausgangspunkt, von dem aus mit hohen Wahrscheinlichkeiten die verschiedenen außenpolitischen Interessenkonstellationen und Konfliktszenarien durchdekliniert werden konnten. Damit konnte man auf theoretischem Wege politisch-praktisch anwendbares Wissen gewinnen. Die US-Außenpolitik bekam sozusagen deduktiv Handlungsmaximen und Planungsgrundlagen. »International Relations« umgab sich als Fachbereich fortan mit der Aura einer stringenten und

---

23 Samuel P. Huntington, Der Kampf der Kulturen, a.a.O., S. 24.

präzisen Wissenschaftlichkeit.[24] Diese Tradition bildet das wissenschaftliche Milieu, aus dem auch Huntington seine professionelle Sozialisation erhalten hat. Huntingtons Beitrag vom »clash of civilizations« gilt bemerkenswerterweise als der wichtigste Beitrag seit Kennans »X-article«, der die außenpolitische Strategie der USA für Jahrzehnte bestimmt hatte. Die unüberschätzbare Wirkung, die Kennan damit auf die Außenpolitik der USA und des Westens insgesamt ausgeübt hat, mahnt zu einer besonderen Aufmerksamkeit gegenüber den Thesen von Huntington. Aber die gewaltige weltweite Resonanz, die Huntington zuteil wurde, scheint den Vergleich mit Kennan nur vordergründig zu rechtfertigen. Zwar folgte schon auf den Artikel von 1993 eine heftige und breite Debatte, die noch einmal an Breite und Intensität zugenommen hat, seit Huntingtons Monographie »The clash of civilizations and the remaking of world order«, diesmal ohne das dahintergestellte Fragezeichen, im Dezember 1996 erschien, aber hier müssen publizistische und politische Wirkung klar voneinander unterschieden werden. Die beeindruckenden, öffentlichen Rezeptionsvorgänge im Anschluß an Huntington lassen natürlich besonders den Soziologen und Sozialpsychologen aufhorchen, scheinen doch hier Angehörige des Elfenbeinturms Wissenschaft einen Nerv der Gesellschaft getroffen zu haben.[25] So schreibt Christoph Bertram in einer Rezension zu Huntington:

(Huntington) »bot ein Erklärungsmuster nicht nur für den Kopf, sondern auch für den Solarplexus, den Körperteil, in dem die Instinkte und Vorurteile schlummern. Denn Huntingtons Kernthese fußt auf der Sehnsucht der Menschen nach Identität, die sich bekanntlich am leichtesten durch Abgrenzung und in der Angst vor dem Fremden bestimmen läßt.«[26]

Auch Huntington selber schreibt im Vorwort seiner Monographie:

»Die Leser waren abwechselnd beeindruckt, empört, besorgt und ratlos ob meiner These, daß die zentrale und gefährlichste Dimension der kommenden globalen Politik der Konflikt zwischen Gruppen aus unterschiedlichen Zivilisationen sein werde. Was immer er sonst sein mochte, der Artikel hatte einen Nerv in Menschen aller Zivilisationen getroffen.«[27]

---

24   Interessanterweise wurde auch dieses theoretische Gerüst des Kalten Krieges erstmals in den »Foreign Affairs«, dem Diskussionsforum der amerikanischen außenpolitischen Elite, formuliert und entwickelt. In der gleichen Zeitschrift, in der Huntington 1993 seine These vom »clash of civilizations« vorstellte, hatte George F. Kennan 1948 seinen legendären »X-article« publiziert, in dem er die Strategie der Sowjets analysierte und eine Konterstrategie für die US-Außenpolitik ausarbeitete, die dann im Kalten Krieg 40 Jahre lang verfolgt werden mußte.
25   Vgl. Hartmann, Heinz: Konflikt und Modernisierung: Schwerpunkte im »Kampf der Kulturen«. In: Soziologische Revue 21, Heft 3, 1998, S. 289-294.
26   Christoph Bertram, Auf der Suche nach dem neuen Feind. Die Zeit Nr. 50, 6. 12. 1996, S. 3.
27   Samuel P. Huntington, Der Kampf der Kulturen, a.a.O., S. 11.

Das Streben und Suchen nach der eigenen Identität, das Bemühen um ein klares und positives kollektives Selbstverständnis bildet offensichtlich den Klangkörper, vor dem Huntington eine Saite angeschlagen hat. Es scheint, als ob Huntington's Theorie selber in den (in diesem Fall) fatalen Mechanismus der ›self-fulfilling-prophecy‹ geraten könnte. Ohne die psychologischen Selbstverstärkungsmechanismen in den Bedrohungsperzeptionen zu Beginn des Kalten Krieges unterschätzen zu wollen, liegt hier doch ein signifikanter und bemerkenswerter Unterschied zwischen Kennan und Huntington, zwischen der strategischen Situation Ende der 40er Jahre und derjenigen von heute: Der ›Feind‹ der 90er Jahre ist weder so offensichtlich und real noch so bedrohlich und schlagkräftig wie Stalin, der Sowjetkommunismus und der Warschauer Pakt es waren. Ihm fehlt (noch) die organisatorische und institutionelle Gestalt genauso wie der eindeutige ideelle Impuls, den der Marxismus-Leninismus gegen den kapitalistischen Rest der Welt richtete, nämlich den missionarischen Eifer, die proletarische Revolution in die ganze Welt hinauszutragen. Erst all diese Faktoren zusammen ergaben einen geopolitisch realen strategischen Gegenspieler und befähigten und nötigten Kennan zur Formulierung einer Gegenstrategie. Für all dies muß Huntington, will er die Relevanz, die Reichweite und die Abstraktionshöhe des strategischen Kalküls beibehalten, in der Welt der 90er Jahre Ersatz beschaffen. Überflügelt hat er Kennan jedoch bisher nur in publizistischer Hinsicht, sowohl was das schiere Volumen seiner Veröffentlichung wie auch die Unzahl der Einzelargumente wie aber auch vor allem die Rezeption betrifft.

2. Die große Anomalie: die Weltherrschaft des Westens

Der Kalte Krieg ist für Huntington nur das letzte Kapitel in der Geschichte der Weltherrschaft des Westens gewesen. Heute sieht er den Westen, die westliche Macht und die westlichen Werte überall auf dem Rückzug. Zum Beweis seiner Thesen von der Schrumpfung westlichen Kultureinflusses und vom relativen Machtverlust des Westens bietet Huntington eine ungeheure Fülle empirischen Materials auf. So zeigt er, daß der Anteil der Menschen, die der englischen Sprache mächtig sind, von 9,8% (1953) auf 7,6% (1992) der Weltbevölkerung stetig gesunken ist und daß die Zahl der Menschen, die sich zum Islam bekennen, von 12,4% (1900) auf 19,2% (2000, Schätzung) stieg, während das abendländische Christentum in dieser Hinsicht bei ca. 30% stagnierte. Die ökonomischen Verschiebungen dokumentiert Huntington anhand einer Tabelle der Anteile der Zivilisationen an der Welt-Industrieerzeugung 1750-1900; die militärischen durch die Veränderungen der Mannschaftsstärke (!) von 1900-1991. Schließlich zeigt er die demographischen Verschiebungen zuungunsten des Westens auf, indem er besonders auf das starke Wachstum in muslimischen Ländern verweist.[28] Man erkennt daran, wie sehr Huntington bemüht ist, aus dem vorhandenen Datenmaterial das auszuwählen, was sich für bedrohliche Prognosen eignet.

Es sei, so Huntington, die machtmäßige Dominanz des Westens gewesen, die den Westlern den Blick dafür verstellte, daß westliche Kultur und westliche Werte, daß liberale Demokratie, Menschenrechte, Rechtsstaat und Marktwirtschaft sich nicht aus einer inneren Dignität heraus über den Globus breiteten, sondern auf der hegemonialen Stellung der westlichen Kernstaaten beruhten. Zu seinen Lebzeiten habe man den Sowjetkommunismus für die Antipode des Westens halten können. Dadurch sei der Westen in die privilegierte Situation gekommen, als die ideologische Alternative zu sich selbst eine Weltanschauung vor sich zu haben, die ebenfalls ein Kind westlicher Kultur ist: der Marxismus.

Die heutigen Differenzen seien viel radikaler, weil sich mit den unterschiedlichen Kulturen ebenfalls radikal unterschiedliche Weltansichten begegneten. In dem Maße, in dem die Angehörigen des westlichen Kulturkreises die Machtgrundlage ihrer Position erkennten, würden sie sich von der universalistischen Illusion verabschieden: »Der Westen eroberte die Welt nicht durch die Überlegenheit seiner Ideen oder Werte oder seiner Religion (…), sondern vielmehr durch seine Überlegenheit bei der Anwendung von organisierter Gewalt. Oftmals vergessen Westler diese Tatsache, Nichtwestler vergessen sie niemals.«[29] Erst die ökonomischen und militärischen Machtzuwächse einiger asiatischer und muslimischer Staaten hätten, so Huntington, dem Westen dies wieder in Erinnerung gerufen und beseitigten jetzt die perspektivischen Verzerrungen einer westlichen Weltsicht, deren Aufmerksamkeit für die Andersartigkeit anderer Kulturen niemals über den Voyeurismus des Folklore-konsumierenden Touristen oder sensationshungrigen Fernsehzuschauers hinausging.

---

28 Samuel P. Huntington, Der Kampf der Kulturen, a.a.O., S. 83, 91 und S. 117-192. Die verwendeten Maßzahlen sind wohl kaum geeignet, einen Niedergang westlicher Macht zu beweisen. Im Zeitalter der Nuklearwaffen ist die bloße Mannschaftstärke nahezu unerheblich und demographische Entwicklungen sind genausowenig ein unmittelbarer Machtfaktor. Die Anteile an der industriellen Produktion verschweigen faktische Abhängigkeiten (etwa von den »terms of trade«, die durch die Weltbank, den IWF und diverse internationale Handelsabkommen nach wie vor vom Westen vorgegeben werden) und sind durch die Phase des Kolonialismus verzerrt. Ökonomisch ist der Westen allen anderen Kulturen haushoch überlegen: 800 Millionen Westler produzieren bedeutend mehr als die restlichen 4,7 Milliarden Menschen der Erde zusammen.

29 Samuel P. Huntington, Der Kampf der Kulturen, a.a.O., S. 68.

III. Der Zusammenprall der Kulturkreise? Das Problem und die These Huntingtons aus soziologischer Sicht

Huntingtons Modell setzt an mit der erkenntnistheoretisch und wissenssoziologisch durchaus plausiblen und soziologisch wie kulturwissenschaftlich zu teilenden Annahme, daß die Kulturkreise wirksame Realitäten sind und politisch wichtige und einflußreiche Faktoren darstellen. Daraus leitet er allerdings in einem zweiten, problematischen Schritt seine eigentliche These ab, daß die politischen Konflikte der Zukunft nicht länger zwischen ideologischen Blöcken oder anderen Formationen mehrerer Staaten, sondern zwischen Zivilisationen auszutragen seien:

> »the fundamental source of conflict in this new world will not be primarily ideological or primarily economic. The great divisions among humankind and the dominating source of conflict will be cultural. Nation states will remain the most powerful actors in world affairs, but the principal conflicts of global politics will occur between nations and groups of different civilizations. The clash of civilizations will dominate global politics.«[30]

Huntington's These ist damit letztlich eine Prognose über den Wahrscheinlichkeitsgrad von Koalitionen und Konfliktkonstellationen in der internationalen Politik. Man muß diese These sehr aufmerksam lesen, um sie angemessen zu verstehen. Entgegen dem durch den populistischen Buchtitel suggerierten Gedanken, daß ein »clash of civilizations« bevorstünde, will Huntington genau dies eben nicht sagen. Das wäre ein (von Huntington offensichtlich einkalkuliertes, weil den spektakulären Charakter der Theorie hervorhebendes) Mißverständnis. Huntington sagt genaugenommen vielmehr, daß wie gewohnt Nationalstaaten die wichtigsten Akteure der Weltpolitik sein werden, daß sie nach wie vor die Konfliktkontrahenten auf der internationalen Bühne sein werden, aber daß sie im Gegensatz zu früher zunehmend aus unterschiedlichen Kulturkreisen stammen werden. Kulturkreise (»civilizations«) seien also keineswegs die Akteure in einem »Clash«, sondern zunehmend die Ursachen von Konflikten. Die Kriegsneigung benachbarter Staaten würde in Zukunft größer sein, wenn zwischen ihnen eine Kulturgrenze verläuft, die Friedenschance hingegen umso größer, je kulturell ähnlicher Nachbarstaaten einander sind.

Huntingtons Ausgangsproblem ist das des geopolitischen Strategen, was kaum überraschen kann, da dies die Sichtweise seiner Profession ist. Dennoch bedient er sich im wesentlichen soziologischer Modelle und Erkenntnisse, die er dann zu seinen Zwecken auswertet. Da die Akteure auf der Bühne der internationalen Politik sowohl konkurrieren wie kooperieren, muß das Kernproblem Huntingtons wohl folgendermaßen formuliert werden: Welche Allianzen gilt es, aus der Sicht eines beliebigen geopolitischen Akteurs im

---

30 Samuel P. Huntington, If not civilizations, what? The clash of civilizations? S. 22.

allgemeinen, aus der Sicht der USA im besonderen, im 21. Jahrhundert zu suchen und zu fördern, welche gilt es zu verhindern, um ein Höchstmaß der strategischen Ziele zu erreichen?

Dieser Ausgangspunkt setzt bereits zwei Annahmen voraus, deren Akzeptanz alles andere als selbstverständlich, aber für eine angemessene Würdigung der Theorie Huntingtons unerläßlich ist. Die erste beinhaltet die Suspendierung materialer Politikziele von dem strategischen Kalkül zugunsten des formalen und generalisierten Zwischenziels des Machterhaltes. Da Außenpolitik wie jede Politik ein Auf und Ab verschiedenster Situationen, Akteure, Zielvorstellungen und Kräftekonstellationen ist, wird das Handeln in ihr wesentlich zu einem »muddling through«, zu einem Überlebenskampf, der eher ein Handeln unter dauernder Unsicherheit mit dem Ziel möglichster Schadensbegrenzung als ein konstruktiv-rationales Planen und Gestalten darstellt. Wenn ein Akteur in diesem komplexen Spiel überhaupt mehr als bloße Zufallstreffer oder tagespolitische Einzelziele erreichen und seine Kräfte nicht sinnlos vergeuden will, muß er eine möglichst konsistente Strategie verfolgen. Diese wiederum benötigt eine klare und langfristige Zielvorstellung, die den axiomatischen Ausgangspunkt des strategischen Kalküls bildet. Je stärker man die Unsicherheiten der internationalen Politik perzipiert, desto eher akzeptiert man die Erringung und Sicherung von Macht als geeignetste Zielvorstellung.

Die zweite Vorannahme beinhaltet den Ausschluß isolationistischer Strategien. Wer Allianzen für sich sucht, beziehungsweise gegen sich zu verhindern sucht, geht davon aus, daß er seine Ziele alleine nicht erreichen kann. Die Mittel eines jeden außenpolitischen Akteurs sind begrenzt, daher sind Allianzen oftmals der einzige Weg zum Erfolg. Selbst für einen hegemonialen Staat, dessen Machtpotential für sich genommen größer ist als das aller übrigen Staaten zusammen, ist die Allianzbildung oft der leichtere und kostengünstigere Weg zum Ziel als jede konfrontative Strategie.

Huntington gibt nun auf die klassische Frage des außenpolitischen Strategen nach möglichen Bündnissen eine neue Antwort: Die besten Bündnispartner sind jene, die uns kulturell am ähnlichsten sind, die unsichersten jene, mit denen wir kulturell am wenigsten gemeinsam haben. Anstatt Ähnlichkeiten und Gemeinsamkeiten durch irgendeine Interessenkongruenz zu bestimmen, operiert Huntington mit dem Gedanken, daß kulturkreisbezogene Identifikationsmuster die Bündnisbildung beeinflussen werden. Nicht das staatlich-politische Interesse als Ausdruck kollektiver Intentionen, also des gemeinsamen Willens eines Volkes, sondern die kulturelle Identität als Inhalt des gemeinsamen Selbstverständnisses, also eines spezifischen So-und-nicht-anders-Seins, wird zum Prüfstein der Bündnisfähigkeit. Damit aber hat Huntington eine Naturalisierung der Faktoren politischen Handelns vorgenommen: Moslems sind nun einmal Moslems, sie können nicht anders als so und so zu handeln, Konfuzianer sind nun einmal Konfuzianer und Westler können auch nicht aus ihrer Haut heraus. Indem Huntington die ›objektiven‹

Kulturelle Identitäten als strategischer Kompaß?   *133*

Merkmale der Kultur beibehält (was, wie oben gezeigt, soziologisch eher schädlich als nötig ist) und dabei auf die Strukturähnlichkeiten zwischen Kulturidentitäten und bloßen Ideologien mit keinem Wort eingeht, begeht er selber den Fehler, ein gedankliches Konstrukt (›Paradigma‹) zu ontologisieren. Er hat sicherlich Recht damit, daß Kulturidentitäten langlebiger und tiefenwirksamer sind als die Ideologien des Kalten Krieges oder auch des Nationalismus oder Liberalismus. Aber das macht sie noch lange nicht zu unabänderlichen Naturtatsachen.[31] Die Lernfähigkeit des Menschen kann Kulturgrenzen durchbrechen, wenn der interkulturelle Kontakt es erfordert. Mit der Globalisierung erleben wir derzeit am eigenen Leibe, daß interkulturelles Lernen nötig und möglich ist. Huntington mag Recht haben mit dem Satz: »Für die Angehörigen derselben Kultur sind die Grenzen ihrer Sprache die Grenzen ihrer Welt«[32], aber der Mensch ist ein »weltoffenes« und »weltöffnendes« Wesen, das lernen kann, auch mit Elementen fremder Welten umzugehen.

Indem Huntington diese kulturellen Faktoren nun in ein strategisches Kalkül hineinnimmt, ist er natürlich – um mit Habermas zu sprechen – von der ›verständigungsorientierten‹ Ebene auf die ›erfolgsorientierte‹ Ebene des Handelns gewechselt. Damit beendet er sein hermeneutisches Bemühen um das Verständnis anderer Kulturen und verfällt wieder in die objektivierende Einstellung des Strategen, der die Kulturfaktoren geopolitisch-strategisch ausnutzt und sogar behauptet, daß sie im 21. Jahrhundert ausgenutzt werden *sollen* und *müssen*, wenn man eine realistische und aussichtsreiche Außenpolitik verfolgen will. Hierbei hebt Huntington dann doch die Kulturkreise in den Status von kollektiven Akteuren, damit er jenes geopolitische Zusammenspiel inszenieren kann, das er sich in der Zeit des Kalten Krieges angewöhnt hat. Hier operiert Huntington mit gedanklichen Kurzschlüssen, die offen zutage treten, wenn man fragt, was es denn für einen Unterschied machen würde, wenn man statt von »Orthodoxie«, »Hinduismus« und »Konfuzianismus« wie bisher von Rußland, Indien und China sprechen würde, statt des Westens von der NATO und statt des Islams von der Arabischen Liga. Damit hätte die Theorie in ihrem paradigmatischen Kern nichts verloren, aber an Schärfe gewonnen und das fatale Mißverständnis vermieden, daß ganze Kulturen wie monolithische Blöcke militärisch aneinandergeraten. Die unfruchtbaren Streitereien über die Zugehörigkeiten bestimmter einzelner Länder (bes. der lateinamerikanischen, aber auch Griechenland, Türkei, Australien, Japan etc.) würden nicht aufkommen und auch die vielgescholtene Ni-

---

31 Es ist in diesem Zusammenhang bezeichnend, daß Huntington ein von Rainer Baum eingeführtes Konzept, die »Paideuma« als Inbegriff der ewig sich gleichbleibenden Kulturseele eines Volkes, zustimmend übernimmt. Vgl. Samuel P. Huntington, Der Kampf der Kulturen, a.a.O., S. 110f.
32 Jürgen Habermas, Die Theorie des kommunikativen Handelns, Bd. 1, Frankfurt/M. 1981, S. 91f.

vellierung zwischen arabischem, turkmenischem, persischem und malaiischem Islam würde ausbleiben.

IV. Huntingtons Bild von Modernisierung und Verwestlichung: Die innenpolitische Seite des clash of civilizations

Von besonderem Interesse für eine soziologische Untersuchung der Theorie Huntingtons ist seine erste These: »Zum erstenmal in der Geschichte ist globale Politik sowohl multipolar als auch multikulturell; Verwestlichung ist etwas anderes als Modernisierung; und wirtschaftliche und soziale Modernisierung erzeugt weder eine universale Kultur irgendeiner Art noch die Verwestlichung nichtwestlicher Gesellschaften.«[33]

Huntington beobachtet also in der heutigen Welt eine welthistorische neuartige Kombination von Multipolarisierung und Multikulturalisierung. Das vom Westen aufgebaute und bisher von ihm dominierte internationale System erhielte durch den Wegfall des Ostblocks die machtmäßige Multipolarität zurück, die es vor den Weltkriegen hatte, allerdings schlüpften nun andere Akteure an die Stelle der ehemaligen westlichen Großmächte. Das internationale System verliere jedoch seine Funktion als Träger der westlichen Kultur. Durch die kulturellen Selbstbehauptungen nicht-westlicher Staaten wachse vielmehr Multikulturalität in das internationale System hinein. Huntington erklärt dieses Phänomen durch eine Widerlegung der These, daß eine »universale Kultur« im Entstehen begriffen sei. Weder die Erfolge der liberalen Demokratie noch die Ausweitung des Welthandels rechtfertigten diese Annahme. Und völlig illusorisch sei auch der Glaube, daß die Modernisierung Kulturunterschiede einebne und nicht-westliche Gesellschaften im Laufe der Zeit dem Westen kulturell ähnlicher mache. Huntington bedient sich hier einer allgemeinen sozialwissenschaftlichen Gesetzmäßigkeit bei der Modernisierung nicht-westlicher Gesellschaften. Indem er die kulturelle Modernisierung von der politischen, ökonomischen und sozialen Modernisierung unterscheidet und mit dem Terminus »Verwestlichung« belegt, übernimmt er die in den Theorien des sozialen Wandels seit Ogburn gebräuchliche Unterscheidung materieller und immaterieller Faktoren[34]. Im Laufe der Modernisierung würden diese beiden Faktoren prinzipiell immer unabhängiger voneinander. Die immateriellen Faktoren emanzipieren sich von ihrem Status als Modernisierungsinstrumente und instrumentalisieren nun ihrerseits die materiellen Machtzuwächse im Gefolge der Modernisierung zu Zwecken der kulturellen Selbstbehauptung. Mit diesem Modell hat Huntington allen universalisierenden, globalisierenden und transkulturellen Tendenzen der

---

33 Samuel P. Huntington, Der Kampf der Kulturen, a.a.O., S. 19.
34 W. F. Ogburn, On culture and social change. Chicago 1964.

Weltentwicklung die kulturelle Spitze genommen. Er schließt sich sogar der dialektischen Argumentation des Soziologen R. Robertson an, wonach die Globalisierung das Bewußtsein für Kulturdifferenzen eher noch verschärfe, was auch durch die »Distinktivitätstheorie« gestützt werde, nach der Unterschiede gerade dann betont werden, wenn der soziale Kontakt sich intensiviert.[35] Auf diesem Weg spricht Huntington auch dem Welthandel und der interkulturellen Kommunikation die Fähigkeit ab, den Frieden und die internationale Solidarität zu befördern.

Viele soziologische Studien der jüngsten Zeit unterstützen die klare Unterscheidung zwischen Verwestlichung und Modernisierung. Ihre universellen und evolutionistischen Geltungsansprüche mußten die Modernisierungstheoretiker nach und nach zurücknehmen und das Modernisierungstheorem wird in der Tat kulturell diversifiziert.[36] Vor allem aber ist Huntington darin beizupflichten, daß Modernisierungsprozesse Identitätskrisen und Anomiezustände heraufbeschwören, die die Betroffenen kulturell zu kompensieren versuchen. Die sogenannte vertikale und horizontale Mobilisierung der Gesellschaftsmitglieder verunmöglicht die Fortführung traditioneller Gemeinschaftsformen, eine »Krise der Gemeinschaft« weist insoweit mindestens die gleiche Universalität auf wie die Modernisierung.[37] Die üblichen Reaktionen auf derlei Krisen waren im Westen in aller Regel integrationistische Ideologien, von denen Familismus und Nationalismus die konservative, der Sozialismus und proletarische Internationalismus die progressive Variante darstellen. Beide versuchen Gemeinschaftsformen zu bekräftigen, die es in der Modernisierung zu bewahren oder zu erringen gilt.[38] Dieses latente Konfliktpotential begleitet den Modernisierungsprozeß zwar über seine gesamte Dauer,

---

35 Samuel P. Huntington, Der Kampf der Kulturen, a.a.O., S. 95f.
36 Samuel N. Eisenstadt, Cultural tradition, historical experience, and social change: the limits of convergence, in: The Tanner lectures on human values 11, 1990, S. 441-505. P. Wehling, Die Moderne als Sozialmythos. Zur Kritik sozialwissenschaftlicher Modernisierungstheorien, Frankfurt/M. 1992; Samuel N. Eisenstadt, Tradition, Wandel und Modernität, Frankfurt/M. 1979 (Engl. Orig.: Tradition, Change and Modernity, New York, London 1973); Georg Stauth, Islam and emerging non-western concepts of modernity, (Ms.) 1992.
37 Vgl. Werner Gephart, Die geschlossene Gemeinschaft und ihre Fremden, in: Margit E. Oswald und Ulrich Steinvorth (Hrsg.), Die offene Gesellschaft und ihre Fremden, Bern u.a. 1998, S. 67-85.
38 Huntington siedelt die sozialen Kosten der Modernisierung auf der Ebene des Individuums an, dem eine Entfremdung und Identitätskrise widerfahre, während auf der Ebene der Gesellschaft ökonomische, militärische und politische Machtzuwächse zu verzeichnen sind. Später führe ein »kulturelles und religiöses Wiedererwachen« die beiden Ebenen wieder zusammen. Vgl. Samuel P. Huntington, Der Kampf der Kulturen, a.a.O., S. 110. Besser wäre es gewesen, die nicht-gesellschaftliche Ebene als die Ebene der »Gemeinschaft«, der »Lebenswelt« oder der »Zivilgesellschaft« zu beschreiben. Damit würde deutlicher, daß Modernisierung Krisen der *kollektiven* Identität heraufbeschwört.

hat aber im Westen wie in nicht-westlichen Gesellschaften in jüngster Zeit zugenommen: »In den entwickelten Gesellschaften des Westens haben sich in den letzten ein bis zwei Jahrzehnten Konflikte entwickelt, die in mehreren Hinsichten vom sozialstaatlichen Muster des institutionalisierten Verteilungskonfliktes abweichen. Sie entzünden sich nicht mehr in Bereichen der materiellen Reproduktion ... Die neuen Konflikte entstehen vielmehr in Bereichen der kulturellen Reproduktion, der sozialen Integration und der Sozialisation ... Es geht nicht primär um Entschädigungen, die der Sozialstaat gewähren kann, sondern um die Verteidigung und Restituierung gefährdeter, oder um die Durchsetzung reformierter Lebensweisen. Kurz, die neuen Konflikte entzünden sich nicht an Verteilungsproblemen, sondern an Fragen der »Grammatik von Lebensformen«.[39] Mit diesen Worten beschreibt Habermas einen Konflikttyp, der sich als resistent gegenüber ökonomischen oder politischen Kalmierungsstrategien erweist. Er schließt in seine Liste der Protestbewegungen ausdrücklich auch den religiösen Fundamentalismus und den »Widerstand gegen modernistische Reformen« mit ein: »International von Bedeutung sind ferner autonomistische Bewegungen, die um regionale, sprachliche, kulturelle, auch um konfessionelle Selbständigkeit kämpfen«. Die sozialen Schichten, die an der Peripherie des kapitalistischen Wachstumsprozesses blieben, beantworten nach Habermas ihr Leiden an der Modernisierung mit einer Aufwertung askriptiver Merkmale: Hautfarbe, Geschlecht, Religion sowie regionale Gemeinsamkeiten und sprachliche Eigenarten markieren die Zugehörigkeit zu Gemeinschaften, »die der Suche nach persönlicher und kollektiver Identität entgegenkommen.«[40] Huntingtons These provoziert die Frage, ob die beobachtbaren Ethnifizierungen, Konfessionalisierungen und Kulturalisierungen zwischenstaatlicher Konflikte nicht primär Ausdruck innerer gesellschaftlicher Umbrüche sind, die den Westen sicher, die nicht-westlichen Gesellschaften eventuell auch erfaßt haben. Revoltiert etwa auch in den postsozialistischen, islamischen oder asiatischen Gesellschaften eine von den kalten Skeletthänden kapitalistischer Profitsucht und bürokratischer Organisationswut ausgemergelte »Zivilgesellschaft« gegen die Zumutungen der Modernisierungspolitik? Im Vergleich zum Westen liegen die anderen Kulturkreise in der Tat größtenteils an der Peripherie des Wachstumsgeschehens kapitalistischer Märkte, einmal abgesehen von Japan und den sogenannten asiatischen Tigern. Aber kann man die Bewußtseins- und Interessenlage der Übergangs- und Entwicklungsgesellschaften mit den westlichen Protest-Milieus vergleichen oder ist diese Ähnlichkeit nur eine optische Täuschung, die durch den Lichtmangel auf der Schattenseite des Modernisierungsprozesses hervorgerufen wird?

---

39 Jürgen Habermas, Theorie des kommunikativen Handelns, Bd. 2, Frankfurt/M. 1981, S. 578.
40 Jürgen Habermas, Theorie des kommunikativen Handelns, a.a.O., S. 578 und S. 581.

Das Problem kollektiver Identitätsstiftung muß nach den Erfahrungen der Soziologie jedenfalls als ein universelles gelten, wenn auch seine Lösungen in den Kulturen die erheblichsten Unterschiede aufweisen. Die Frage ist, ob es global wirksame Bedingungen gibt, die kollektive Identitäten prekär werden lassen und ob sich diese in den universellen Merkmalen der Anatomie der Modernisierung auffinden lassen. Wer den Weg der westlichen Gesellschaftsentwicklung seit der Neuzeit inklusive seiner Ausbreitung über den Globus im Zeitalter des Kolonialismus als eine »Pathogenese«[41] kritisch beschreibt, wird sich über antimodernistische Protestbewegungen innerhalb und außerhalb des Westens nicht wundern. Umso mehr erstaunt aber der Modernisierungseifer, den indigene, fundamentalistische Protestbewegungen auch überall an den Tag legen, wovon man sich durch einen Blick in die Programme der türkischen Refah-Partei, der algerischen FIS oder der Hamas-Bewegung überzeugen kann. Es hilft also nichts, der Westen muß sich wohl oder übel von der Illusion verabschieden, mit dem Export »seiner« Moderne auch gleichzeitig Sympathie für und Annäherung an seine Kulturwerte zu bewirken. Was innerhalb des Westens als antimoderner Protest erscheint, profiliert sich außerhalb eher als antiwestlich. Gemeinsam ist ihnen allerdings die Krisenerfahrung des Modernisierungsprozesses, die im Westen das ›Projekt der Moderne‹ als Ganzes fragwürdig werden läßt, während in nichtwestlichen Kulturen zunächst nur die bloße »Verwestlichung« als Sündenbock entdeckt wird. Mit seiner Trennung von Verwestlichung und Modernisierung hat Huntington hier den richtigen Schritt vom Universalismus zurück zu interkulturellen Differenzierungen getan. Es bleibt zu hoffen, daß er nicht der einzige Vertreter der außenpolitischen Elite bleibt, der die Notwendigkeit interkultureller kultur- und gesellschaftswissenschaftlicher Studien in einer enger werdenden Welt erkennt.

Aber was bleibt vom Westen als Kulturkreis übrig, wenn man alle Modernität von ihm abzieht? Huntington definiert Westlichkeit im Wesentlichen durch das antike klassische Erbe, durch das westliche Christentum inklusive seines prekären Verhältnisses zur weltlichen Macht sowie durch Rechtsstaatlichkeit und durch eine dezentral-pluralistische und in Repräsentativorganen institutionalisierte Zivilgesellschaft.[42] Huntington müßte sich angesichts dieser Liste allerdings fragen lassen, ob seine Forderung nach einem Verzicht des Westens auf eine internationale Menschenrechts- und Demokratisierungspolitik nicht einer Forderung nach Selbstaufgabe (s. o. Graphik 2) gleichkäme. Wenn Rechtsstaatlichkeit und Demokratie das Westliche des Westens definieren, geriete dem Westen die Preisgabe der Menschenrechts-

---

41 D. J. K. Peukert, Max Webers Diagnose der Moderne, 1989. Der hier zit. Ausdruck aus: D. J. K. Peukert, Die letzten Menschen, Beobachtungen zur Kulturkritik im Geschichtsbild Max Webers. In: Geschichte u. Gesellschaft 12, S. 425-442 und S. 428.
42 Samuel P. Huntington, Der Kampf der Kulturen, a.a.O., S. 99-103.

und Demokratisierungspolitik letztlich zu einem Verrat an seiner eigenen kulturellen Identität.

Das von Huntington zuletzt und als wichtigstes angeführte Merkmal der westlichen Kultur ist der Individualismus, dessen Bedeutung auch andere sozialwissenschaftliche cross-cultural-studies hervorheben. Allerdings hantiert Huntington hier in einer sehr irreführenden Weise mit einem Zitat, das aus dem Zusammenhang gerissen wird: »The values that are most important in the West are least important worldwide.«[43] Huntington suggeriert, daß die übrige Welt die westlichen Werte nicht achtet, aber er verschweigt dabei, daß er hier Triandis' Verweis auf meßtechnische Opportunitäten umdeutet zu einem Beweis interkultureller Wert-Animositäten.

V. Unterschiede sind noch keine Konflikte: Die Mißweisungen in Huntington's Kompaß

Auf einige besondere Sachverhalte ist angesichts der hier dargelegten Position Huntingtons noch hinzuweisen. Zunächst einmal vermag ich im Gegensatz zu Huntington nicht zu erkennen, inwiefern der Kulturalismus ein höheres und gefährlicheres Konfliktpotential implizierte als die herkömmlichen identitätstiftenden Ideologien. Vor allem ist seine Beschreibung der Identitätskonstitution viel zu einseitig auf Exklusion angelegt. Denn wenn sich Menschen mit bestimmten Mitmenschen ›identifizieren‹, beinhaltet dies ne-

---

43 Samuel P. Huntington, Der Kampf der Kulturen, a.a.O., S. 102. In der deutschen Übersetzung bleibt unklar, daß Huntington hier aus einem New York Times-Artikel von Triandis zitiert. Dieser Artikel ist mir leider unzugänglich. Doch aus der entsprechenden Forschungspublikation (Harry C. Triandis, Cross-cultural studies of individualism and collectivism. In: Nebraska Symposium on Motivation, vol. 37, 1990, S. 41-133, hier S. 49.) geht hervor, daß dieses Zitat eine methodologische Feststellung ist: »Although the american definition of individualism is self-reliance, competition, and distance from ingroups, the interesting point ist that these dimensions are of little importance in contrasting the cultures of the world ... In short, what is most important in the U. S. is least important worldwide.« (Triandis 1990: S. 49f.). Der Sinn dieses von Huntington mißverstandenen Satzes ist vielmehr folgender: Um einen Kontrast der Kulturen in der Skala von Individualismus/Kollektivismus sichtbar werden zu lassen, die Hofsteede (Hofsteede, Cultures consequences, Beverly Hills 1980) entwickelt hat, sollte man nicht, wie innerhalb der USA üblich, die Wertschätzung von self-reliance und competition etc. messen, sondern die Kulturangehörigen fragen, wie lange sie bei den Eltern leben und wohnen möchten. Im übrigen sind die von Huntington zum Beweis herangezogenen empirischen und gegenwartsbezogenen Studien von Triandis und Hofsteede völlig ungeeignet zu beweisen, daß der Westen individualistisch war, bevor er modern wurde. Die familiennegatorische Attitüde wird freilich desto leichter entstehen, je mehr Unterstützung sie in einem religiösen Heilsindividualismus findet, wird aber in der Regel erst in Verbindung mit sozialen und ökonomischen Möglichkeiten und Notwendigkeiten handlungsrelevant sein.

ben der Exklusion der Out-Group immer auch die Inklusion der In-Group. Jede In-Group ist aber ihrerseits anschlußfähig an eine nächsthöhere Ebene von Identitätsbildung, auf der die zuvor ausgeschlossene Out-Group nicht selten wieder integriert wird. Nur so gelingt überhaupt die Vereinbarung sich überlappender Mitgliedschaften und ihrer je spezifischen Pflichten. Das heißt, daß der urwüchsige und normale Fall der Identitätskonstitution grundsätzlich für Generalisierungen offen ist. Und diese Offenheit endet keineswegs abrupt an der Kulturgrenze.

Weiterhin ist es überraschend, wie wenig Huntington sich von der Bedrohungsperzeption des Kalten Krieges löst und wie sehr er deswegen an dem Machterhaltungsgedanken festhält. Die außenpolitische Strategie könnte in Abwesenheit eines bedrohlichen und mächtigen Feindes, angesichts dessen man notwendigerweise möglichst viele Bündnispartner um sich scharen muß, umgestellt werden auf eine stärker friedenspolitische Ausrichtung. Auch diese benötigte gleichermaßen eine intelligente Strategie, würde aber statt der Machtsicherung stärker auf die Ausdehnung (völker-)rechtlicher Regelungen und Garantien, also auf Friedenssicherung, abzielen). Alle Gedanken dieser Art blockt Huntington durch seinen energischen Differentialismus und seine pessimistische Anthropologie ab. Das Recht gelte nur dem Westen als universalistische Institution im Dienste des Friedens, in Wahrheit aber sei es nur Vehikel westlicher Herrschaftsinteressen, werde entsprechend mit einer Doppelmoral angewandt und säe daher Zwist und Hader unter die das Menschen- und Völkerrecht radikal verschieden interpretierenden Kulturkreise. Es ist in diesem Zusammenhang bezeichnend, daß Huntington in seinem extrem kurz geratenen Schlußkapitel über die Gemeinsamkeiten der Kulturen das Recht als westlichen Partikularismus darzustellen bemüht ist und in keiner Aufzählung der Elemente universal konsensfähiger Werte erwähnt.[44] Stattdessen fordert er zu einer erst neu zu beginnnenden Suche nach Gemeinsamkeiten auf, als ob die Kulturkontakte und -konflikte erst neulich begonnen hätten und die Welt über keine Erfahrungen interkultureller Konfliktbewältigung und Friedenswahrung verfüge.

Seine pessimistische Anthropologie besteht darin, daß er den Vorgang der Identitätsbildung gleichzeitig als *notwendig* und als *notwendig exklusivistisch* auffaßt. Eine »Wir«-Definition lasse sich nur durch die Abgrenzung gegen Dritte finden, diese Abgrenzung aber sei der erste Schritt zum Konflikt. Damit unterschätzt Huntington die Wirksamkeit sowohl der inklusivistischen und universalistischen Identitäten wie auch den Friedenswillen und die Friedensfähigkeit des Menschen auch und nicht zuletzt gegenüber dem Fremden. Den Gedanken, daß kulturell Verwandte ebenso schnell zu Feinden werden können wie die kulturell Fremden, sobald Gerechtigkeitsgefühle oder Rechtsvorstellungen verletzt werden, spielt Huntington gar nicht erst durch. Enttäuschte Freundschaft oder Verrat kann ebenso leicht zu einer Konfliktur-

---

44 Samuel P. Huntington, Der Kampf der Kulturen, a.a.O., S. 524ff.

sache werden wie die Stilisierung des Anderen oder Fremden zum Bedrohlichen und Feindlichen. Natürlich hegt der Mensch gegen bekannte und ihm vertraute Mitmenschen höhere und gehaltvollere Verhaltenserwartungen als gegenüber Fremden, aber nicht das Niveau und die Dichte dieser wechselseitigen Erwartungen an sich senken das Konfliktpotential, sondern die Verläßlichkeit und Berechenbarkeit, daß ein den wechselseitig gehegten Erwartungen gemäßes Verhalten stattfindet. Formale Rechtsprinzipien oder schlichte Fairneßregeln sind in dieser Hinsicht auch intrakulturell eher konfliktvermeidend als die pauschalen und kategorischen Solidaritätserklärungen gegenüber kulturell Verwandten, die in realen Situationen sicherlich mehr »Doppelmoral« heraufbeschwören als universalistische Rechtsprinzipien, die auf ihre logische Stimmigkeit geprüft und dann schriftlich vereinbart und fixiert werden. Aber Huntington interessiert sich für »Kulturgemeinschaftlichkeit« nicht als Verankerung und Ermöglichung der Verläßlichkeit eines Rechtszustandes, nicht als soziologischer Steigbügelhalter einer gelebten Legalität, sondern als Ausgrenzungsmechanismus. Dementsprechend kommt es ihm auch nicht in den Sinn, den Aufstand gegen den Westen als Ruf nach Gerechtigkeit statt als Ruf nach kultureller Identität zu verstehen. »Doppelmoral in der Praxis ist der unvermeidliche Preis für universalistische Prinzipien«, schreibt Huntington vorwurfsvoll gegen die westliche Menschenrechtspolitik[45], um dann das Kind mit dem Bade auszuschütten und die Aufgabe der universalistischen Prinzipien statt der Beendigung der doppelmoralischen Praxis zu fordern. Dabei hatte er zuvor selber davon gesprochen, daß nicht-westliche Länder in der Phase der Entkolonialisierung ebendiese Prinzipien zur Legitimierung ihres Autonomiestrebens eingesetzt hatten.[46] Diesem seinem eigenen Argument konnte sich der Westen auf Dauer nicht entziehen. Warum sollte er es jetzt aufgeben?

Merkwürdig ist auch die publizistische Energie, mit der hier ein mit strategischen Studien zeit seines Lebens befaßter Forscher den Erfolg der von ihm so eindringlich beschworenen Politik gefährdet. Denn Strategien wirken im Grunde genommen nur so lange, wie sie den Gegenspielern verborgen bleiben. Ein Schachspieler, der seinem Gegner seine Strategie vorab erläutert, hat das Spiel verloren, bevor es begonnen hat. Dennoch ist Huntington ersichtlich bemüht, auch noch die kleinsten Details der aus seinem Paradigma abgeleiteten strategischen Ratschläge an den Westen und die US-Außenpolitik präzise an die Weltöffentlichkeit zu bringen. Dabei äußert er im Vorwort den Wunsch, »für die Macher der Politik nützlich« sein zu wollen. Woher rührt dieser Widerspruch? Huntington will für sein Werk nicht den Status der Wissenschaftlichkeit beanspruchen, aber überall wird bekannt gemacht,

---

45 Samuel P. Huntington, Der Kampf der Kulturen, a.a.O., S. 293.
46 Samuel P. Huntington, Der Kampf der Kulturen, a.a.O., S. 139.

daß er einen Lehrstuhl an der Harvard-Universität innehat[47] und an vielen Stellen seiner Monographie bedient er sich sozialwissenschaftlicher Erkenntnisse. Das Werk läßt sich also weder unter dem Gesichtspunkt politisch-praktischer Nützlichkeit noch unter dem Erklärungs- und Aufklärungsinteresse der Wissenschaft widerspruchsfrei lesen. Wie aber hat man es dann zu verstehen?

Im letzten Kapitel seines Buches zeigt sich Huntington als düsterer Kulturpessimist, der den moralischen Verfall des Westens beklagt, die Kriminalität, Gewaltbereitschaft und den Drogenkonsum stetig steigen sieht, den Untergang der Familien und des ›sozialen Kapitals‹ befürchtet und die Arbeits- und Leistungsethik ans Ende gekommen sieht. Huntington bringt dies in direkten Zusammenhang mit der muslimischen Einwanderung nach Europa und der hispanischen Überfremdung der US-Gesellschaft.[48] Daher stimme ich der Einschätzung Dietmar Herz' zu, der in einer Rezension schreibt: »Das Buch wird eine faszinierende Lektüre, wenn man es nicht als eine Bestandsaufnahme der internationalen Politik im Stile Kennans oder Kissingers liest, sondern als das begreift, was es (zumindest auch) ist: Ausdruck der amerikanischen Befindlichkeit am Ende dieses Jahrhunderts. Die letzten Jahrzehnte haben den Glauben an die amerikanische Einzigartigkeit erschüttert ... In den Vereinigten Staaten wächst die Angst, daß sich die amerikanische (westliche) Gesellschaft irreversibel verändert, daß die amerikanische Kultur in einem Amalgam von neuen und fremden Vorstellungen aufgeht ... Huntington hat das Problem verallgemeinert. Er spricht über die westliche Welt, meint aber die Vereinigten Staaten.«[49]

Huntington hat dieser amerikanischen Angst an zu vielen Stellen gestattet, zum Vater seiner Gedanken zu werden. Schade, daß wieder einmal ein kulturalistischer Ansatz in den Händen eines geopolitischen Strategen diese häßliche Form angenommen hat.

---

47 Bezeichnend ist folgende Äußerung: »Dem Harvard-Professor Samuel Huntington sei Dank, daß er seine wissenschaftliche Autorität in den Dienst einer längst fälligen Enthüllung stellte. In seinem schon erwähnten Buch ›The clash of civilizations‹, das in Kreisen der Korangelehrten, der Ulama, sorgfältig studiert wird, ist er nicht vor dem Begriff ›human rights imperialism‹ zurückgeschreckt ...«. Peter Scholl-Latour, Das Schlachtfeld der Zukunft. Zwischen Kaukasus und Pamir, Berlin 1996, S. 215.
48 Samuel P. Huntington, Der Kampf der Kulturen, a.a.O., S. 500ff.
49 Dietmar Herz, Kulturkampf im Jahre 2010, Frankfurter Allgemeine Zeitung, 17.12.1996, S. 10.

Werner Gephart

Zur sozialen Konstruktion europäischer Identität
Symbolische Defizite und europäische Realitäten

Die Suche nach »europäischer Identität« ist zu einem privilegierten Gegenstand von Kongressen und Buchreihen (etwa im Beckverlag oder gar eigenen Institutsgründungen wie dem Bonner »Zentrum für europäische Integrationsforschung«, ZEI)[1] avanciert.

Hinter der glatten Formel verbergen sich nicht nur abgründige Theorieprobleme für soziologische Beobachter, sondern auch eine Fülle an immens praktischen Fragen des europäischen Alltags und seinen institutionellen bürokratischen Ausformungen.

Historiker bemühen die Identitätsformel, wenn Hagen Schulze etwa Europa und seinen Nationen auf der Spur ist[2], von LeGoff[3] und Braudel einmal ganz abgesehen, deren Nachdenken über Europa unmittelbar um die Identitätsformel kreist. *Philosophen* müssen sozusagen mit dem Handicap einer Identitätsphilosophie leben, die eine naive Verwendung von vornherein verbietet. Gleichwohl sind die Versuche, Europa philosophisch zu denken, auffällig dicht mit dem Identitätskonzept verknüpft, so etwa bei Koslowski oder den Autoren, die »Europa als Herausforderung an die Philosophie«[4] begreifen.

Für *Poeten* und *Hermeneutiker* ist »Identität«[5] nicht erst mit dem Tagungsband der einschlägigen Forschungsgruppe ein intellektuelles Stimulans, sondern schon mit der Analyse von Kriegerdenkmalen und daran anschließend in der Mahnmaldiskussion[6] (als Identitätsstiftungen der Überlebenden) oder in dem Verständnis von Identitätskonstruktionen im höfischen Roman.

---

1 Vgl. Werner Gephart und Ludger Honnefelder (Hrsg.), Das Zusammenwachsen Europas. Dokumentation des Symposiums 18.-19. Januar, Bonn 1995.
2 Siehe Hagen Schulze, Staat und Nation in der europäischen Geschichte, München 1995.
3 Jacques LeGoff, Das alte Europa und die Welt der Moderne, München 1994.
4 Europa als Herausforderung an die Philosophie, mit Beiträgen von Hans Michael Baumgartner u. a., Bonn 1992.
5 Vgl. Odo Marquard und Karlheinz Stierle (Hrsg.), Identität, München 1979.
6 Vgl. oben: Das Gedächtnis und das Heilige.

Die Identitätskategorie erweist sich auch als fruchtbar bei der Frage, inwieweit nicht der höfische Roman par excellence, der Artusroman, einen historisch-literarischen Identitätstopos noch in seinen diversen europäischen Rezeptionsformen transportiert.[7]

Angesichts dieser immensen Vielfalt bzw. des unübersehbaren Anregungspotentials der Identitätsformel fällt es schwer, das vernichtende Diktum von Niethammer zu teilen, der von der »glitschigen Semantik eines Plastikwortes« spricht, »in der sich unterschiedliche, aber wort*identische* akademische Metaphern überlagern und durch Veralltäglichung und Medialisierung austauschbar geworden«[8] seien.

Auch *Ökonomen* haben sich dem begrifflichen Sog nicht entziehen können: Nicht nur die Standarddebatte um eine kulturwissenschaftliche Auffrischung der Betriebswirtschaftslehre, nämlich über das Konzept der *corporate identity,* hat den Begriff unter Ökonomen salonfähig gemacht, und während im Manifest der 60 Ökonomen gegen Maastricht noch Skepsis überwog, liegen nunmehr gewichtige Beiträge zu Europa aus ökonomischer Sicht vor, so wenn Holger Bonus ein »identitätsloses Europa« aus ökonomischen Gründen als Gefährdung ansieht.[9] Wie der Euro Schwung in den europäischen Identitätskurs bringt, werden wir noch im weiteren sehen.

Damit nicht genug. Die suggestive Identitätsformel hat Eingang in den *juristischen Diskurs* um Europa gefunden:

In Art. B des sog. Maastricht-Vertrages wird als eine der Zielvorstellungen der Europäischen Union »Identität« als verbindliche Orientierung fixiert. So heißt es in der Bestimmung: die Union setze sich zum Ziel »die Behauptung ihrer *Identität* auf internationaler Ebene, insbesondere durch eine gemeinsame Außen- und Sicherheitspolitik, wozu auf längere Sicht auch die Festlegung einer gemeinsamen Verteidigungspolitik gehört ...«

Mag man zunächst den Verdacht hegen, daß der Identitätsbegriff nur zufällig in die europäische Sicherheitsdebatte gerutscht sei; so zeigte etwa die Vorbereitung der Revisionskonferenz von 1996 durch die Europäische Kommission, daß diese Verknüpfung von Identitätsbehauptung und Sicherheit bzw. militärischer Verteidigung wohl bedacht war. Es wurde moniert, daß die Union in Fragen der Außen- und Sicherheitspolitik von den neu eröffneten Möglichkeiten keinen Gebrauch gemacht habe; dies wirke sich »sehr

---

7   Hierum kreiste das Europa-Kolloqium im Collège de France im Dezember 1998.
8   Niethammer, Lutz, Konjunkturen und Konkurrenzen kollektiver Identität. Ideologie, Infrastruktur und Gedächtnis in der Zeitgeschichte, in: Prokla 24, 1994, S. 378-399; vgl. auch den systematisch fruchtbaren Beitrag von Peter Wagner, Fest-Stellungen. Beobachtungen zur sozialwissenschaftlichen Diskussion über Identität, in: Aleida Assman und Heidrun Friese (Hrsg.), Identitäten. Erinnerung, Geschichte, Identität 3, Frankfurt am Main 1998, S. 44-72.
9   Vgl. Holger Bonus, Europäische Identität aus ökonomischer Sicht, Volkswirtschaftliche Diskussionsbeiträge, Nr. 216, Münster 1995.

nachteilig auf die Einflußnahme und Identität der Union auf internationaler Ebene aus und wird von der öffentlichen Meinung zum Vorwurf gemacht.«[10] Ist damit die »glitschige Semantik eines Plastikwortes« schließlich auch ins juristische Vokabular eingebrochen, von der sich zumindest *Max Weber* eine gewisse Klarheit für die soziologische Begriffsbildung versprach?[11] Indes ist diese Hoffnung wohl trügerisch und ich muß es mir versagen, auf die Wellenschläge des Identitätsvokabulars im juristischen Sprachgebrauch an dieser Stelle im weiteren einzugehen.[12] Umso mehr verschärft sich die Frage, was wir als *Soziologen* denn nun vernünftigerweise unter »Identität« verstehen können, wenn wir »Europa« soziologisch begreifen wollen.

I. Zur sozialen und soziologischen Konstruktion Europas aus identitätstheoretischer Perspektive

Aus der Fülle soziologischer Bestimmungen scheint mir die folgende Akzentsetzung, auf eine definitorische Formel gebracht, weiterzuführen:

Unter »Identität« im soziologischen Sinne läßt sich die Chance verstehen, daß Akteure ihr Handeln einer räumlich, zeitlich oder sozial strukturierten Gemeinsamkeit zurechnen und insoweit ein »Wir-Gefühl« entwickeln.

1. In der bekannten Formulierung von Anderson[13], der von »imagined communities« spricht, kommt zum Ausdruck, daß diese »Gemeinsamkeit« nicht naturalistisch begründet ist, sondern auf der Konstruktion der Akteure beruht, einer Zurechnung. Dies trifft sich in manchem mit Max Webers Analysen, denen hier aufgrund der kulturwissenschaftlichen Anschlußfähigkeit eine be-

---

10 Bericht der Europäischen Kommission vom 10. 05. 1995, abgedr. in: Europäische Dokumentation 2/95, Positionen zur Regierungskonferenz '96, S. 17.

11 Vgl. insbesondere die Formulierung im Logos-Aufsatz: »Es ist allerdings das unvermeidliche Schicksal aller Soziologie: daß sie für die Betrachtung des überall stetige Übergänge zwischen den typischen Fällen zeugenden realen Handelns sehr oft die scharfen, weil auf syllogistischer Interpretation von Normen ruhende, juristische Ausdrücke verwenden muß, um ihnen dann ihren eigenen, von dem juristischen der Wurzel nach verschiedenen Sinn unterzuschieben.« in: Max Weber, Gesammelte Aufsätze zur Wissenschaftslehre, Tübingen 1973, S. 440. Eine Ausdeutung dieser Formel findet sich in Werner Gephart, Handeln und Kultur. Vielfalt und Einheit der Kulturwissenschaften im Werk Max Webers, Frankfurt am Main 1998.

12 So wäre es lohnend, den Schutz *kollektiver* Identität als Rechtsgut im Kontext der Ehrdelikte heranzuziehen.

13 Die Übersetzung des Werkes von Benedict Anderson »Imagined Communities. Reflections on the Origin and Spread of Nationalism« als: »Die Erfindung der Nation. Zur Karriere eines folgenreichen Konzepts« (Frankfurt a. M.; New York 1988) verspielt die Pointe unverständlicherweise.

sondere Aufmerksamkeit zu widmen ist. Da Max Webers Idee eines ethnische und nationale Gemeinschaftsformen konstituierenden »Gemeinsamkeitsglaubens« soziologisch noch nicht ausgespielt ist[14] und im übrigen auch die verdinglichenden Hypostasierungen vermeiden hilft, die Berger und Luckmann von dem Konzept »kollektiver Identität« Abstand nehmen lassen, sei der Grundgedanke Webers zum Problem von Gemeinschafts- und Identitätsbildung vermittels eines Gemeinsamkeitsglaubens hier in Erinnerung gerufen.[15]

2. Bekanntlich löst Weber in der Kategorienlehre die Dichotomie von »Gemeinschaft« und »Gesellschaft« in hierauf bezogene Handlungsformen auf. In den älteren Teilen zu ›Wirtschaft und Gesellschaft‹, d.h. den posthum von Marianne Weber und Melchior Palyi herausgegebenen Manuskriptteilen aus dem Nachlaß, ist zwar durchaus von »Gemeinschaften« die Rede sowie dem Typus des »Gemeinschaftshandelns«, das im Sinne des Logosaufsatzes sich weitgehend mit dem späteren Konzept »sozialen Handelns« deckt.[16] Bezeichnend ist auch Webers Charakterisierung seiner Arbeit an ›Wirtschaft und Gesellschaft‹, wie sie in dem Schreiben vom 30. Dezember 1913 an den Verleger Siebeck zu lesen ist. Er habe nämlich – so Weber – »eine geschlossene soziologische Theorie und Darstellung ausgearbeitet, welche alle großen Gemeinschaftsformen zur Wirtschaft in Beziehung setzt: von der Familie und Hausgemeinschaft zum »Betrieb«, zur Sippe, zur ethnischen Gemeinschaft, zur Religion ... endlich eine umfassende soziologische Staats- und Herrschafts-Lehre.«[17] Und anschließend: »Ich darf behaupten, daß es noch nichts dergleichen giebt ...«

Während in dieser Redeform von »Gemeinschaften« noch die bei Weber perhorreszierte Substanzialisierung des sozialen Lebens durchklingt, ist in der Idee des »Gemeinsamkeitsglaubens« die Idee der Gemeinschaft vollständig subjektiviert, bzw. auf Zurechnungsprozesse von Akteuren zurückgeführt.

In bezug auf ethnische Gemeinschaften führt Weber in dem älteren Teil von ›Wirtschaft und Gesellschaft‹ aus: »Wir wollen solche Menschengruppen, welche aufgrund von Aehnlichkeiten des äußeren Habitus oder der Sit-

---

14 Vgl. Werner Gephart zuerst als: L'identità sociale tra i concetti di »Gemeinsamkeitsglaube« e »solidarité sociale«. Alcuni problemi teorici per la costruzione sociale e sociologica dell'Europa, in: Luigi Tomasi (Hrsg.), I giovanni non Europei ed il processo d'integrazione. Per una cultura della toleranza, Trento 1992, S. 39-48.
15 Vgl. Peter L. Berger und Thomas Luckmann, Die gesellschaftliche Konstruktion der Wirklichkeit, Eine Theorie der Wissenssoziologie, Frankfurt am Main 1969, S. 185.
16 Eine systematische Analyse findet sich jetzt in der noch unveröffentlichten Dissertation von Siegfried Hermes, in der das Verhältnis von Logos-Aufsatz und der späteren Kategorienlehre der ersten Lieferung von »Wirtschaft und Gesellschaft« ausgearbeitet ist.
17 Max Weber, Brief an Paul Siebeck vom 30. Dezember 1913 (BStB München, Ana 446 Korr. Weber-Siebeck).

ten oder beider oder von Erinnerungen an Kolonisation und Wanderung einen subjektiven Glauben an eine Abstammungsgemeinsamkeit hegen, derart, daß dieser für die Propagierung von Vergemeinschaftungen wichtig wird, dann, wenn sie nicht ›Sippen‹ darstellen, ›ethnische‹ Gruppen nennen, ganz einerlei, ob eine Blutsgemeinsamkeit objektiv vorliegt oder nicht.«[18]

Dieser ethnische »Gemeinsamkeitsglaube« kommt offenbar in besonderer Weise Bedürfnissen politischer Herrschaft entgegen und wird andererseits durch politische Interessen – so Weber – erzeugt: Es »pflegt überall in erster Linie die politische Gemeinschaft, auch in ihren noch so künstlichen Gliederungen, ethnischen Gemeinsamkeitsglauben zu wecken und auch nach ihrem Zerfall zu hinterlassen, es sei denn, daß dem drastische Unterschiede der Sitte und des Habitus oder, und namentlich, der Sprache im Wege stehen.«[19]

Freilich reduziert Weber diese Art einer artifiziellen Kommunalität auf nur gering rationalisierte soziale Beziehungsformen: »Unter Bedingungen geringer Verbreitung rational versachlichten Gesellschaftshandelns attrahiert fast jede, auch eine rational geschaffene, Vergesellschaftung ein übergreifendes Gemeinschaftsbewußtsein in der Form einer persönlichen Verbrüderung auf der Basis ›ethnischen‹ Gemeinsamkeitsglaubens.«[20]

Auch wenn Weber damit ein »übergreifendes Gemeinschaftsbewußtsein« nicht schlechthin – wie eben Durkheim – auch für moderne Gesellschaften postuliert, so ist doch der soziale Mechanismus der Gemeinschaftsbildung bezeichnet, nämlich durch die Art des »Gemeinsamkeitsglaubens«. Dieser mag traditionaler Art sein und damit die gemeinsame Herkunft und das Herkömmliche bezeichnen, während affektuelle Gemeinschaften primär durch emotive Bindungen bestimmt wären, rationale »Gemeinschaften« aber einen versachlichten »Gemeinsamkeitsglauben« aufzuweisen hätten. Jede Variante der sozietalen Vertragstheorie z.B. unterstellt am Ende einen solchen Gemeinsamkeitsglauben und sei es den Glauben an die Erbärmlichkeit des vorvertraglichen Naturzustandes, wo das Leben nach Hobbes z.B. »poor, nasty, brutish and short« wäre.

Denkt man allerdings an Webers ›Zwischenbetrachtung‹, so gibt es für die Ausbildung »rationaler« Gemeinschaften offenkundige Grenzen, die nur mit der Kategorie des »Gemeinsamkeitsglaubens« überwindbar erscheinen. Jedenfalls scheint dieser »Gemeinsamkeitsglaube« geeignet, die Kluft zwischen gemeinschaftlicher, partikularer Nahwelt und universalistischer gesellschaftlicher Gemeinschaft zu überbrücken.

3. Ohne den Bezug auf eine real existierende, wenn auch aus subjektivem Gemeinsamkeitsglauben konstituierte, Vergemeinschaftungsform bliebe nämlich Identität auf der Ebene von Wünschen und Projektionen, hinge so-

---

18 Max Weber, Wirtschaft und Gesellschaft, 5. rev. Auflage, hrsg. von Johannes Winckelmann, Tübingen 1972, S. 237.
19 Ebd.
20 Ebd.

zusagen in der Luft. Daher erscheint es uns sinnvoll, die subjektive Zurechnung des Handelns an konstituierte Gemeinschaftsformen zu binden,[21] aus denen Mitglieder einer Gruppe, eines Verbandes und komplexer Sozialsysteme ihre »Identität« schöpfen.

Für Europa scheint es – im Einklang mit unterschiedlichen soziologischen Blickwinkeln – zunächst sinnvoll zu fragen, ob wir eine kulturelle, auf gemeinsamen Werten basierende Vergemeinschaftung als Identitätsgrundlage[22] ausmachen können (1); neben Europa als Wertgemeinschaft interessiert uns Europa als Herkunfts- und Erinnerungsgemeinschaft (2) in wohl überlieferter Fragestellung, während die Thematisierung von Europa als »Kommunikationsgemeinschaft« zahlreiche neue Problemstellungen aufwirft (3) und schließlich Europa als Marktgemeinschaft anzusprechen ist, obwohl »marktförmige« Beziehungen das unpersönlichste sind, was wir uns jedenfalls nach Weber vorstellen können.

Unter »europäischer Identität« im soziologischen Sinne läßt sich also – die obige Definition konkretisierend – die Chance verstehen, daß Akteure ihr Handeln einer räumlich, zeitlich oder sozial strukturierten Gemeinsamkeit als Wertgemeinschaft, Erinnerungsgemeinschaft oder Kommunikationsgemeinschaft zurechnen und insoweit ein »Wir-Gefühl« entwickeln.

1. Europa als Wertgemeinschaft: »Wer sind wir? Woher kommen wir? Wohin gehen wir?«

»...es reicht keineswegs hin, das ökonomische Leben der europäischen Gesellschaft zu organisieren; diese Organisation bedarf einer Seele, das heißt eines Korpus von Lehrsätzen, allen Europäern gemeinsamen Glaubensvorstellungen, aus denen erst eine moralische Einheit zu entstehen hätte.«[23]

Der Versuch, Europas »Identität« durch den Bezug auf eine Wertgemeinschaft zu gründen, ist naheliegend. Denn läßt sich die von Jaques Le Goff als Motto der Europareihe gewählte Formel »Wer sind wir? Woher kommen wir? Wohin gehen wir?« nicht gerade auf die sakralen Wertgrundlagen einer

---

21 Vgl. insoweit ganz ähnlich, Dieter Rucht, Kollektive Identität, Konzeptionelle Überlegungen zu einem Desiderat der Bewegungsforschung, in: Neue Soziale Bewegungen 8, 1995, S. 9-23 (S. 10).
22 Die Beziehung von »Gemeinschaft« und »Identität« wird im Beitrag von Bernhard Giesen tangiert (in: Werner Gephart und Hans Waldenfels (Hrsg.), Religion und Identität, Frankfurt am Main 1999), ohne abschließend geklärt zu sein.
23 Emile Durkheim (Übersetzung W.G.) »Autrement dit, ce n'est pas assez d'organiser la vie économique de la societé européene, il faut à cette organisation une âme, c'est-à-dire un corps de doctrines, de croyances communes à tous les européens, et qui en fasse d'unité morale« (Emile Durkheim, Le socialisme, Paris 1971 (1928), S. 207).

Gesellschaft beziehen. Diese fundamentale Identitätsfrage wird auf grundsätzliche Weise durch die Religionen beantwortet. Identitätsstiftung wird zwar nicht nur von Religionen, sondern ebenso von anderen Funktionssystemen der Gesellschaft befördert. Funktionale Differenzierung steigert das Problem der »Identität« in der Moderne, ohne daß ersichtlich wäre, welches System sich auf diese Funktion, der Logik funktionaler Differenzierung entsprechend, spezialisiert hätte.

Aber gibt es eine innere Beziehung zwischen Religion, einer vielleicht universalen religiösen Problemstellung und der Identitätsfrage? Was kann denn Religion zur Beantwortung der Frage leisten: »Wer sind wir, woher kommen wir und wohin gehen wir?« Die Antwort scheint eindeutig zu sein: Sind wir nicht Kinder Gottes, Gefäß oder Werkzeug Gottes, eins mit Natur und Welt oder welche unistischen, dualistischen oder differenziellen Antworten wir auch immer wählen werden? *Das heißt: Religionen sind geradezu auf die Beantwortung der Identitätsfrage spezialisiert.* Auf die Frage: ›Woher kommen wir?‹ antworten uns die Schöpfungsmythen mit dem Verweis auf eine Ursprungsidentität, während auf jene in die Zukunft gerichtete Frage, wer wir sind und wohin wir gehen, Jenseitserwartungen und Verheißungen ihre Antwort geben. Identitätsstiftung gehört danach zum zentralen Funktionsrepertoire der Religionen.[24]

Je weniger nun in hochgradig differenzierten Gesellschaften eine die verschiedenen Sphären umspannende einheitliche Lebensführung möglich, also in unserem heutigen Sprachgebrauch »personale Identität« gefährdet ist, desto schärfer stellt sich auch die Sinnfrage innerweltlichen Handelns. »Gemeinschaften« und damit Identitäten konstituierender »Gemeinsamkeitsglaube« wird nicht fraglos von einer die Vielfalt der Lebensbereiche und ihrer Transzendenzerfahrung überspannenden religiösen Weltdeutung getragen. Damit verschlingt sich das Problem der wertbezogenen Sinnstiftung mit der Identitätsfrage[25] und zwar in folgender europabezogenen Zuspitzung: Wie soll eine aus religiösen Werten des christlichen Abendlandes gespeiste Vorstellung der Gemeinsamkeit, ein veritabler Gemeinsamkeits*glaube* bzw. gemeinsamer religiöser Glaube in Zeiten einer radikalen Säkularisierung noch identitätstiftende Kräfte entfalten können? In der arabischen Welt gibt es eine heftige Diskussion um die »Islamisierung des Islam«[26]; erleben wir nicht eine

---

24 In der umfassenden Übersicht von Ernst Feil zur Unmöglichkeit, Religion zu bestimmen und abzugrenzen, wird der hier in den Vordergrund gestellte Aspekt nicht thematisiert: Ernst Feil, Zur Abstimmungs-und Abgrenzungsproblematik von »Religion«, in: EUS 6, 1995, S. 441-455.
25 Die weitere Argumentation ist ausgeführt in dem hier parallel zu verwendenden Band: Religion und Identität, hrsg von Werner Gephart und Hans Waldenfels a.a.O., darin insbes.: Die Bedeutung der Religionen für die Identitätsbildung.
26 Vgl. Aziz Al-Azmeh, Die Islamisierung des Islam. Imaginäre Welten einer politischen Theologie, Frankfurt am Main 1996.

vergleichbare »Europäisierung Europas«, der dieser religiös-evaluative Identitätskern doch längst verloren gegangen ist?
Zwar ist es richtig, aus methodischen Gründen der Kulturwissenschaften, Europa durch seinen Wertbezug in seiner ›Culturbedeutung‹ als eigenen Forschungsgegenstand auszuzeichnen – so Max Webers beiläufige Bemerkung in einem Brief an Friedrich Gottl[27]. Und auch Durkheims Postulat nach einer gemeinsamen »europäischen Seele« und einem gemeinsamkeitstiftenden Europaglauben geht in die gleiche Richtung, wenn er schreibt: »Anders gesagt: es reicht keineswegs hin, das ökonomische Leben der europäischen Gesellschaft zu organisieren; diese Organisation bedarf einer Seele, das heißt ein Korpus von Lehrsätzen, allen Europäern gemeinsamen Glaubensvorstellungen, aus denen eine moralische Einheit zu entstehen hätte.«[28]

Ich habe nur Zweifel, ob diese europäischen Wertideen die Grenzfunktion entfalten können, über die normative Wertgeltung den *sozialen* Raum Europas abzustecken. Denn, wenn man Europa – wie Münch etwa – als Wertprojekt aufzieht[29], ist der universalistische Gehalt zentraler Wertideen, etwa der Gleichheit, der Freiheit oder des Solidaritätspostulats nicht auf die europäische Geltungssphäre zu begrenzen. Ebensowenig wie die Wertideen eines christlichen Abendlandes an eben diesen Grenzen Halt machten.[30] Im *Projekt der Moderne* taugt ihr universalistischer Charakter gerade nicht als Kriterium für Zugehörigkeiten. Vielmehr diente ein solcher Wertbezug vielfach als universalistischer Vorwand partikularistischer Unternehmungen eines oktroyierten Europas, wie wir es in Napoleons Europaprojekt oder von Europaideen im Zeitalter des Imperialismus und Faschismus kennen[31].

Die *empirische Wertlandschaft* ist dermaßen heterogen, daß von einem gemeinsamen Wertglauben in Europa sinnvollerweise nicht geredet werden kann, wie die Wertetafel zentraler Wertpräferenzen in Europa deutlich macht.

Und von einer »Seele«, die den europäischen Institutionen einzuhauchen wäre, kann erst recht keine Rede sein, wenn ihre Institutionen nicht einmal gekannt werden. So geben nahezu 30 % der Befragten der Allbus-Studie 94

---

27 Max Weber, Brief an Friedrich Gottl vom 29. März 1906, in: Max Weber, Briefe 1906-1908, Tübingen 1990, S. 65
28 Emile Durkheim (Übersetzung W.G.) »Autrement dit, ce n'est pas assez d'organiser la vie économique de la societé européene, il faut à cette organisation une âme, c'est-à-dire un corps de doctrines, de croyances communes à tous les européens, et qui en fasse d'unité morale« (Emile Durkheim, Le socialisme, Paris 1971 (1928), S. 207).
29 Vgl. Richard Münch, Das Projekt Europa, Zwischen Nationalstaat, regionaler Autonomie und Weltgesellschaft, Frankfurt a. M. 1993.
30 Zur Genese Europas aus dem christlichen Wert- und Handlungskontext vgl. Peter Brown, Die Entstehung des christlichen Europa, München 1996.
31 Vgl. die nach wie vor glänzende und höchst instruktive Studie von Heinz Gollwitzer, Europabild und Europagedanke. Beiträge zur deutschen Geistesgeschichte des 18. und 19. Jahrhunderts, München 1957.

an, weder von der Kommission noch vom Parlament oder dem Gerichtshof je gehört zu haben.[32]

Aus der Fülle fundamentaler Wertfelder im europäischen Raum sei nur beispielhaft auf erhebliche Divergenzen der Naturethik in Europa hingewiesen. Am Beispiel eines eher rationalistisch geprägten Naturverhältnisses in Frankreich und Traditionen romantischer Naturbewahrung in Deutschland läßt sich zeigen, wie unterschiedliche »Mentalitäten« zu einer – wie ich es nenne – *Sakralisierung von Natur* in Deutschland geführt hat, während in Frankreich das Objekt der *Sakralisierung* wie Durkheim Religionssoziologie indiziert, eben *Gesellschaft* selbst ist.[33] Diese Differenz macht sich bis ins Detail der Umweltpolitik[34] bemerkbar und ist nach meinen Recherchen tief in der jeweiligen Gesellschaftsgeschichte verankert. Der gerade im Umweltbereich evidente Tatbestand der nationalen Grenzen überschreitenden Interdependenz externer Effekte vermag gleichwohl die kulturell überlieferten Wertbilder *nicht* zu überspringen.

2. *Europa als Erinnerungsgemeinschaft*

Es gehört zu den Selbstverständlichkeiten des Europadiskurses, in gemeinsamer Geschichte das Ferment europäischer Identität zu suchen. So schreibt Weidenfeld in dem wegweisenden Sammelband »Die Identität Europas«: »Europäische Identität ist zunächst nichts anderes als die Herkunftseinheit Europas aus gemeinsamer Geschichte...«[35]

Freilich ist diese Vorstellung einer gemeinsamen europäischen Geschichte nicht selbstverständlich. Dies zeigt sich etwa an dem keineswegs harmlosen Streit deutscher und französischer Historiker um die Vereinnahmung Karls des Großen, bzw. von Charlemagne. Wir wissen doch aus zahlreichen Untersuchungen, wie sich Geschichtsbilder im Laufe der historischen Entwicklung innerhalb einer nationalen Erinnerung selbst wandeln. Die Arbeit von Gerd Krumeich[36] zu Jeanne d'Arc in der französischen Historiographie ist hierfür ein Musterbeispiel. Von einer *gemeinsamen* transnationalen

---

32 Übrigens zeigt sich bei einer Auswertung von Allbus 94, daß die von Inglehart aufgestellten Werttypen keinen differenzierenden Effekt auf das Vertrauen in die europäischen Institutionen ausüben.
33 Vgl. mit knappen Hinweisen Werner Gephart, Nature et religion dans la construction de l'Europe, in: Vincent Gilbert/Jean-Paul Willaime (Hrsg.), Religion et transformation de l'Europe, Strabourg 1993, S. 195-206.
34 Vgl. auch die interessante Studie von Daniel Boy, Vincent Jacques le Seigneur und Agnès Roche, L'ecologie au pouvoir, Paris 1995.
35 Werner Weidenfeld (Hrsg.), Die Identität Europas, Fragen, Positionen, Perspektiven, München/Wien 1985, S. 10.
36 Gerd Krumeich, Jeanne d'Arc in der Geschichte. Historiographie, Politik, Kultur, Sigmaringen 1989.

Rekonstruktion der europäischen Entwicklung sind wir weit entfernt, so sehr wird der Blickwinkel durch national geprägtes Wissen – und Wissenschaftskulturen und wohl auch: *Interessen* geprägt.

Eine nationale Geschichtsbilder überschreitende europäische Geschichtsschreibung setzt damit ein Subjekt bereits voraus, auf dessen Suche sie sich gerade begibt. Sicher sind die Versuche der Revision und wechselseitigen Kontrolle von Geschichtsbüchern als den Instanzen der Vermittlung des kollektiven Gedächtnisses sehr wichtig; hieran wird gearbeitet. Solange dies aber nicht zu *gemeinsamen* Erinnerungsritualen führt, steht der identitätsstiftende Sinn von Geschichte in Frage. Aber wie sollte dies auch möglich sein, wenn Sieg und Niederlage, Krieg und Zerstörung die gemeinsamen Erinnerungen speist? Die Erinnerungsfeiern zum fünfzigjährigen Kriegsende haben dies noch einmal vor Augen geführt.

Man wird wohl nicht einen europäischen Entstehungsmythos fördern wollen, auch oder gerade wenn sich Nationalbewegungen jeweils auf eine Geschichte berufen haben, die erfunden war. Das Vertrauen allein in eine objektive Geschichtsschreibung zu setzen, wie es Jacques Le Goff in ehrenwerter Weise versucht[37], verkennt doch gerade die gemeinsamkeitsbildende, *soziale Dimension* kollektiver Erinnerung. Und nachdem wir bereits gesehen haben, wie heikel die Konstruktion einer Referenzgemeinschaft für die Erinnerung an die Shoah in Deutschland ist, wie sollte man sich vorstellen, Vichy, den Mussolini-Faschismus und das Salazar-Regime in eine Erinnerungsgemeinschaft der europäischen Gesellschaften zu plazieren? – Die Beilage des Independent zur Einführung des Euro hat dies sehr schön formuliert, in einem fiktiven Test der Europagesonnenheit:

»When I think of Europe is that of (a) Pizzas, football teams and a couple of weeks on the Costa del Sol (b) A foul place, full of foreigners, that begins at Calais (c) An amusing chablis, a divine little dress from Armani, an adorable Merc sports car, and that villa, just outside Siena, where we spent a month last summer.«[38]

Überdies scheint ein wesentliches Kennzeichen der Identitätsgeschichte Europas der Bildung eines positiven Identitätsbildes entgegenzustehen, wie Hagen Schulze treffend bemerkt: »Europa hat sich immer nur gegen etwas, nie für etwas zusammenschließen können. Europa erlebt seine Einheit vor allem dann, wenn es um die Abwehr einer gemeinsamen, gedachten oder wirklichen Gefahr geht, und es verliert diese Einheit, wenn die Gefahr verschwunden ist.«[39] Und dies erwies sich gar als richtig, wenn ein Europa spaltendes Element, der eiserne Vorhang, fällt, um mit dem Feindbild auch an innerer Kohäsion zu verlieren.

---

37 Jacques LeGoff, a.a.O., S. 58.
38 The Independent vom 2. Januar 1999.
39 Hagen Schulze, Staat und Nation in der europäischen Geschichte, 2. Aufl., München 1995, S. 327.

Plural wirkende Erfahrungen, die Pluralität national gefärbter Geschichtsrekonstruktionen und die negative Klammer historisch vermittelter Identität in Europa läßt den verbreiteten Glauben an die einheitsstiftende Kraft der Geschichte als außerordentlich brüchig erscheinen[40].

3. Europa als Kommunikationsgemeinschaft?

Sind Erinnerungen belastet oder nur als objektive Geschichtsfaktoren im »Rücken der Akteure« einheitsbildend wirksam, so fragt sich, ob nicht Hoffnungen und Erwartungen an die Zukunft mit Europa als einem noch zu erfüllenden Projekt verknüpft sind.

Freilich setzt dies auch voraus, daß die Völker, Nationen und ihre Akteure in einem *kommunikativen Zusammenhang* stünden, aus dem sich ein solches gemeinsames Vorhaben ergäbe.

Stellt bereits der vielfach nur unterstellte *Elitekonsens* eine Fiktion dar, so ist die innereuropäische Kommunikationsfähigkeit durch die Sprachenvielfalt ihrer Mitglieder erheblich beschränkt. Zwar verschieben sich die Kenntnisse des Englischen, Französischen und Deutschen ganz erheblich, wie die Erhebungen des Eurobarometers vom Juli 94 ausweisen, zugunsten der Altersgruppe der 15-24-jährigen.[41] Angesichts der Dominanz von Englisch, Deutsch und Französisch kann aber von einer die kulturelle Vielfalt in Europa repräsentierenden Kommunikationschance *nicht* die Rede sein. So sind griechisch, dänisch, niederländisch, portugiesisch und selbst italienisch und spanisch kaum außerhalb der eigenen Sprachgemeinschaft vertreten.[42]

Nun wird man auch die kulturalistisch anmutende These von der Prägung der Wert- und Weltbilder durch die Sprache gar nicht erst bemühen müssen, um die Vermutung zu hegen, daß sich »Kommunikation« auf einem mehr schlecht als recht beherrschten Sprachniveau abspielt.

Andererseits gibt es durchaus Ansätze für die Ausweitung nationaler Kommunikationswege, zunehmende Reisetätigkeit, Video, Fernsehen- und andere Elemente der audiovisuellen Massenkulturen, die als Prozeß der *Globalisierung* diskutiert werden.

Bekleidungsmoden, auch wenn ihre Darstellung vom Bundesverfassungsgericht als gegen die guten Sitten verstoßend gerügt werden, Eßkultu-

---

40 Inwieweit die Identitätsformel als Richtschnur der Geschichtsrekonstruktion taugt, muß man füglich bezweifeln, wenn man den Historikerstreit vor Augen hat, in dem es ja gerade um die Indienstnahme der Geschichtsschreibung für Zwecke kollektiver Identitätsbildung ging. Dieser soziologische Aspekt der Debatte ist in dem Rezensionsbeitrag von Werner Gephart in der Soziologischen Revue (12, 1989, S. 314-318) als implizites Leitmotiv näher herausgearbeitet.
41 Vgl. Eurobarometer Juli 1994, Abb. S. 36.
42 Vgl. Eurobarometer 41, A 38.

ren und andere lebensstilprägende Moden schwappen über nationale Grenzen hinweg. Nur finden wir diese Fragmente einer gemeinsamen Alltagskultur und Kommunikation ebenso in Hongkong, San Francisco oder Tokyo, ohne daß ein spezifisch *europabezogener* Sinn deutlich würde. All dies mögen Schritte auf dem Weg zur »Weltgesellschaft« sein[43]. Mit Europa hat es nichts zu tun.

Leider liegen uns bislang keine systematischen Auswertungen der europäischen Austauschprogramme, wie des Erasmusprogramms, vor. Für das Verständnis von europabezogenem Kultur- und Sprachtransfer wäre es außerordentlich nützlich zu wissen, welche Effekte dieses symbolträchtige Programm z.b. bei der späteren Berufs- und Standortwahl in Europa spielt.

Ein ähnliches Wissensdefizit haben wir in bezug auf die Wirkung von Festivals, Kulturtagen und rotierenden europäischen Kulturstädten. Hier müßten nämlich die von Durkheim beschworenen Wohltaten der »effervescence sociale« meßbar sein, auf die auch Richard Swedberg, in Anknüpfung an Durkheims Analyse kollektiver Repräsentationen und Rituale jüngst aufmerksam macht.[44] Nur dürfen wir hierbei die Ambivalenz einer sakral aufgeladenen Kommunikationsgemeinschaft nicht verdrängen, die sowohl soziale Bindungskräfte freisetzt als auch einen nicht kontrollierbaren Kollektivrausch entfesseln kann.[45]

Eine *Kommunikations- und Symbolgemeinschaft* ist also wohl erst in Ansätzen sichtbar, wenngleich mitunter erstaunliche Verknüpfungen von europäischen und nationalen Signets in unaufdringlicher Weise zu gelingen scheinen: wenn etwa das europäische Emblem neben den nationalen Nummernschildern der Automobile firmiert. Ob die Anordnung der Mitgliedschaft symbolisierenden Sterne auf den europäischen Identitätszeichen dabei europäische Identitätsgefühle zu wecken vermag, ist zweifelhaft. Auch die europäischen Traditionsbilder etwa von »Europa und dem Stier« sind nicht mehr als alteuropäisches Bildungsgut. Dabei ist die emotional bindende Funktion soziologisch evident:

---

43 Vgl. noch immer grundlegend: Niklas Luhmann, Die Weltgesellschaft, in: Soziologische Aufklärung, Bd. 2, 1975, S. 57-71. Vgl. im übrigen aus der Fülle an Literatur: Mike Featherstone (Hrsg.), Global Culture. Nationalism, Globalization and Modenity, London 1990; sowie die Beiträge von Ludger Pries, Arjun Appudurai und Joshua Meyrowitz in: Ulrich Beck (Hrsg.), Perpektiven der Weltgesellschaft, Frankfurt am Main 1998.
44 Vgl. Werner Gephart, Partikulare Identitäten und die Grenzen der Gemeinschaftsbildung, in: Bernhard Schäfers (Hrsg.), Lebensverhältnisse und soziale Konflikte im neuen Europa, Frankfurt/M./New York 1993, S. 459-466; Richard Swedbers Beitrag in den Archives Européenes de Sociologie 35, 1994, S. 145-169 hebt zu Recht die Bedeutung Saint-Simons für die Vision eines Vereinten Europas hervor.
45 Vgl. auch hierzu den schönen Beitrag von Holger Bonus a.a.O.

Zur sozialen Konstruktion europäischer Identität   *155*

»C'est le signe alors qui prend sa place; c'est sur lui qu'on reparte les émotions qu'elle suscite« [46]

Aber die Zeichen sind nur dürftig emotional besetzt:

Die Europasterne

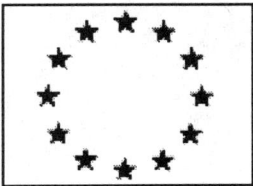

Der Europäische Kulturkanal: ARTE

---

46 Emile Durkheim, Les formes élémentäres de la vie religieuse. Le système totémique en Australie, Paris 1968 (1912), S. 315.

Europa und der Stier

Sozial mächtige Symbole haben freilich ihre Wirkkraft weniger aus der Kulturen überspannenden Kraft, sondern aus der Abgrenzungsfunktion gewonnen. Denn dies ist ja die Paradoxie der symbolischen Identitätsstifter: daß sie dort am ehesten alle ethnischen, religiösen und sprachlichen Grenzen und sozialen Ungleichheiten überspringen, wo sie sich gegen einen gemeinsamen Feind richten. Emotive, identitätstiftende Gemeinschaft scheint in hohem Maße an den Mechanismus der Exklusion gekoppelt zu sein. Haben wir diese negativen Symbole nicht inzwischen deutlich vor Augen? – Independence Day schließt am Ende alle Kulturen in die gemeinsamen Arme einer Weltkultur, die sich vor den Aliens und: der muslimischen Welt abgrenzt, die im universalen Versöhnungsszenario nicht auftaucht. Oder der mehr als symbolische Streit um den Schleier, die »voile« oder sonstige Embleme des Andersseins in Europa.

Zwischenergebnis

Die vielbeschworene europäische »Identität« ist mehr eine Wunschvorstellung als europäische Realität. Weder als Wertgemeinschaft, noch als Erinnerungs- oder Kommunikationsgemeinschaft und auch nicht als Marktgemeinschaft liefert Europa eine greifbare kollektive Identität. Es erscheint auch zweifelhaft, ob eine solche herbeigeredet oder herbeikonstruiert werden könnte. Dies wird von einer aktivistischen Europapolitik, die angesichts des offenkundigen Demokratiedefizits »Identität« als Ressource von institutioneller Anerkennung einzusetzen sucht, freilich immer wieder suggeriert.

Eben dies verrät die eingangs zitierte Formulierung des Maastrichter Unionsvertrages, wonach die Behauptung ihrer »Identität« eine gemeinsame Sicherheits- und Außenpolitik verlange.

Europas institutionelle Realitäten und die nur in langfristigen Prozessen erwartbare Verfestigung europäischer Identitätsbildung klaffen also auseinander. Graf Kielmannsegg hat hierfür eine schöne Formulierung gefunden: »Wir haben es beim Aufbau der europäischen Institutionen und bei der ›Europäisierung des Bewußtseins‹ mit zwei ganz verschiedenen, nicht synchronisierbaren geschichtlichen Geschwindigkeiten zu tun.«[47]

Ich habe an anderer Stelle zu zeigen versucht, warum es hierfür soziologische Erklärungen gibt, die sich im Kern auf das Grundproblem der Universalisierung partikular gebundener Gemeinschaftsformen reduzieren lassen.[48] Hier und im weiteren interessiert mich die Frage, wie in den Diskussionen um die europäische Lage nach Maastricht die Diskrepanz von symbolischen Identitätsdefiziten und der fortschreitenden Integrationsautomatik »abgearbeitet« wird.

II. Integration und Identitätsvorbehalte im Prozeß der Gemeinschaftsbildung

Die europäische Union ist im Unterschied zu anderen politischen Gebilden ein offenes System, dessen Mitgliederbestand aufgrund der kontraktuellen völkerrechtlichen Rechtsgrundlage geographisch variabel ist. Prozedural vollzieht sich die Erweiterung durch Beitrittsverfahren, in denen die Integrationsfähigkeit geprüft wird. Historisch ist damit das Modell des *oktroyierten Europäismus* durch ein prinzipiell *voluntaristisches Europamodell* abgelöst. Es verschiebt die Definitionsmacht der geographischen, kulturellen und historischen Identitätszurechnung in die Hand der Vertragsparteien und die jeweiligen nationalen Ratifizierungsverfahren.

Für die Frage nach dem Kern der europäischen Identitätsidee scheint mir die sog. *Osterweiterung* gegenwärtig von besonderem Interesse zu sein.

---

47 Peter Graf Kielmannsegg, Läßt sich die Europäische Union demokratisch verfassen?, in: Werner Weidenfeld (Hrsg.), Reform der Europäischen Union. Materialien zur Revision des Maastrichter Vertrages 1996, Gütersloh 1995, S. 229-242.
48 Vgl. Werner Gephart, Partikulare Identitäten und die Grenzen der Gemeinschaftsbildung, in: Zeitschrift für Rechtssoziologie 14, 1993, S. 190-203.

1. Integrationsprobleme im Zuge der Osterweiterung der Europäischen Gemeinschaft

Mit den im Reformprozeß fortgeschrittenen Staaten Ost-, Mittel- und Südosteuropas hat die europäische Union Assoziierungsabkommen geschlossen. Sie enthalten die Möglichkeit eines späteren Beitritts.

Wie schon an anderer Stelle vermutet, stellt eine der anfangs vernachlässigten Momente des Transformationsprozesses, die Ausbildung rechtsstaatlicher Strukturen, auch ein gravierendes Hemmnis bei der Prüfung der sog. »Integrationsfähigkeit« dar. So wird gar der Einsatz einer Task Force zur Unterstützung der Rechtsangleichung als eine mögliche Strategie diskutiert.[49] Jedenfalls sind für die Teilnahme am Europäischen Wirtschaftsraum für Bulgarien, Polen, Rumänien, die Slowakei und die Tschechische Republik sowie für Ungarn Rechtsangleichungen unabdingbar.

So sehr sich nun auch viele europäisch Gesinnte für die Inklusion osteuropäischer Staaten in Zeiten des Postkommunismus einsetzen, die wechselseitigen Erwartungen sind sehr moderat. Die Anfangseuphorie der im Transformationsprozeß befindlichen Staaten über die europäischen Institutionen ist längst entschwunden. Den rapiden Abfall von nahezu 80-prozentiger Zustimmung zu den europäischen Institutionen aus dem Jahre 1990 auf gerade 40% im Befragungszeitraum 1994 gibt einen eindrucksvollen Beleg für den Legitimationsschwund, der in ähnlicher Weise für die übrigen Transformationsstaaten zutrifft. Wie es um die kognitiven Erwartungen einer Inklusion osteuropäischer Staaten aus der Sicht der Mitgliedstaaten dagegen bestellt ist, belegt die jüngste Umfrage von Eurobarometer, dem soziologisch höchst bemerkenswerten Instrument der Selbstbeobachtung der *Gemeinschaft*.

Danach nimmt die Mehrheit der Befragten an, daß die Erweiterung bis zum Jahre 2010 vollzogen sein wird. Verständlicherweise sind die Neuzugänge, also Dänen (74%), Finnen (72%), Schweden (69%) und Österreicher (64%) besonders optimistisch, während Franzosen (36%), Belgier (27%) und Luxemburger (29%), zentrale Länder des frankophonen Europa, besonders erweiterungsskeptisch reagieren.

Leider war die Frage nicht auf Rußland ausgedehnt worden, obwohl dies vor dem Hintergrund der anomischen Lage in Rußland und des hundertjährigen Kulturstreits um Rußland und Europa besonders spannend gewesen wäre. Es ist hierzulande nur zu wenig bekannt, daß es für die Mehrzahl der russischen Denker des 19. Jahrhunderts die Mission ihres Landes war, Europa zu erneuern, um auf diese Weise Rußland zu europäisieren.[50] So erscheint, von Ivan Kirejewski herausgegeben, eine Zeitschrift der Slawophilen, die ei-

---

49 Vgl. Bertelsmann Stiftung (Hrsg.), Mittel- und Osteuropa auf dem Weg in die Europäsche Union, Bericht zum Stand der Integrationsfähigkeit, Gütersloh 1994.
50 Vgl. insbesondere die schöne Zusammenstellung bei Denis de Rougemont, Europa. Vom Mythos zur Wirklichkeit, München 1962.

ne Verehrung der alten Sitten bäuerlichen Lebens, des ›Mir‹, verkünden, unter dem Namen »Europa«. Den müden Europäern wird die russische Begeisterungsfähigkeit entgegengestellt. Die Präferenzen Peter des Großen sollen in umgekehrter Richtung auf Europa projiziert werden. Piotr Tschadajew wäre zu nennen, der vom Zaren für verrückt erklärt wurde oder Tolstoi, der sich eher von den Westlern abgrenzte, während bei Dostojewski ambivalente Antworten zu finden sind, die im Westen vor allem als Beleg für den europäischen Charakter der russischen Kultur zitiert werden. »Und welcher wahre Russe denkt nicht vor allen Dingen an Europa ...?«[51] Und andererseits ist für unser identitätstheoretisches Interesse aufschlußreich: »Wir haben zwei Vaterländer: unser Rußland und Europa, selbst wenn wir uns Slawophilen nennen ... Die größte unter den größten Sendungen, die die Russen in ihrer Zukunft schon erkannt haben, ist die allmenschliche Sendung, der Dienst der gesamten Menschheit – nicht nur Rußland, nicht nur dem Allslawentum, sondern der Allmenschheit ...«[52] Vielleicht sollte man diesen Kontext bedenken, wenn Jelzin in diesen Tagen die Zugehörigkeit zu Europa beschwört, um die Partnerschaft für den Frieden der osteuropäischen Länder – aus offenkundigen sicherheitspolitischen Interessen heraus – zu diskreditieren.[53]

2. Nationale Identitätsreservate und »europäische Identität«: Die soziologische Bedeutung des Subsidiaritätsprinzips

Nicht nur in der öffentlichen, auch in der juristischen Diskussion wurden Vorbehalte gegen den Maastrichter Vertrag laut, weil die nationalen Eigenrechte der Mitgliedstaaten beschnitten werden. So ist in Art. F Abs.1 ausdrücklich von der zu respektierenden »nationalen Identität« die Rede: »Die Union achtet die nationale Identität ihrer Mitgliedstaaten, deren Regierungssysteme auf demokratischen Grundsätzen beruhen.«

In der rechtlich und politisch strittigen Frage der Kompetenzverteilung zwischen Gemeinschaft bzw. Union und nationalen Mitgliedern hat nun das Subsidiaritätsprinzip eine wichtige Funktion übernommen. Von den kleineren, insbes. südlichen Ländern war befürchtet worden, daß der Zufluß an Fördermitteln bei einer restriktiven Zuständigkeit der Gemeinschaft beschnitten würde, während Deutschland und Großbritannien mit Hilfe eines justiziabel gestalteten Subsidiaritätsprinzips die »Allzuständigkeit« der Gemeinschaft bremsen wollten. Die Formulierung lautet in Art. 3b des Vertrages: »Die Gemeinschaft wird innerhalb der Grenzen der ihr in diesem Vertrag zugewiesenen Befugnissen und gesetzten Zielen tätig. In den Bereichen, die nicht in ihre ausschließliche Tätigkeit fallen, wird die Gemeinschaft nach

---

51 Dostojewski, Tagebuch eines Schriftstellers, März 1876.
52 Dostojewski, Tagebuch eines Schriftstellers, Juni 1876.
53 Vgl. den Bericht der FAZ vom 9. September 1995.

dem Subsidiaritätsprinzip nur tätig, sofern und soweit die Ziele der in Betracht gezogenen Maßnahmen auf der Ebene der Mitgliedstaaten nicht ausreichend erreicht werden können und dafür wegen ihres Umfangs oder ihrer Wirkungen besser auf Gemeinschaftsebene erreicht werden können.«

Dies läßt sich soziologisch als eine nationale Identitäten »schonende« Strategie der Aufgabenverteilung interpretieren. Ebenso spricht Fritz Scharpf davon, daß »ähnlich wie im Verhältnis zwischen Bund und Ländern auch zwischen der Gemeinschaft und ihren Gliedstaaten der Kernbestand der Vorbehaltsrechte in der Wahrung der kulturellen und institutionellen Identität der Mitglieder liegen müßte.«[54]

Ob die Harmonisierung von Lotterie und Glücksspiel, die Wasserqualität in Seebädern oder die Überführung von Leichen innerhalb der Gemeinschaft einer Gemeinschaftsregelung bedürfen, mag strittig sein; ob die Reglementierung von Stierkämpfen das Prinzip identitätsstiftenden Gemeinschaftshandelns befördert, ist eher zweifelhaft.[55] Gurtanlegepflicht, Werbung mit Tabakerzeugnissen u.ä. scheinen eher sozialadäquate Regelungstatbestände auf europäischer Ebene zu begründen.

Zu fragen ist dabei, ob die Formulierung einer Kompetenzordnung im *Sprachspiel kollektiver Identitäten* zu weiteren Klärungen oder Verdunkelungen beiträgt. Ließe sich also eine *Mehrebenenidentitätspolitik* soziologisch fundieren? Verfügen wir über brauchbare soziologische Modelle der Verflechtung, Vernetzung und Differenzierung unterschiedlicher, insbesondere eher partikularistischer und andererseits eher universalistischer Identitäten?

Exkurs: Ein Modell der Differenzierung und Vermaschung kollektiver Identitäten

Entgegen der Annahme einer unauflöslichen Tendenz zu universalistischen Gemeinschaften, wie sie von Talcott Parsons als Lektüre von Durkheim und Weber propagiert wurde[56], findet sich bei Emile Durkheim das Modell einer Verschachtelung partikularistischer und universalistischer Gemeinschaften, aus denen kollektive Identitäten entspringen. In »Gesellschaftstheorie und Recht« ist der Versuch gemacht, Durkheim insoweit gegen den Strich uni-

---

54 Fritz W. Scharpf, Autonomieschonend und gemeinschaftsverträglich. Zur Logik einer europäischen Mehrebenenpolitik, in: Werner Weidenfeld (Hrsg.), a.a.O., S. 75-96 (S. 83).

55 Vgl. Joachim Bitterlich, Die Verankerung des Subsidiaritätsprinzips und seine operative Umsetzung, in: Werner Weidenfeld (Hrsg.), Reform der Europäischen Union, a.a.O., S. 173-189.

56 Vgl. die Rekonstruktion bei Werner Gephart, Gesellschaftstheorie und Recht, Das Recht im soziologischen Diskurs der Moderne, Frankfurt am Main 1995, S. 208ff.

Zur sozialen Konstruktion europäischer Identität

versalisitischer Vereinnahmung zu lesen. Die bei Durkheim zu findende produktive *Ausbalancierung*[57] von *partikularistischen* und *universalistischen* Identitäten, ist kurz anzureißen.

Erinnern wir uns an das soziologische Grundproblem der ›Division du travail social‹: Die Auflösung einer alles umgreifenden *conscience collective* ist Voraussetzung des von Durkheim so bezeichneten Individualisierungsprozesses, der seinerseits Strukturbedingung sozialer Differenzierung ist, in dessen Folge Normen und Gruppenzugehörigkeiten in einen »Polymorphismus der Moralen« und eine entsprechende Vielfalt der Identitäten führt. Diese gegenläufigen Tendenz von Auflösung traditionaler Wertverpflichtungen und erneuter differentieller Inklusion, ohne sich in anomischen Fallstricken zu verfangen, sind in eindrucksvoller Weise in den »Leçons de sociologie, Physique des moeurs et du droit« entwickelt[58]. Durkheim entfaltet nämlich ein Modell ineinandergreifender normativer Strukturen, die sich über die Dimension Universalismus/Partikularismus sowie Generalisierung/ Individualisierung in der folgenden Weise abbilden lassen:

Ein Modell der Ausbalancierung partikularistischer und universalistischer Identitäten

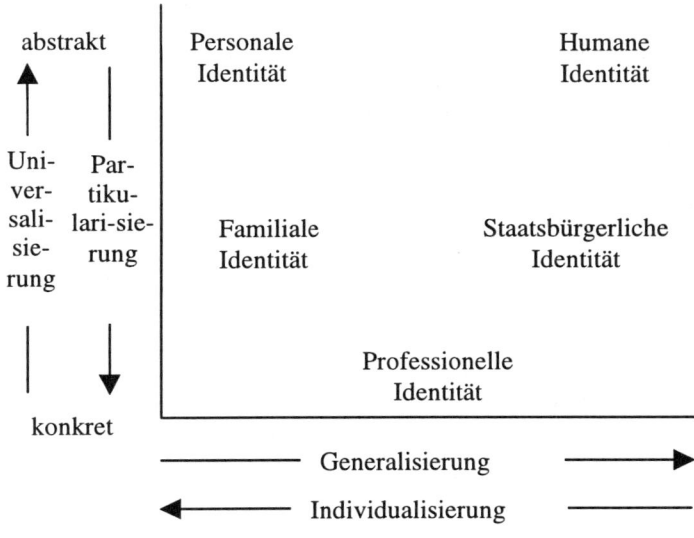

---

57 So die Formel von Krappman für das Persönlichkeitssystem.
58 Emile Durkheim. Leçons de sociologie, physique des moeurs et du droit, Paris 1969 (1950).

Als Beweis für die Verlaufskurve von der individuellen über die familiale bis zur beruflichen Orientierung, um in der staatsbürgerlichen und schließlich der Menschheitsmoral vollends universal zu werden, kann die folgende Belegstelle zitiert werden: »Ce particularisme moral, si l'on peut ainsi parler, qui est nul dans la morale individuelle, apparaît dans la morale domestique, pour atteindre son apogée dans la morale professionnelle, décliner avec la morale civique et disparaître à nouveau avec la morale qui règle les rapports des hommes en tant qu'hommes.«[59] Das Spannende an dieser Modellvorstellung liegt darin, daß mit der bloßen Zunahme der Systemgröße nicht zwangsläufig eine universalistische Tendenz verbunden ist, sondern gerade ein *Partikularisierungsschub* einhergehen kann, so wenn etwa berufliche Normen und Identitäten (über Berufsgruppen vermittelt) gegenüber familialen Orientierungen an Regelungsdichte zunehmen, während die Identität als Staatsbürger auf allgemeiner geltende Normen Bezug nimmt und schließlich auch die uns interessierende, nationale Identitäten übergreifende »europäische Identität« sowohl an Abstraktionsgehalt zunehmen, als auch an lebensweltlich gebundener Kommunikation verlieren müßte. Das heißt, wir stoßen auf die grundsätzliche Spannung der von Durkheim in der Arbeitsteilungsstudie ausgewiesenen morphologischen Variablen von Sozialstruktur, der »densité dynamique« und des »volume social«, die sich in folgender Formel komprimieren läßt: *Wie läßt sich sowohl die Interaktionshäufigkeit oder Kommunikationsdichte steigern, als auch der Radius der sozialen Kreise zu einer wachsenden europäischen Gesellschaft ausweiten, ohne hierbei die in lebensweltlichen Zusammenhängen von Nachbarschaft und in nationale Grenzen überschreitenden, regionalen Gemeinschaften gewachsenen »Orte« sozialer Identität zu verlieren?*

Die institutionelle Lösung der Vermittlung unterschiedlicher Ebenen der Sozialstruktur liegt in Beteiligungs- und Repräsentationsrechten lokaler Einheiten, wie sie im EG-Vertrag über den Ausschuß der Regionen in Art. 198a implementiert ist. Es ist nicht verwunderlich, wenn der Ausschuß der Regionen in seinem Bericht vom 20.4.1995 zur Revision von Maastricht fordert, das Subsidiaritätsprinzip zu präzisieren und nicht nur den Nationen Reservatkompetenzen einzuräumen, sondern die *Regionen* in das Subsidiaritätsprinzip miteinzubeziehen. Daher fordert der Regionalausschuß konsequenterweise eine entsprechende Aktivlegitimation, auch wenn aus der Pflicht zu identitätsschonendem Gemeinschaftshandeln bereits eine Berücksichtigung der jeweiligen föderalen Strukturen aus den nationalen Verfassungen herleitbar wäre.[60]

---

59 Emile Durkheim, Leçons de sociologie, a.a.O., S. 45.
60 Vgl. Astrid Epiney, Gemeinschaftsrecht und Föderalismus. »Länderblindheit« und Pflicht zur Berücksichtigung innerstaatlicher Verfassungsstrukturen, in: Europarecht 1994, S. 301ff.

Das Subsidiaritätsprinzip ist also durchaus in soziologischen Kategorien formulierbar[61] und damit in seiner sozialen Bedeutung schärfer zu fassen, wie aber auch – nach meinem Eindruck – anregend für die soziologische Analyse multipler Identitäten. Die entgegengesetzten Prinzipien nationaler Identität und transnationaler Offenheit bezeichnen danach nicht einfach starre Sachverhalte, sondern sie definieren, wie es Scharpf treffend formuliert, »Perspektiven unter denen bestimmte Sachverhalte beurteilt und geregelt werden sollen.«[62]

Ein wichtiger Effekt der Vermaschung nationaler Politiken in Europa besteht schon heute darin, daß die Kenntnis nationaler Innenpolitiken der Mitgliedsländer notwendiger Bestandteil von Europakompetenz nicht nur der Spezialisten, sondern auch der Alltagsakteure zu werden verspricht. Nochmals sei der Fragebogen des Independent zitiert, der nicht einfach danach fragt, wer denn Oskar Lafontaine, sei, sondern wo in Deutschland seine lokale Machtbasis liege:

»Oskar Lafontaine, the controversial German Finance Minister, has his domestic power-base in (a) The Saar (b) Westphalia (c) Bavaria.«[63]

Damit ist die Vermaschung nationaler, europäischer und regionaler Politikstrukturen deutlichst auf die Wissensagenda der europäischen Bürger gesetzt. Doch bevor wir weiter auf diese species eingehen, sei noch eine wiederum kulturelle, hier: Humorgrenzen aufzeigende cleavage in Europa sichtbar gemacht. Mir scheint die folgende Frage in einer vergleichbar seriösen deutschen Zeitschrift völlig undenkbar zu sein. So wird der französische Finanzminister in folgender Weise dem europäischen Ratespiel ausgesetzt:

»Dominique Strauss-Kahn is (a) French starlet shown half-naked in FHM (b) Post-structuralist philospher (c) French Finance Minister.«[64]

Zu den identitätsrelevanten Sachverhalten gehört auch die Frage der Zuweisung bestimmter Rechte an die *Bürger der Europäischen Gemeinschaften*.

3. »Citizenship« als Identitätsanker der Bürger in Europa?

Die Staatsbürgerschaft macht den Kern der von Parsons so bezeichneten »societal community«[65] aus. Im Anschluß an Thomas Marshall wird die Konstitution eines Wirtschaftsbürgertums von der politischen Staatsbürgerschaft

---

61 Und zwar insoweit ganz unabhängig von der Herkunftslinie der katholischen Soziallehre.
62 Fritz W. Scharpf, Autonomieschonend und gemeinschaftsverträglich, a.a.O., S. 83.
63 The Independent vom 2. Januar 1999.
64 Ebd.
65 Vgl. Talcott Parsons, Das System moderner Gesellschaften, München 1972.

mit entsprechenden Beteiligungsrechten unterschieden. Die »vollen« Bürgerrechte seien freilich erst dann realisiert, wenn Beteiligung nicht nur politisch möglich, sondern wenn die – sozialen und bildungsmäßigen – Voraussetzungen auch faktisch gegeben seien.

Ganz im Sinne dieser Grundidee von Citizenship als nicht partikularistischer Identitätsbasis, d.h. frei von ethnischen oder geburtsmäßigen Zuschreibungen, fordert auch der Wirtschafts- und Sozialausschuß in seinem Bericht vom 26. April 1995 eine Ausweitung der in Art. 8 ff. des EG-Vertrages begründeten »*Unionsbürgerschaft*«. Wiederum mit Bedeutung für unser Identitätsthema heißt es: Die Regierungskonferenz sollte sich nach Meinung des Ausschusses das Ziel setzen: »Die Festlegung eines Rechtsrahmens für eine wirksame Unionsbürgerschaft, die den Rahmen für eine *Identität* und die demokratische Einbeziehung der Bürger Europas bilden kann«.[66]

Zwar gehören Freizügigkeit und wirtschaftliche Handlungsfähigkeit zu den Grundfreiheiten, die den Status des europäischen Wirtschaftsbürgers konstituieren. Die politischen Beteiligungsrechte sind freilich limitiert. Zunächst durch die Koppelung an die Statsangehörigkeit eines Mitgliedstaates, die durch das kommunale Wahlrecht im fremden Mitgliedsland der Gemeinschaft über die nationalen Partizipationsrechte hinaus ausgedehnt wurde, während die Beteiligungsrechte an der Konstitution des europäischen Parlaments bekanntlich durch die institutionelle Schwäche des Parlaments in seinen faktischen Wirkungen begrenzt ist. Um so mehr lasten die mit der Unionsbürgerschaft verknüpften, identitätsstiftenden Hoffnungen auf den faktischen Lebenschancen, die mit der europäischen Identität verbunden und ihr vor allem auch *zugerechnet* sein müssen. Sowohl die bekannten sozialen und regionalen Disparitäten in Europa wie auch die Schwierigkeiten der Leistungszurechnung in sozialen Gebilden, die durch eine Politikverflechtung gekennzeichnet sind, lassen zumindest die letzte Stufe der Realisierung des Citizenship-Komplexes als zweifelhaft erscheinen.

Die Unionsbürgerschaft muß daher als zentrales Element der sozialen Konstruktion europäischer Identität begriffen werden, in dem zugleich die Grenzen einer umfassenden Identitätsstiftung sichtbar werden: Ob die Unionsbürgerschaft als solidarische Basis eines Gemeinsamkeitsglaubens fungieren kann, ist nicht unabhängig von der rechtlichen und faktischen Tragweite der Beteiligungsrechte und der zurechenbar erwartbaren Vorteile zu sehen, die dem bloßen Glauben eine reelle Gemeinschaftsbasis verleihen.

Was für die umfassende Inklusion der Mitglieder gilt, stellt sich noch schärfer für die Einbeziehung des Fremden. Wie die Untersuchung von Dieter Fuchs, Jürgen Gerhards und Edeltraud Koller eindrucksvoll demonstriert

---

66 Bericht des Wirtschafts- und Sozialausschusses vom 26. 4. 1995 (abgedr. in: Eur. Dok 2/95, S.24; eigene Hervorh.).

hat,[67] verläuft die Grenzziehung zwischen »Wir« und den »Anderen« weniger über die traditionellen nationalstaatlichen Frontstellungen in Europa, sondern eher über die Wahrnehmung ethnischer Minoritäten, die sich in der Folge von Migrationsbewegungen in Westeuropa herausgebildet haben. Erst jenseits einer gemeinschaftsstiftenden europäischen Unionsbürgerschaft würde sich erweisen, ob Europa in der Lage wäre, die interethnischen Spannungen innerhalb der Mitgliedstaaten durch transnationale interkulturelle Verbindungen zu unterlaufen.[68]

Ungeachtet einer derart utopischen Multikulturalität Europas scheinen die Harmonisierung und die auf Kohärenz bedachten Ausländerpolitiken der Mitgliedstaaten die vorhandenen Exklusionseffekte nationalstaatlicher Regelungen kaum zu unterlaufen.

Aber greifen diese soziologischen Konstruktionsversuche nicht allzuweit an der europäischen Wirklichkeit vorbei, die sich in den Zeiten der Währungsunion nach ganz anderen Gesetzlichkeiten richtet als nach der Harmonisierung von Sozialpolitiken, Angleichung von Sozialstrukturen oder Assimilierung von Lebensstilen.

4. Europa als Euro-Land? Identitätsstiftung durch das symbolisch generalisierte Kommunikationsmedium Geld

Der DM-Nationalismus wurde belächelt und als niedere ökonomische Triebkraft ridikulisiert. Wenn von Euro-land geredet wird, denkt man an die artifizielle Disney-World, in der freilich das Weltverhältnis durch Geld geregelt wird. Dagobert ist die Verkörperung des Puritaners und daher ein soziologischer Lehrmeister ersten Ranges.

Auch wenn zum ersten Januar 1999 Münzen und Scheine mit dem zweigestrichenen »e« noch gar nicht existieren, sondern zunächst als Buchgeld sichtbar werden, ist der vereinheitlichende Effekt nicht zu übersehen. Zwar gab es einen massiven Streit um die Euro-Symbolik: wenn schon auf antikisierende Elemente, Säulen und Kapitäle zurückgegriffen wurde, dann sollten es bitte eindeutig als griechische oder römische Pilaster zu erkennender Euro-Zierat sein. Die Kompromißlösung zur Austarierung transnationaler Symbole und nationaler Bezüge liegt darin, daß die eine Seite der Münze künftig nationale Symbolik bietet: die Harfe für Irland, Leonardo da Vincis Erfindung des neuen Menschen für Italien usf.

---

67 Vgl. Dieter Fuchs, Jürgen Gerhards und Edeltraud Roller, Wir und die Anderen. Ethnozentrismus in zwölf Ländern der Europäischen Gemeinschaft, in: KZfSS 45, 1993, S. 238-253.

68 Über globale ethnische Räume vgl. den gleichlautenden Beitrag von Arjun Appadurai in: Ulrich Beck (Hrsg.), Perspektiven der Weltgesellschaft, a.a.O., S. 11-40.

Weltgeschichtlich neu ist wohl, wie mit der Einführung der Währungsunion eine neue Wirtschaftsmacht, der Idee nach jedenfalls, geschaffen wird, die nicht in imperialer Gestalt, sondern eher dezent das globale Parkett betritt. Wer hierbei, wie die Briten nicht mitspielt, wird als Outsider angesehen, der Gefahr läuft, zu spät zu kommen oder sich an einer nationalen Identitätssymbolik festzuhalten, die nur noch skurril wirkt. So beschreibt der Independent zum Stichtag der Einführung des Euro unter den 11 Euro-Ländern den bissigen Kommentar Lord Jenkins: »Lord Jenkins dismissed as ›pathetic‹ attempts by eurosceptics to turn the pound ›into a national virility symbol‹ when it had fallen from a value of 12 to less than three Deutschmarks in 40 years.«[69] Ob für die übrigen ein Viagra-Effekt eintritt, bleibt ja abzuwarten. Aber wir dürfen darüber spekulieren, inwieweit die Verwendung des symbolischen generalisierten Tausch- und Rechenmittels die Chancen beeinflußt, sich einer Gemeinschaft zuzurechnen, europäischen Gemeinsamkeitsglauben zu befördern und kollektive Kräfte zu wecken, also »identitätsstiftend« zu wirken. Hierzu ist es sicher hilfreich, Geld als eine Sprache zu verstehen, so wie es die insoweit revolutionäre Medientheorie von Talcott Parsons vorgeschlagen hat,[70] die nichtsprachlich gebundene Kommunikationsleistungen auf dem Güter- und Geldmarkt erbringt. Wird nämlich das symbolisch generalisierte Kommunikationsmedium Geld auf zweiter Ebene symbolisch für nichtwirtschaftliche sozietale Identitätsfunktionen mobilisiert, dann sind diese von der ökonomischen Potenz abhängig: Inflations- und Deflationsprozesse wären nicht nur technische Probleme der ökonomischen Sphäre – mit bekannten Folgen für die Flucht in die Radikalisierung fördernden »Sachwerte« des politischen Systems, sondern auf dem ressourcenknappen Identitätsmarkt ginge derjenige Stoff aus, aus dem die Identitätsträume der säkularisierten, durch den Untergang des Sozialismus entzauberten Europäer in Ost und West, geschaffen sind. Daher kommt dem Gelingen der Währungsunion eine so entscheidende Bedeutung für die Identität des künftigen Europa zu.

Schluß

Am Ende ist man besser gerüstet, um den Gegenstand Europa genauer zu bezeichnen.

Das *institutionelle Europa* läßt sich als eine Verflechtung seiner politischen Systeme zu einem institutionellen Komplex sui generis deuten, der vom Bundesverfassungsgericht als Staatenverbund bezeichnet wird, aber

---

69 The Independent, 2. Januar 1999.
70 Vgl. etwa: Talcott Parsons, On the Concept of Political Power, in: ders., Politics and Social Structure, New York 1969, S. 352-404.

auch als soziologischer Kategorie eben derjenigen Elemente ermangelt, die dem Gebilde Staatsqualität im soziologischen Sinne zuschreiben könnte.

Das *kulturelle Europa* ruht nicht nur auf Erinnerungs- und Wertgemeinschaften, sondern auch auf Gemeinsamkeiten des Wissens, die eng mit einer universalistischen Deutung von »Rationalität« verbunden sind. In der kulturellen Dimension das einheitsstiftende Band Europas zu suchen, läuft immer wieder auf das intellektuelle Abenteuer hinaus, die Einheit in der Vielfalt zu postulieren, eine in sich vieldeutige Formel, wie die unterschiedlichen historischen Interpretationen bis zu Morin etwa sehr schön belegen. Auch dürfte das Potential der durch kulturelle Identifikation erzeugten Sinnüberschüsse und Interpretationserfordernisse nicht zu gering geschätzt werden. Denn erst eine tragfähige Interpretationsgemeinschaft könnte identitätsstiftenden Sinn produzieren.

Das *Europa der Marktvergesellschaftung* unterliegt Eigengesetzlichkeiten, die durch eine gemeinsame Handelspolitik nach außen und den gemeinsamen Binnenmarkt noch am ehesten den Erfordernissen systemischer Grenzklarheit zu genügen scheinen.

Was den Kern der soziologischen Befassung mit Europa angeht, so ist es m.E. nach wie vor entscheidend, die Mechanismen und Prozesse der *Gemeinschaftsbildung* besser zu beschreiben und zu erklären. Komparative Analysen zur Sozialstruktur der nationalen Gesellschaften sind sehr hilfreich und auch die sozialgeschichtlichen Überlegungen zur Entwicklung einer europäischen Gesellschaft – wie die Arbeiten von Kaelble – sind sehr nützlich. Nur fehlt ihnen die Herausarbeitung des einigenden Bandes, aus dem erst die emergente Qualität ihres Gegenstandes sichtbar wäre.

Die programmatische Formulierung des institutionellen Komplexes als eine »Gemeinschaft« ist – und daran möchte ich auch hier erinnern – mit Blick auf die von Ferdinand Tönnies geprägte Unterscheidung von »Gemeinschaft und Gesellschaft« über den deutschen Unterhändler Ophüls mit großem Erfolg in die Verhandlungen und damit in den bis heute andauernden Europadiskurs eingeführt worden. Ophüls schreibt in seinen Erinnerungen, es ging um die »Gestaltung eines institutionellen Gefüges, das ein lebendiger und wachsender Organismus ist – eine wirkliche ›Gemeinschaft‹«.[71]

Dieser utopische Vorgriff auf eine zu schaffende soziale Wirklichkeit betont nochmals den Projektcharakter dieses sozialen Gebildes, das wir als eine europäische Alltagsrealität noch schlecht durchschauen und dessen Identität uns am deutlichsten wird, wenn wir es von außen betrachten. Wer kennt nicht die Erfahrung, wie z.B. aus dem Blickwinkel Amerikas innereuropäische Differenzen zusammenschrumpfen und die Zurechnung als Europäer selbstverständlich wird. Insofern ist »Identität« eben keine starre, son-

---

71 Vgl. C. F. Ophüls, Zur ideengeschichtlichen Herkunft der Gemeinschaftsverfassung, in: Ernst v. Caemmerer (Hrsg.), Probleme des europäischen Rechts. Festschrift für Walter Hallstein, Frankfurt a. M., S. 387-413, S. 392.

dern eine *dynamische* Kategorie, die sich in vielfältigen Interaktionen herausbildet, soweit ihr eine gemeinschaftliche Basis zugrundeliegt.

Diese gemeinschaftliche Basis ist in der europäischen »Gemeinschaft« nicht immer deutlich, ein Gemeinsamkeitsglaube von innen äußerst fragwürdig und eine symbolische Repräsentanz nur spärlich zu finden. Sicher möchte man weder einen fatalen Symbolrausch herbeiwünschen, noch artifizielle Symbolkonstrukte prämieren, die nur lächerlich wirken. Ohne kulturell geprägte Identitätsangebote freilich wird es Europa nicht nur als Idee, sondern als sozial prägender Kraft an innerer Überzeugung fehlen.

Zu den Autoren

DR. WERNER GEPHART ist Professor am Seminar für Soziologie der Universität Bonn; Ancien Professeur de l'Institut d'Études Politiques de Paris.

BENEDIKT GIESING ist Doktorand am Graduiertenkolleg der Universität Bonn »Interkulturelle religiöse bzw. religionsgeschichtliche Studien«.

TILMAN HANCKEL gehört seit 1981 dem Auswärtigen Amt an und arbeitete von 1990 bis 1993 als Vortragender Legationsrat (Kultur- und Entwicklungsreferent) an der Deutschen Botschaft in Südafrika.

DR. KARL-HEINZ SAURWEIN ist Wissenschaftlicher Mitarbeiter am Seminar für Soziologie der Universität Bonn; Publikationen zur soziologischen Theorie und Methodologie der Sozialwissenschaften.

DR. MOSHE ZUCKERMANN lebte von 1960 bis 1970 in Deutschland und lehrt als Profesor am Cohn Institute for the History and Philosophy of Science and Ideas (Universität Tel Aviv) Geschichte der Geistes- und Sozialwissenschaften; zur Zeit Fellow am Wissenschaftskolleg zu Berlin.